KB104258

지성사란
무엇인가?

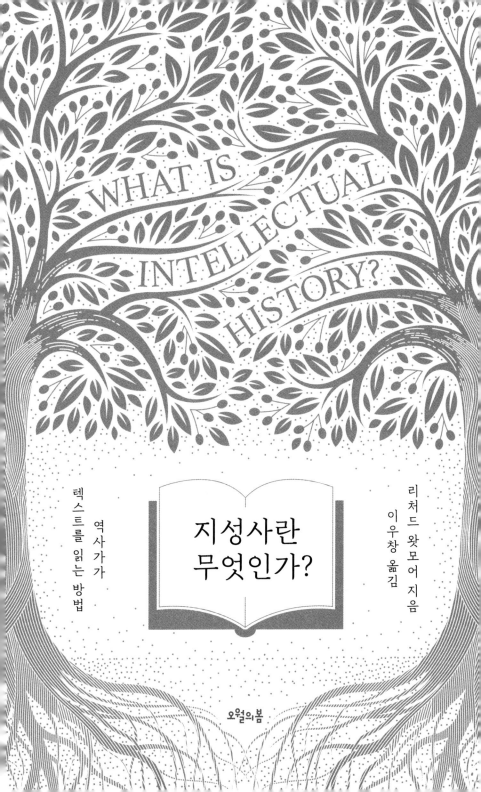

WHAT IS INTELLECTUAL HISTORY?

역사가가
텍스트를 읽는 방법

지성사란
무엇인가?

리처드 왓모어 지음
이우창 옮김

오월의봄

일러두기

- 〔 〕는 옮긴이가 본문 내용의 이해를 돕기 위해 보충 설명한 부분이다.
- 본문에서 인용된 책 제목은 한국어판이 있는 경우 그에 따르고 원문을 병기했다.
- 본문의 이해를 돕기 위해 옮긴이의 주석을 추가하는 경우 본문 하단에 배치했다.
- 일부 문단은 가독성을 위해 저자의 의도를 해치지 않는 범위에서 임의로 나누었다.
- 'idea', 'history of ideas' 등의 단어는 통상적으로 '관념', '관념사' 등으로 번역되지만, 리처드 왓모어의 원저에서는 꼭 그런 의미로만 사용되는 것은 아니기에 문맥에 따라 다르게 옮겼다.

한국어판 저자 서문   6

서언   11

주요 지성사가 6인 소개   16

       서론   23

1장   지성사의 정체성   43

2장   지성사의 역사   61

3장   지성사의 방법   105

4장   지성사 연구의 실제   131

5장   지성사 연구의 실천적 의의   151

6장   지성사 연구의 현재와 미래   187

       결론   213

더 읽어보기   218

주   233

옮긴이 주 참고문헌   255

감사의 말   259

옮긴이 해제 지금 여기의 독자들을 위한 지성사 연구 활용법   260

찾아보기   302

1947년에 소설가 아이리스 머독은 박학다식한 레몽 크노에게 보낸 편지에서 자신이 곧 '소크라테스는 공리주의자였는가?'를 토론하는 수업을 들을 예정이라고 썼다. 만약 그때 머독과 연락을 주고받을 수 있었다면, 많은 학자들이 그런 주제는 소크라테스를 이해하는 데든 공리주의를 이해하는 데든 아무런 도움이 되지 않는 바보 같은 물음이라는 걸 알려주었을 것이다. 지성사 연구의 핵심은 역사 속의 행위자가 남긴 발화와 주장을 진지하게 탐구함으로써 과거를 조망하는 일이라고 할 수 있다. 종종 과거 세대의 사상을 진지하게 탐구하는 일이 회의주의와 상대주의를 조장하고, 지금의 세계와 동떨어진 관점을 낳으며, 필연적으로 오늘날의 정치적 참여 혹은 구체적인 정치적 결정을 업신여기는 태도로 이어진다는 말이 나오곤 한다. 하지만 그건 사실이 아니다. 그러한 주장과 달리, 지성사의 가장 중요한 역할은 언제나 사람들이 마주하고 있는 쟁점을 더 깊게 파고들 수 있도록 하는 것이었다. 과거인들은 자신들과 같은 시대를 살고 있는 어느 저자의 주장이 (비록 오늘날 우리가 알아볼 수는 없더라도) 어떠한 (담론적) 제약 내에서 나타난 것인지 알고 있었을 것이다. 이제는 잃어버린 과거의 지적 전통을 (때로 왜 그러한 전통이 실패했는지 이해하는 일을 포함하여) 복원해내는 과정은 지금까지 살아남았거나 근래에 통용되고 있는 지적 작업을 더욱 풍요롭게 만들어줄 수 있다. 지성사 연구를 통해 언제나 우리는 과거의 행위를, 왜 누군가가 특정한 기획 또는 실천을 옹호했는가를, 왜 누군가가 어떠한 입장을 취했는지를, 그리고 우리의 선조들에게 어떤 선택들이 가능했는지를 더욱 잘 이해할 수 있게 된다.

20세기 역사학의 가장 바람직한 면모 중 하나는 지성사 연구가 하나의 고유한 분과 학문으로 등장하게 되었다는 것이다. 지성사가 부분적으로는 예술 및 인문학의 다른 분과들과 강고한 유대를 형성하며 계속해서 번영하고 있다는 사실은 21세기 역사학의 중요한 특성이기도 하다. 《지성사란 무엇인가?》 영어판은 지성사 연구가 성장하는 과정에서 '케임브리지 학파 Cambridge School'라는 이름으로 불려온 일군의 저자들이 어떠한 역할을 행했는지 강조했다. 그러한 서술은 어느 정도는 J. G. A. 포콕이나 퀜틴 스키너 같은 저자들이 거대한 영향을 끼쳤기 때문이었다. 포콕과 스키너가 이룩한 작업에 점점 더 많은 학자들이 달려드는 상황에서, 본래 이 책의 핵심적인 목표는 모든 사람들이 포콕과 스키너의 저작과 방법에 접근할 수 있는 안내서를 제공하는 것이었다. 그러나 지성사 연구가 독립적인 분과로 등장하는 여정에서 한국을 포함해 세계 각지의 학자들이 중요한 역할을 맡게 된 만큼, 다른 여러 나라의 전통에 초점을 맞춰 이야기를 풀어갈 수도 있었을 것이다. 따라서 이제 이 짧은 책의 또 다른 중요한 목표는 다양한 학자와 연구자들로 하여금 그들 자신의 지성사적 전통을 사유하고 그러한 전통이 어떻게 더욱 발전할 수 있는지 숙고하도록 설득하는 것이다.

《지성사란 무엇인가?》의 중심주제 중 하나는 사상사 연구가 현재의 정치적이고 사회적인 문제에 실천적인 의의를 지닌다는 것이다. 지성사가들이 과거와 현재 사이의 관계를 단절시켜 역사 연구를 순수하게 골동품적인 취미생활로 만든다는 비판은 흔하게 접할 수 있다. 이 책은 그러한 공격이 잘못된 판단에서 비롯되었다고 주장한다. 지성사가들은 역사 속의 행위자들이 직면한 선택 중 다수가 얼마나 어려운 것이었는지를 강조한다. 에드워드 기번, 애덤 스미스, 그리고 함께 계몽의 시대를 살았던 여러 동료 지식인들이 사상사에 남겨놓은 눈부신 학문적 업적 중 하나는 그런 선택의 결과가 어떻게 최초의 행위자들이 의도했던 바와 달리 나타나게 되었는지 탐색했다는 것이었다. 오늘날의 지성사가들이 바로 그러한 전통의 계승자들이라고 이 책은 주장한다. 사상사에서 의도하지 않은 결과가 초래된 예 중 오늘날에 바로 와닿는 실천적인 의의를 띠는 사례를 하나 꼽는다면, 본래 상업사회를 비판하기 위해 등장한 급진적 농본주의 전통이 후대에 독재, 인종학살, 극단적인 형태의 민족주의로 이어졌다는 것이 있다. 프랑수아 페늘롱은 1690년대에 집필한 《텔레마코스의 모험 Les aventures de Télémaque》에서 도시에서 시골로 인구를 이주시키는 전략을 옹호했다. 이는 근대인들을 상업사회의 사치와 이기주의가 초래하는 최악의 결과로부터 보호하고자 하는 세심한 전략의 일환이었다. 그러한 전략이 이후 마오쩌둥과 폴 포트의 체제를 대표하는 '반혁명분자들'과 지식인들을 잔인하게 탄압하는 계획의 청사진이 되었다는 이야기는 상기할 가치가 있다. 의도되지 않은 결과의 또 다른 예로, 프랑스혁명기 〈인간과 시민의 권리선언〉이 1790년대 공포정치 및 내전의 정세와 의도치 않게 결합하면서 기존의 모든 법령을 폐기하는 결과를 낳은 것을 들 수 있다(당시 사람들은 보편적 권리라는 것이 자연으로부터 도출된다는 전제에 따라 이러한 흐름을 당연하게 여겼다). 역사적으로 중요한 예를 하나 더 덧붙이자면, 그토록 많은 공화주의자들과 민주주의자들이 전 인류의 이익을 대표하는 애국적인 군주의 외피를 띠고 있다는 이유로 여러 장군과 독재자에게 찬사를 바쳐왔다는 사실도 있다. 오늘날에는 양립할 수 없다고 간주되는 전통 및 이데올로기들 사이의 연결고리를 찾아내거나, 또는 현대 서구의 우월성을 너무나 자명하게 전제하는 사고에 균열을 내는 식의 실천들을 포함해 지성사 연구자는 시민적 정체성을 성공적으로 형성하는 과제에 중요한

한국어판 저자 서문

기여를 할 수 있다. 역사적인 이데올로기의 풍성함과 다양성을 복원함으로써 우리는 오늘날 우리 자신이 직면하는 선택들을 좀 더 잘 이해할 수 있을 것이다.

리처드 왓모어

서언

이 짧은 책의 목적은 지성사란 무엇이며 지성사가知性史家, intellectual historian는 어떤 일을 하는지 일반 독자들에게 대략적으로나마 알려주는 것이다. 지성사는 현재 매우 활동적인 연구 분야다. 전 지구적 전환, 트랜스내셔널적 전환, 비교사적 전환, 공간적 전환, 시각적 전환visual turn, 국제적 전환international turn 등 지성사가들은 오늘날 역사학의 주요한 흐름에서 최전선에 위치해 있다. 과학적 학설, 정념, 감각을 연구하는 지성사도 있고, 도시계획과 민족국가의 지성사도 있으며, 식인 및 (보다 자연적인 형태의) 섭식을 연구하는 지성사도, 노동계급이나 전기傳記, 찬송가hymn를 연구하는 지성사도 있다. 지성사를 어떻게 정의해도 이 모든 영역을 포괄하기란 불가능해 보인다. 이런 이유로 지성사를 정의하려는 시도에는 누군가의 개인적인 관점이 반영될 수밖에 없다. 희망컨대 이 책과 같은 입문서에서는 그러한 약점이 너그러이 용서받을 수 있기를 바란다. 지성사가 무엇인지 규정하려 하다보면 과학의 지성사, 예술 및 음악의 지성사, 인류학 등 1950년대 이래 주목할 만한 연구저작을 배출해온 여러 분야까지 다루게 된다. 마찬가지로 근래에는 지성사와 철학사의 관계, 지성사와 문학사의 관계 또한 연구자들을 위한 비옥한 토양으로 주목받기 시작했다. 나는 이 책에서 독자들이 이러한 영역을 잘 살펴볼 수 있도록 안내하고자 한다.

책의 내용은 어쩔 수 없이 나 자신의 관심사를 따랐다. 나의 관심사는 지금 돌이켜보면 전통적인 경로라고 할 만한 과정을 거치며 발전해왔다. 1980년대의 케임브리지대학교에서 수학한 것은 행운이었다. 나는 그곳에서 '1750년 이전의 정치사상'과 '1750년 이후의 정치사상'이라는, 지적인 흥미를 자극하는 제목이 붙은 학부 수업 두 과목을 통해 지성사에 입문하게 되었다. 당시 수업 및 개인지도를 맡은 이들은 존 던, 마크 골디, 던컨 포브스, 퀜틴 스키너, 개러스 스테드먼 존스, 리처드 턱을 포함한 여러 뛰어난 전문가들이었다. 졸업 후 하버드대학교에서 한 해를 보내면서야 나는 나 자신이 이미 매우 독특한 지적 유파의 구성원이 되어 있음을 깨달았다.

매사추세츠 주의 케임브리지, 즉 하버드대학교에서 나는 비할 바 없이 뛰어난 주디스 슈클라의 수업 '계몽주의의 정치이론'을 수강했다. 슈클라는 대학원생들이 수업에서 논의하는 과거 저자의 텍스트와 현재의 정치적인 주제를 연결 짓도록 유도했다. 과거의 저자들이 오늘날의 논쟁을 마주한다면 어떠한 입장을 취할지 생각해보는 것이 수업의 핵심이었다. 그런 식으로 상세한 토론이 진행된 주제 중 하나는 '몽테스키외라면 미국의 국기를 불태웠을 것인가'였다. 그런 주제를 두고 고민하는 일에 도대체 무슨 의미가 있는지 알 수 없었기에, 내게는 이런 토론

광경이 이상하게 보였다. 지금도 마찬가지지만 당시의 나에게 그런 류의 논의는 몽테스키외에 대해서든 정치사상이 (과거의 것이든 오늘날의 것이든) 무엇인지에 대해서든 우리의 지식을 확장시키는 데 기여하는 바가 없는 것처럼 보였다.

케임브리지대학교에서는 과거의 저작을 읽을 때 과거인들이 그들 자신에게 중요한 쟁점을 어떻게 생각하고 있는지 파악하는 것이 중요하다고 가르쳤다. 과거의 저작이 현재의 정치와 연관이 있을 수도 있으나, 양자 사이의 연관성이란 복잡미묘하고 간접적인 것이었다. 그와 반대로 슈클라는 그녀의 세미나에 참여하는 학생들이 텍스트를 읽고 특정한 논변을 찾아내 그것을 오늘날의 주장과 견주어 논하고 평가하고 판단하기를 바랐다. 슈클라는 학생에게 항상 질문하고 그 질문에 학생들이 스스로 답변을 내놓도록 독려한다는 점에서 많은 영감을 주는 교수자였다. 영국 케임브리지에서 만났던 여러 개인지도교수tutor들과 달리, 그녀는 수업의 토론 주제에 관해 자신이 어떠한 입장을 지니고 있는지 밝히지 않았으며, 과거인들이 어떻게 사유했는지에 대한 지식을 전달해주지도 않았다. 나는 슈클라가 18세기 정치를 내가 도달할 수 있는 수준보다 더 깊이 이해하고 있었음을 알고 있었으며, 또 그녀로부터 바로 그것을 배우고자 했기에 더욱 좌절감을 느꼈다.

여기까지 오면 내가 지성사를 어떠한 접근법에 기초해 이해하는지가 분명해질 것 같다. 일부 독자들은 내가 흔히 지성사의 '케임브리지 학파'라 불리는 집단에 소속되어 있음을 선언하고 있다고 생각할 것이다. 케임브리지 학파가 지성사란 곧 정치사상사history of political thought라고 주장한다는 식의 오해가 유통되지만, 이는 전혀 사실이 아니다. 케임브리지 학파 및 다른 지성사가들에게 사상과 관념의 역사는 언제나 정치보다 더욱 크고 넓은 학문이었으며, 어쨌든 정치는 경제학, 인류학, 자연철학을 비롯한 다른 여러 분과 영역을 통해서도 연구될 수 있는 대상이기 때문이다. 이 책의 목표 중 하나는 케임브리지 학파 같은 이름표가 오늘날 더는 필요하지 않다는 사실을 보여주는 것이다—물론 지성사의 필요성과 정당성을 확인해준 일련의 선구적인 저작을 설명할 때 그런 명칭이 어느 정도 유용한 면은 있다. (어떤 식으로든 케임브리지대학교와 연결되어 있는) 일부 최고의 지성사가들이 수행한 연구를 특정해 설명하기 위해 그런 명칭을 사용하던 시절은 지났다. 보통 케임브리지 학파로 불리곤 하는 여러 지성사가들이 실제로는 다양한 관점의 지성사 연구 방법론을 대변한다는 사실은 중요하며, 이들의 연구 방법론은 영어권 전반에서 활용되고 있다. 그럼에도 불구하고, 그들 중 특히 정치사상사가라는 이름으로 분류되어온 연구자들이 지성사의 확립에 지대한 기여를 했다는 사실을 간과해선 안 된다. 이 책은 그들 중 일부가 계속해서 지성사 연구에서 주요한 의제를 설정해왔다는 사실을 강조한다.

이 책에서 활용하는 논변 중 다수의 예시는 내가 가장 익숙한 분야인 정치사상사, 특히 장기 18세기 정치사상사에서 가져온 것들이다. 초고를 읽어준 익명의 검토자 한 명은 책 제목이 '정치사상사란 무엇인가?'가 되어야 하는 게 아닌지 질문하기도 했다. 나의 의도는 지성사에 대한 입문서를 쓰는 것, 그리고 이 과정에서 서로 연결되어 있는 여러 학문 분야의 관계를 다루는 것이었다. 다른 곳에서도 말한 바 있지만, 책이 제기하는 요점 중 하나는 지성사가 지금 중요한 기로에 서 있다는 것이다. 지금의 지성사를 창립한 이들 중 여럿은 이제 자신들의 마지막 작업이 될 저작을 내놓고 있으며, 이 선도적인 학자들이 보여준 방법과 사고방식은 여러 새로운 연구 분야와 주제에 적용되고 있다. 앞으로 지성사가 어디로 향할지는 아무도 모른다.

J. G. A. 포콕

J[ohn]. G[reville]. A[gard]. Pocock, 1924~

뉴질랜드 출생으로 케임브리지대학교에서 허버트 버터필드의 지도 아래 박사학위를 취득하고, 뉴질랜드와 미국의 여러 대학을 거쳐 1975년부터 존스홉킨스대학교 역사학과 교수로 재직했다. 17세기 잉글랜드의 '근대적인 역사 서술'이 어떻게 혁명기의 정치언어와 이어져 있었는지를 연구한《고대헌정과 봉건법The Ancient Constitution and the Feudal Law》(1957) 이래 지난 60여 년간의 영어권 지성사 연구에 가장 깊은 영향을 끼쳐온 역사가다. 지성사 방법론 외에도 잉글랜드혁명기 공화주의, 18세기 '상업사회'의 정치담론, 계몽주의 역사 서술, 잉글랜드 계몽주의 등 다양한 영역에서 지금도 필수적으로 읽히는 저술을 남겼으며, 역사 서술과 정치사상의 관계를 그 자체로 중요한 연구 대상으로 끌어올렸다. 주저로는 이탈리아 르네상스의 인문주의 정치사상이 영국의 혁명기를 거쳐 상업사회의 정치언어로 변모하는 과정을 추적한 역작《마키아벨리언 모멘트The Machiavellian Moment》(1975), 18세기 영국 정치사상을 다룬《덕성, 상업, 역사Virtue, Commerce and History》(1985), 잉글랜드만의 역사 대신 '대서양 군도Atlantic Archipelago'라 명명할 수 있는 다양한 지역들의 역사를 포괄하는 '새로운 영국사'를 주장한《섬들의 발견The Discovery of Islands》(2005), '역사 서술의 역사'와 정치사상사 연구를 위한 방법론 논문들을 수록한《정치사상과 역사Political Thought and History》(2009), 계몽주의 연구의 새로운 지평을 연《야만과 종교Barbarism and Religion》(전6권, 1999~2015) 등이 있으며, 그 외 제임스 해링턴을 잉글랜드 공화주의 연구의 중심인물로 끌어올린《제임스 해링턴 정치저작집The Political Works of James Harrington》(1977) 등 다수의 책을 편집했다.

퀜틴 스키너
Quentin Skinner, 1940~

케임브리지대학교 역사학부 졸업 후 곧바로 칼리지 연구원fellow으로 임용되어 가르쳤으며, 케임브리지대학교의 정치학 교수, 근대사 흠정교수Regius Professor of History를 거쳐 현재 런던대학교 퀸메리칼리지의 교수이자 동대학 정치사상사연구소Centre for the Study of Political Thought 공동소장으로 재직 중이다. 포콕과 함께 '케임브리지 학파'를 대표하는 역사가로, 언어맥락주의 방법론, 토머스 홉스, 이탈리아 르네상스 정치사상, 공화주의적 자유, 국가 및 대표제 개념의 역사, 초기 근대 잉글랜드의 수사학적 전통 등 역사학과 정치이론을 아우르는 여러 분야의 연구를 선도했다. 연구 외적으로도 케임브리지 학파가 학계에서 영토를 확장하는 데 지도적인 역할을 맡았다. 중세 후기부터 르네상스와 종교개혁으로 이어지는 정치사상사를 다룬《근대 정치사상의 토대The Foundations of Modern Political Thought》(전2권, 1978), 현대 공화주의 정치이론의 모태가 된《자유주의 이전의 자유Liberty before Liberalism》(1998), 고전기 이래의 르네상스 수사학 전통과 홉스를 연결한《홉스 철학에서의 이성과 수사학Reason and Rhetoric in the Philosophy of Hobbes》(1996) 및 이를 셰익스피어 연구로 확장시킨《법정에 선 셰익스피어Forensic Shakespeare》(2014)를 썼으며, 그 외에 자신의 주요 성과를 집약한《정치의 비전Visions of Politics》(전3권, 2002),《인문주의에서 홉스까지From Humanism to Hobbes》(2018) 등을 출간했다. 그가 주도한 방법론 논쟁을 수록한《의미와 콘텍스트Meaning and Context》(1988)는 언어맥락주의에 입문하기 위한 필수적인 책으로 꼽힌다.

존 던
John Dunn, 1940~

케임브리지대학교 킹스칼리지에서 역사를 공부했고 하버드대학교에서 존 로크로 박사학위 취득을 고려했으나, 당시 미국 역사학계의 통념에 문제를 느껴 킹스칼리지로 돌아와 연구원을 거쳐 정치이론 교수로 재직했다. 로크 연구의 고전이 된《존 로크의 정치사상The Political Thought of John Locke》(1969)을 내놓은 이후 지성사적 통찰을 바탕으로 하는 정치이론 연구에 본격적으로 뛰어들었다. 정치이론가로서 던의 근본적인 문제의식은 '근대정치'의 본질이 무엇인지, 그리고 여기에 정치이론과 정치사상사가 어떤 기여를 할 수 있는지에 있었다. 이는《근대혁명Modern Revolutions》 (1972, 2판 1989),《근대 정치이론을 다시 생각한다Rethinking Modern Political Theory》 (1985),《비이성의 간계The Cunning of Unreason》(2000)와 같은 저작 외에도 (이슈트 반 혼트와 함께 참여한) 논문 편저들, 예컨대《부와 덕》(1983),《근대정치의 경제적 한계The Economic Limits to Modern Politics》(1990),《근대공화국의 발명The Invention of the Modern Republic》(1994) 등에 수록된 그의 논문에서 잘 드러나며, 이후 케임브리지 학파 후속세대의 정치이론적 문제의식에도 지대한 영향을 끼쳤다. 2000년대 이래 민주주의에 관한 저술을 내놓고 있으며,《민주주의의 수수께끼Setting the People Free: The Story of Democracy》(2005)와《민주주의의 마법에서 깨어나라Breaking Democracy's Spell》 (2014)는 한국어로 번역되어 있다. 제3세계의 민주주의에도 깊은 관심을 두고 있어, 김대중 전 대통령과의 친분을 비롯하여 한국에도 여러 차례 호의적인 시선을 보낸 것으로 유명하다.

지성사란 무엇인가?

이슈트반 혼트
Istvàn Hont, 1947~2013

헝가리 부다페스트대학교에서 데이비드 흄 연구로 박사학위를, 1975년 영국으로 망명하여 옥스퍼드대학교에서 휴 트레버-로퍼의 지도 아래 한 번 더 박사학위를 취득했다. 이후 케임브리지대학교 역사학부 정치사상사 분야 담당교수reader in history of political thought로 재직했다. 헝가리 출신 망명학자였던 혼트는 케임브리지대학교 킹스칼리지 연구센터에서 주관한 프로젝트 '정치경제와 사회 1750~1850'의 책임 연구원으로서 활동하면서 주목받았다(이 프로젝트는 1983년에 학술논문집《부와 덕: 스코틀랜드 계몽주의에서 정치경제학의 형성Wealth and Virtue: The Shaping of Political Economy in the Scottish Enlightenment》으로 출판된다). 이후 혼트는 스코틀랜드 정치경제학을 스코틀랜드 혹은 영국만이 아닌 전全 유럽적 논쟁의 맥락 속에 위치시켰고, 상업사회와 사치, 무역경쟁과 개혁, 전쟁과 평화에 대한 18세기 유럽 사상가들의 논의를 발굴했으며, 다양한 국적과 지적 배경을 지닌 학생들을 지도하며 지성사 연구의 공간적 범위를 넓혔다. 혼트의 주요 논문을 모은《무역의 질투Jealousy of Trade》(2005)는 출간 직후 곧바로 정치경제사상사 분야의 고전으로 자리매김했다. 그 외 대표적인 저술로《케임브리지 18세기 정치사상사》(2006)에 수록된〈초기 계몽주의의 상업과 사치 논쟁The Early Enlightenment Debate on Commerce and Luxury〉및 사후 출판된 강연록《상업사회의 정치학: 루소와 스미스Politics of Commercial Society: Jean-Jacques Rousseau and Adam Smith》(2015)가 있다. 사후에 제자들과 동료들이 참여한 헌정논문집《계몽주의의 상업과 평화Commerce and Peace in the Enlightenment》(2017) 및《시장, 도덕, 정치Markets, Morals, Politics》(2018)가 출간되었다.

도널드 윈치
Donald Winch, 1935~2017

프린스턴대학교 경제학과에서 박사학위를 취득하고 영국 서섹스대학교 경제사상사 분야 담당교수로 재직했으며, 같은 대학의 존 버로우, 스테판 콜리니와 함께 보다 실천적이고 간학문적인 성향을 지닌 서섹스 학파Sussex School를 이루었다. 국제경제학을 연구하던 중 버로우 및 스키너와의 교류를 계기로 경제사상사로 전환, 평생 애덤 스미스를 중심으로 18~19세기 영국 정치경제학의 지성사를 연구했다. 윈치는 스미스를 고전경제학의 창시자 또는 최초의 자본주의 비평가로 이해하는 통념을 시대착오적이라고 비판했으며, 스미스와 그의 동시대인들이 공유한 맥락인 시민적 인문주의와 자연법학의 언어 속에서 스미스의 정치경제학을 해석해야 한다고 주장했다. 나아가 그는 스미스 이후 영국의 정치경제학이 '입법자의 학문'에서 '전문가의 과학'으로 전환되는 과정은 단선적이지도 완전하지도 않았기에 19세기 영국 경제사상가들을 경제학의 발전사가 아닌 영국 정치 담론이라는 더 큰 맥락 속에서 해석해야 한다고 강조했다. 대표적인 저서로《애덤 스미스의 정치학Adam Smith's Politics》(1978),《맬서스Malthus》(1987; 2013년 재간행),《부와 빈곤: 영국 정치경제학 지성사, 1750~1834Riches and Poverty: An Intellectual History of Political Economy in Britain, 1750–1834》(1996),《재물과 삶: 영국 정치경제학의 지성사, 1848~1914Wealth and Life: Essays on the Intellectual History of Political Economy in Britain, 1848–1914》(2009) 및 존 버로우, 스테판 콜리니와 함께 쓴《정치학이라는 고귀한 학문: 19세기 지성사 연구That Noble Science of Politics: A Study in Nineteenth-Century Intellectual History》(1983)가 있다.

리처드 턱
Richard Tuck, 1949~

케임브리지대학교에서 박사학위를 취득했고 하버드대학교 정치학과Department of Government 교수로 재직 중이다. 턱의 가장 중요한 기여는 초기 근대 자연권 사상의 전통을 특히 주권 및 저항권의 헌정주의적 논리에 초점을 두고 재발굴한 것이다. 박사학위논문을 바탕으로 출간한《자연권 이론의 기원과 발전Natural Rights Theories: Their Origin and Development》(1979)은 후고 그로티우스를 출발점으로 삼는 '근대' 자연법 이론의 틀을 제시했으며 현재도 중요하게 읽히고 있다. 이후《철학과 통치 1572~1651Philosophy and Government 1572-1651》(1993) 등의 저술에서 볼 수 있듯 그는 회의주의, 신스토아주의 등 르네상스 인문주의의 여러 지적 전통과 홉스로 귀결되는 초기 근대 정치사상의 연결고리를 탐색했다.《전쟁과 평화의 권리: 그로티우스에서 칸트까지의 정치사상과 국제질서Rights of War and Peace: Political Thought and the International Order from Grotius to Kant》(1999)에서는 그로티우스에서 칸트, 자유주의로 이어지는 계보를 그리면서 자연법 전통을 국제정치적 맥락 속에 위치시켰다. 스키너, 던과 함께 턱 또한 정치사상사적 통찰을 바탕으로 하는 정치이론 연구에 뛰어들었다. 그중 가장 논쟁적인 것은 홉스적 전통과 민주주의·인민주권의 관계를 다룬 연구로,《잠자는 주권자: 근대 민주주의의 발명The Sleeping Sovereign: The Invention of Modern Democracy》(2016)을 출간하면서 턱은 책의 논지에 기대어 브렉시트BREXIT(영국의 EU 탈퇴)가 인민의 의지를 대표하는 국민투표에 의한 것이니만큼 찬성해야 한다는 '좌파적' 브렉시트 찬성론을 주창했다.

잉글랜드 북서부에 위치한 컴브리아의 윈더미어 호湖 동쪽 에클
레릭 크라그Ecclerigg Crag에는 채석장이 하나 있었다. 그곳에서 생
산한 슬레이트와 석재는 지역에서 중요한 건축물을 짓는 자재
로 쓰이곤 했다. 18~19세기에 번성했던 채석장은 전용 부두가
따로 있을 정도로 규모가 컸다. 과거사의 일부가 된 채석장 터
에는 현재 호텔이 들어서 있고, 호텔 공터에는 수면 위아래에 잠
긴 채 방치된 바위들 말고는 커다란 평판 다섯 개만이 남아 있
다. 평판의 기반암에는 정교한 조각이 새겨져 있다. 그중 일부는
1835년에서 1837년 사이에 새겨진 것으로, 당시 채석장에 고용
되었던 석공 장인 한 명이 맨 슬레이트 위에 직접 써놓은 것이 분
명한 메시지도 있다. 조각에는 '넬슨', '뉴턴', '월터 스콧', '워즈
워스', '제너', '험프리 데이비', '리처드 왓슨' 등 국가·지방의 주
요 명사들의 이름과 함께 그곳의 소유주였던 '존 윌슨'의 이름도

새겨져 있는데, 호반파 시인들[*]의 친구이기도 했던 윌슨은《블랙우즈 매거진Blackwood's Magazine》에 기고했으며 1820년부터 1851년까지 에든버러대학교 도덕철학 교수로 재직해 현지에서 잘 알려진 인사였다. 지역 학교에 기부한 여러 인사의 이름과 함께 도로 보수작업으로 명성을 쌓은 '존 러든 매커덤'의 이름도 들어가 있다. 높이가 거의 5미터에 달하는 가장 거대한 평판에는 큼직한 글자로 "국가부채 800,000,000파운드 / 오, 하늘이시여, 우리나라를 구하소서! / 조지 3세, 윌리엄 피트 / 돈은 전쟁의 힘줄 / 육군 원수 웰링턴 / 영웅 제독 넬슨"이라는 문구가 적혀 있어 석공 장인이 당시의 정세를 어떻게 보았을지 표현하고 있다.[1]

역사가는 이 부조를 마주하여 무엇을 할 수 있을까? 사회사가라면 아마도 채석장 노동자들의 사회적 위치, 노동 조건, 작업장 바깥에서의 삶이 어떠했을지, 그리고 계급, 젠더, 의례, 정체성 등을 바탕으로 노동자들이 살던 사회가 어떤 곳이었을지 등에 대한 정보를 찾아내고자 할 것이다. 경제사가는 노동자들의 비교임금과 당시의 경제적 조건이 어떠했는지를, 그리고 현지의 다른 업계와 비교해, 좀 더 일반적으로는 국가 전체에서 나타나는 경향과 비교해 채석장 고용이 상대적으로 어떤 위치에 있었는지에 대한 정보를 찾아내고자 할 것이다. 그 과정에서 필요하다면 다른 조각을 찾고 감정하는 일이 있을 수도 있다. 문

---

[*] Lake Poet School, 19세기 전반 영국에서 활동하던 시인 집단으로, 윌리엄 워즈워스, 새뮤얼 테일러 콜리지, 로버트 사우디 등 영국 낭만주의 시 전통에서 중요한 인물들이 여기 속한다. 주로 잉글랜드 북서부 레이크 디스트릭트Lake District 지역 인근에 거주하여 '호반파'라는 명칭으로 불렸다.

지성사란 무엇인가?

화사가는 개인과 사회집단이 스스로를 표현하기 위해 사용하는 국가적, 지역적, 또는 현지의 담론에 대해 추정하거나, 좀 더 나아가 구체적인 역사적 인물과 더 큰 사회집단 사이의 관계를 짚어보면서 그들 간의 권력관계를 분석하고자 할 것이다. 지성사가가 출발해야 하는 지점은 말言, 즉 언어다. 부조의 제작자는 조각을 새기면서 무엇을 전달하고자 했을까? 그는 왜 하필 이런 방식을 채택했을까? 그 주장은 다른 곳에서는 어떻게 개진되었나? 그런 주장들은 어떠한 계보로부터 비롯되었으며, 또 어떻게 수용되었나?

지성사가의 작업은 특히 메시지의 뜻을 판별하기 쉽지 않은 경우, 혹은 이런 예에서처럼 몇 마디 경구警句만이 새겨져 있거나 메시지가 경구의 스타일을 띠고 있는 경우에 어려워질 수 있다. 부조에 언급된 여러 사람들의 이름을 추적하는 작업은 상대적으로 쉬운 편이다. 그런 이름으로부터 우리는 당시 그곳의 지도적인 인사들이 누구인지 알고 있으며 그들의 지위를 (겉으로나마) 존중하는 사람, 특히 빈민을 위한 학교에 기부하는 일 등 자선행위를 높이 평가하는 누군가가 존재했다는 사실을 알 수 있다. 이들 이름은 또한 기술 발명과 과학, 시와 문예, 군사적 용명과 영웅적 행위에 대한 존경심을 잘 드러낸다.

이름만 갖고 이 이상으로 나아가기는 어려우나, 평판에 새겨진 문구에 어떤 주장들이 담겨 있는지 분석하는 과제가 여전히 남아 있다. 문구는 나라가 국가부채national debt로 인해 통탄할 만한 지경에 빠졌으며, 구원이 필요한 상황에 처했다고 말한다("오, 하늘이시여, 우리나라를 구하소서!"). "돈은 전쟁의 힘줄"이라는 문구에서는 전쟁과 돈의 관계에 대한 명백한 적대감이 드러난다. 이러한 주장 옆에는 윌리엄 피트의 이름이 두 번 언급되어 있는데, 이는 문구의 작성자가 피트를 이전 세대의, 혹은 넬슨과 웰링턴에 대한 경탄에 찬 언급을 감안하면 아마도 작성자 본인이 젊었던 시절에 유명했던 전쟁광으로 생각하고 있었을 가능성을 (비록 이를 확인하는 일도 부인하는 일도 불가능하지만) 떠올리게 한다. 전쟁의 거대한 규모와 그 결과를 한탄하면서도 그런 위인들의 탁월함을 애국적인 어조로 찬양하는 모습은 그 세대에는 흔히 나타날 법한 것이었다.

좀 더 유의미한 단서로는 "오, 하늘이시여, 우리나라를 구하소서!"라는 말이 다른 곳에서 따온 인용구라는 사실이 있다. 이는 1732년 파리에서 망명 생활을 하던 중 딸의 품에 안겨 사망했으며 바로 그 문구를 말한 것으로 알려진 로체스터 주교 프랜시스 애터버리 박사를 위해 알렉산더 포프가 쓴 묘비명에서 가져온 것이다. 애터버리의 문구는 사실 당시에 이미 잘 알려져 있던 글귀로, 베네치아의 위대한 역사가 파올로 사르피 신부의 말에서 가져온 표현이었다. 사르피 신부는 임종의 자리에서 "베네치아가 지속되도록 하소서Esto perpetua"란 말과 함께 베네치아가 독립적인 주권권력으로서의 위상을 유지하리라는 희망을 밝혔던 것이다. "돈은 전쟁의 힘줄"이라는 (니콜로 마키아벨리와 프랜

♪♪ 국가 운영에 필요한 자금을 융통하기 위해 채권 발행 등을 통해 만들어낸 부채를 지칭하는 말로, 경우에 따라 (약간의 의미 차이가 있지만) 국가채무public debt라는 표현을 사용하기도 한다. 17세기 말 이래 잦은 해외 전쟁을 치러야 했던 영국은 대규모의 국채를 발행했으며, 이로 인해 막대한 채무액이 누적되면서 국가부채가 국가 운영에 악영향을 끼친다는 우려가 확대됐다.

시스 베이컨이 반박한 바 있는) 주장은 키케로의 필리포스 탄핵 연설 제5편으로까지 거슬러 올라가는 것으로, 라블레에서 테니슨에 이르는 다양한 저자들에 의해 되풀이된 문구였다. 이런 문구들이 에클레릭 크라그의 석공 장인에게는 어떤 의미를 지녔을까?

18세기 문헌에서 흔히 찾아볼 수 있는 이런 문구들은 한편으로 사치와 상업사회의 확장을 개탄하고, 다른 한편으로는 그런 변화로 인해 방탕한 정념libertine passions *♪♪*, 전쟁, 국가부채 등이 함께 무제약적으로 늘어나면서 모든 나라가 맞이하게 될 파국을 예견하고 있었다. 데이비드 흄의《정치 논설Political Discourses》(1752)에 수록된 시론 〈공적 신용에 관하여Of Public Credit〉는 나중에 석공 장인이 이어받게 될 애가jeremiad 문헌의 좋은 예시를 보여준다. 국가부채가 유럽의 국민국가에 초래할 결과에 날이 갈수록 더욱 절망하던 흄은 부채가 당대의 국제관계에 끼칠 영향을 묘사하기 위해 도자기 가게에서 곤봉을 갖고 논다는 독특한 이미지를 사용하기도 했다. 도자기가 결국 박살나듯, 이미 막대한 부채에 빠져버린 나라의 국내 경제와 시민사회도 마찬가지의 운명을 맞이하게 될 것이었다. 프랑스혁명정부 및 나폴레옹 보나파르트와 전쟁을 치르는 동안 부채에 대한 공포는 정점을

♪♪ 고전기부터 근대에 이르기까지 서구 도덕언어의 바탕에는 인간의 행위를 이성과 정념의 개념에 기초하여 설명하는 전통이 존재했다. 그에 따르면 인간은 (대체로 부정적인) 다양한 정념들에 쉽게 이끌리는 존재였으며, 따라서 그러한 정념을 억누르고 통제하거나 때로는 적절히 조절하여 인간이 올바른 삶을 살도록 하는 것이 이성의 역할이었다. 이런 도식은 단순히 개별 인간의 삶뿐 아니라 국가와 정치체의 운명을 설명하는 언어에도 통용되었다. 여러 정치언어들은 국가의 흥망성쇠가 해당 국가의 '덕성' 혹은 도덕적 역량에 따라 결정될 수 있다는 믿음을 견지하면서, 국가와 사회를 부패시키고 종래에는 멸망에까지 이르게 하는 주요한 원인 중 하나로 부도덕한 정념을 지목했다.

찍었다. 당시 부채는 총 국내 생산의 250퍼센트를 초과했으니, 이는 이후 지금까지도 한 번도 도달한 적이 없는 수치였다. 윌리엄 피트와 국가부채의 연결은 당대를 살았던 사람들에게, 특히 1797년 정부가 잉글랜드 은행Bank of England의 금태환 의무를 정지시켰던 순간에 명확히 각인되었을 것이다.

데이비드 흄을 포함해 18세기 국민 생활을 관찰하던 이들의 눈에는 부채로 인한 파산과 전쟁의 공포야말로 영국Britain이라는 나라가 몰락하고 있음을 분명히 보여주는 단적인 증거였다. 후대의 시점에서 보면 18세기는 이후 '산업혁명'이라 불리게 되는 변화의 초석을 찾아낼 수 있는 시기였다. 어떤 역사가들은 영국 역사에서 18세기만큼 엄청난 경제성장이 이루어졌던 때는 없다고도 주장한다.[2] 마찬가지로 배질 윌리 및 다른 이들은 이때를 자신만만한 빅토리아 시대의 전주곡으로서 영국이 더욱 안정적인 나라가 되어가던 시기로 특징짓는다. 하지만 당시 사람들에게 18세기 영국은 위기에 빠진 신생 국가이자, 부채, 전쟁뿐 아니라 제임스 2세 지지자들과 하노버 왕가 지지자들 간의, 휘그와 토리 간의, 국교도와 가톨릭, 비국교도 간의, 그리고 사회의 상업화를 옹호하는 이들과 그에 적대하는 이들 간의 정

◢ 영국 스튜어트 왕가의 제임스 2세(1633~1701)는 자신의 딸 메리 2세(1662~1694)와 사위 네덜란드 오라녜공 빌럼 3세(윌리엄 3세, 1650~1702)가 주도한 1688년의 명예혁명으로 인해 유럽으로 망명했다. 이후 왕의 자리는 메리와 빌럼, 그리고 메리의 동생인 앤 여왕(1665~1714)의 재위를 거쳐 독일에서 온 하노버 왕가(1714~1837)에게 계승된다. 그러나 제임스 2세의 망명 이후에도 제임스 2세와 스튜어트 왕가를 추종하는 제임스 2세 지지자들Jacobites의 세력은 영국 안팎에 여전히 남아 있었으며(특히 프랑스가 이들을 지원했다), 이들은 18세기 중반까지 두 차례나 영국을 침공하면서 하노버 왕가의 통치에 저항했다.

지성사란 무엇인가?

치적인 분열로 병들어 있는 곳이었다. 당대 영국에 곧 닥쳐올 것 같은 파국 이외의 미래가 보인다고 믿는 논평가는 거의 없었다. 거대한 변화가 목전에 놓여 있다는 관찰이 널리 퍼져 있었으며 불확실성의 감각이 만연했다. 애덤 스미스나 장-루이 드 롤므처럼 영국의 전망을 신중하게 평가하거나 심지어 낙관적으로 보기로 유명한 인사들조차 당시의 상황이 안정적이거나 계속 유지할 만하다고 생각하지는 않았다. 훨씬 흔한 것은 영국의 몰락과 패전을 예측하는 구슬픈 탄식이었다.

일군의 관찰자들이 보여준 그런 의구심을 고려하면, 영국이 프랑스의 혁명가들 및 나폴레옹과의 전쟁에서 살아남아 경제적·정치적 권력을 통해 유럽을 선도하는 국가로 부상하기까지 한 상황은 더욱 놀라운 일이었다. 그러나 많은 나라에서 영국의 정부 형태와 경제를 본받아야 한다고 믿었음에도, 영국의 지식인들 사이에서는 현재의 대성공에는 실체가 없으며 영국은 결국 몰락할 것이고 자연스럽지 않은 발전 끝에 얻어낸 정치적이고 상업적인 우위가 더는 유지되지 못하리라는 우려가 파다했다. 18세기의 부채 수준은 1830년대에 이르러서도 극히 부분적으로만 감소했으며, 영국의 몰락을 한탄하는 오래전부터의 비가悲歌는 여전히 메아리치고 있었다. 에클레릭 크라그의 석공장인은 정확히 이런 예에 해당한다고 할 수 있다. 나라가 파국에 이를 수 있다는 묵시록적인 전망은 그 이전 시대의 산물이었으나, 석공 장인은 그런 전망을 여전히 떠올리고 있었던 것이다. 그가 새겨놓은 내용으로부터 우리는 특정한 관념이 시간이 지나도 지속될 수 있으며, 그리고 후대의 시점에서 볼 때 '균형의 시대age of equipoise '를 목전에 둔 순간에조차 암울한 미래에 대한 두려움이 계속 존재했음을 깨닫는다. 석공의 언어가 중요한 까닭은 그로부터 초기 빅토리아 시기 사람들이 당대를 어떤 관점에서 (이런 관점은 종종 잊혀지는데) 바라보았는가를 배울 수 있기 때문이다.

이처럼 석공이 남겨놓은 언어의 의미를 이해하는 과정은 지성사 연구가 무엇을 할 수 있는지 잘 보여준다. 지성사는 오늘날 우리에게는 숨겨져 있는 것, 즉 후대인들이 폐기하거나 거부해 역사에서 잊힌 과거의 관념과 사상을 찾아 읽어낸다. 지성사가는 사라진 세계를 복원하고 과거의 폐허로부터 여러 관점과 관념을 다시 찾아내며 과거의 베일을 걷어내 어떻게 그런 관념들이 당시에 반향을 불러일으켰고 옹호자들을 설득할 수 있었는지 설명하고자 한다. 관념과 그것이 만들어낸 문화와 실천은 과거를 이해하려는 모든 시도에서 꼭 필요한 토대가 된다. 뛰어난 철학자들, 예컨대 자유, 정의, 평등 같은 개념을 그들이 어떻게 사용했는지 명료하게 풀어내 이해해야 하는 탁월한 이들이 철학적 행위를 어떻게 수행하는지를 보여주는 것은 관념이다. 어떤 사회에서든 문화적으로 중요한 인물들, 그리고 형식을 불문하고 대중문화를 해설하는 이들의 작업이 어떤 행위인지 보여주는 것도 마찬가지로 관념이다.

🖊 영국의 역사가 W. L. 번이 1964년 출간한 동명의 책《균형의 시대: 빅토리아 중기 세대 연구The Age of Equipoise: A Study of the Mid-Victorian Generation》에서 사용한 표현이다. 번은 19세기 중반 영국 사회를 '균형의 시대'라 부르면서, 이 시기 영국이 (어느 하나의 흐름이 독주하기보다는) 다양한 사조와 경향이 공존하며 균형을 이루는 가운데 진보해나갔다고 평가했다.

그중 문화적으로 중요한 인물의 예를 한 가지 들어보자. 박물학 연구자이자 작가로서 1927년 《수달 타카의 일생Tarka the Otter》 출간으로 유명해진 헨리 윌리엄슨은 1964년 BBC 다큐멘터리에서 제1차 세계대전에 관해 인터뷰를 한 적이 있다. 그는 유혈이 낭자했던 제1차 이프르 전투의 여파가 아직 남아 있던 1914년의 크리스마스를 떠올렸다. 독일군과 영국군은 각 전선의 사정을 고려하여 대략 수 시간에서 수 일 정도 잠시 휴전하기로 자체 결정한 참이었다. 당시 플랑드르 전선의 참호에서 기관총 부대의 이등병으로 복무하다가 어느 독일군 병사와 말문을 트게 된 윌리엄슨은 독일군 또한 "조국과 자유를 위해" 싸우고 있다는 이야기를 듣게 되었다. 윌리엄슨은 독일이 전쟁을 시작했고 자유를 위해 싸우고 있는 쪽은 영국군이기에 신과 정의는 의심의 여지없이 영국의 편에 있다고 응수했다. 윌리엄슨은 동부 전선에 있는 러시아의 전력으로 인해 전쟁이 곧 끝날 거라고 덧붙였다. 독일군 병사는 러시아군이 와해 직전이기에 독일이 곧 승리할 것이며, 둘 중 어느 쪽도 상대방을 납득시킬 수 없으니 논쟁의 의미가 없다고 답변했다.

독일군 병사와 의견을 주고받은 경험은 윌리엄슨의 전쟁관을 바꿔놓았다. 양측의 병사들은 도대체 어떻게 스스로가 정의의 편에 서 있다고 믿을 수 있었단 말인가? 그런 믿음이 없다면, 수많은 사람을 죽음에 이르게 하고 국가들을 파괴할 뿐인 소모전으로 바뀌어버린 전쟁에는 더 이상 어떠한 의미도 남지 않게 된다. 이후 1930년대에 윌리엄슨은 당시 서구 민주주의에서는 찾을 수 없을 것처럼 보였던 어떤 도덕적 확실성을 제시하는 파시즘(적어도 그는 그렇게 믿었다)에 이끌리게 된다. 이는 무엇보다도 영국과 독일 양측 모두 자신의 대의가 절대적으로 옳다고 확신하고 있는 만큼 어느 쪽에도 진정한 대의가 없다는 1914년의 이데올로기적 깨달음이 초래한 결과였다. 그런 확신 또는 그 확신의 기원과 본질, 한계를 설명하는 일이 정확히 지성사가들이 (적어도 이상적으로는 윌리엄슨과 같은 극단주의에 경도되지 않으면서) 하고자 하는 일이다.

우리는 대중문화에서도 추가로 예를 찾아낼 수 있다. 존 버컨의 소설 《39계단The Thirty-Nine Steps》(1915)을 앨프리드 히치콕이 영상화한 1935년작 영화를 보자. 기관차 플라잉 스코츠맨 Flying Scotsman 호가 에딘버러 웨이벌리 역에 도착한 장면에서, 추적을 피해 도망치는 주인공 리처드 해니Richard Hannay와 같은 칸에 탄 두 명의 잉글랜드인 여성속옷 판매업자 중 한 명은 그가 처음으로 마주친 (열차 창문을 통해 신문을 팔고 있는) 스코틀랜드인에게 "영어는 할 줄 아니?Do you speak the language?"〔정확히는 "speak the English?"〕라고 묻는다. 잠시 후, 해니가 에딘버러의 로랜드 북쪽에서 경찰에게 쫓기는 장면이 나오는데, 이때 한 농부가 추위에 얼어붙은 해니에게 자신의 코트를 주었다는 이유로 부인을 때리기 시작한다. 나중에 〈노인 부대Dad's Army〉(1971)로 유명해지는 존 로리가 연기한 농부는 입을 다무는 대가로 해니에게 돈을 받은 뒤 다시 그를 경찰에 팔아넘기려 하는 사악하고 잔인하며 반사회적이고 거짓을 일삼는 인물로 그려진다. 이처럼 양차 세계대전 사이의 시기에 영국인들이 스코틀랜드인들에게 가졌던 편견을 한껏 드러내는, 그리고 스코틀랜드 칼뱅주의를 위선적이고 자기중심적이자 야만스러운 교리로 그려내는 영화적 재현은 그런 민족적 스테레오타입이 생겨나고 유행하고 쇠퇴하는 과정의 배후에 있는 관념을 이해하기 위해서라도 면밀히 검토될 가치가 있다.

변형된 관념의 효과를 보여주는 더 최근의 예로는 필립 K. 딕의 1968년작 소설 《안드로이드는 전기양의 꿈을 꾸는가? Do Androids Dream of Electric Sheep?》를 원작으로 삼아 리들리 스콧이 감독한 1982년작 영화 〈블레이드 러너Blade Runner〉를 꼽을 수 있다. 2019년 로스앤젤레스의 디스토피아적 풍경을 그리는 이 영화에서 거의 모든 등장인물은 끊임없이 담배를 피운다. 리들리 스콧과 필립 K. 딕이 예측하지 못했던 변화는, 흡연행위가 세기가 바뀐 2000년대 이후의 시청자에게 이전처럼 등장인물이 어떤 상태이며 그가 앞으로 어떤 태도를 취할 것임을 암시하는 역할 대신 영화가 전후戰後 미국에서 제작되었다는 사실을 알려주는, 즉 작품의 제작 연대를 짐작하도록 하는 단서가 되었다는 것이다. 복잡한 철학적인 언어를 다루든, 장기간에 걸친 문화적 실천 혹은 민족적 편견이 자연스레 표현된 산물을 다루든, 지성사가들은 그런 의견이 어디에서 기원했고 어디까지 뻗어나갔는지를 설명하고자 한다. 그 역사는 결코 단순하게 전개되지 않는다. 엘리자베트 라브루스가 피에르 벨의 《역사적이고 비판적인 사전 Historical and Critical Dictionary》(1697)에 대해 쓴 내용을 보자.

우리는 관념의 역사를 통해 다음과 같은 사실을 깨달을 수 있다. 어떤 작품이 일단 원래 속해 있던 사회적·역사적 맥락이 제거된 채 보편적인 메시지를 담아내는 것으로 읽히게 되면, 작품은 그에 담긴 사상을 기계적으로 반복하거나 그대로 반영하는 작업을 통해서가 아니라 오히려 그것이 애매모호하게, 시대착오적으로, 잘못 해석되는 과정을 통해서 가장 큰 영향력을 행사한다.[3]

우리가 삶과 사상을 재현하기 위해 사용하는 표현들은 너무나 많은 경우 지금의 상황이 앞으로 어떠한 모습으로 변화하리라는 기대 또는 예측을 품고 있으며, 스스로가 미래를 보는 능력을 지니고 있다고 주장하는 사람들이 역사에 농락당하는 경우는 비일비재하다.

　이 모든 것을 통해 우리는 다음과 같은 주장에 도달한다. 비록 경기 순환이나 인구 변천 단계, 수확고 등등을 연구하는 경우에서처럼 인류의 역사에서 관념의 역할을 생략하는 게 가능해 보일지도 모르겠으나, 실제로 인간사를 이해하는 과정에서 관념의 존재와 역할은 결코 도외시될 수 없다는 것이다. 사고하지 않고 살아가는 사람은 없다. 사람들은 스스로의 생각을 매우 다양한 방식으로 제시한다. 사람들이 무엇을 하고 있는지, 사람들이 특정한 관념을 이야기할 때 이것이 정확히 무엇을 의미하는지, 관념이 자신을 빚어낸 더 넓은 이데올로기적 문화들과 어떤 관계를 맺고 있는지 이해하려면 역사적 상황을 섬세하게 재구성하려는 노력이 필요하다. 즉 관념이 무엇을 뜻하는지 알아내는 과제는 오직 역사적 해석을 통해서만 해결될 수 있다. 그런 점에서 지성사는 인류학 및 인접 사회과학에서 흔히 사용되는 민속지적 탐구 작업과 매우 유사하다. 이는 클리퍼드 기어츠의 유명한 논문 〈중층기술: 해석적 문화이론을 향하여Thick Description: Toward an Interpretive Theory of Culture〉에서 가장 잘 묘사된 바 있다. 기어츠는 문화가 기호(학)적이라는 지점에서 출발하는데, 이는 "인간은 스스로가 자아낸 의미라는 거미줄에 매달려 있는 동물"이기 때문이다.[4]

기어츠의 용어 '중층기술'은 길버트 라일이 언급했던 유명한 사례에서 가져온 것이다. 라일은 자신의 오른쪽 눈꺼풀을 오므리는 두 소년의 예를 든다. 눈꺼풀의 씰룩거림은 어떤 경우에는 별다른 의도가 없는 움직임이다. 이 동작은 때로는 친구들에게 어떤 의미를 전달하는 메시지가 된다. 이제 세 번째 소년은 윙크와 씰룩거림을 패러디하기 시작한다. 중층기술은 "씰룩거림, 윙크, 거짓 윙크, 패러디, 패러디 연습 같은 행위들이 생산되고, 인지되고, 해석되는 의미구조의 계층화된 위계질서"를 복원하는 일이라고 할 수 있다.[5] '중층기술'이란 용어는 제러미 벤담에 의해 만들어진 것으로 알려져 있다. 유감스럽게도 나는 아직 그의 출판물이나 사적인 글쓰기에서 해당 표현이 실제로 사용되는 예를 찾지는 못했다. 하지만 중층기술은 벤담이 특정한 관념이 어떤 뜻을 지녔는지 설명할 때 사용하라고 권장한 바 있는 일련의 절차에 부합한다.

벤담은 다음과 같은 요점을 여러 차례에 걸쳐, 특히 프랑스혁명기에 파리 국민공회를 대상으로 긴급하게 설명한 바 있다. 어떤 상황에서는 '정의'나 '자유' 같은 표현이 구체적으로 무엇을 뜻하는지 이해하기 어려울 수 있다. 이는 마치 눈꺼풀의 움직임이 씰룩거림인지 윙크인지 알아차리기 힘든 것과 같다. 한 가지 해결책은 언어의 실제 용법에 관한 정보를 가능한 한 많이 수집하는 것이다. 예를 들면, 자유가 구체적으로 무엇을 뜻하는지 보여주는 예시들을 참고하지 않는다면, 그런 언어가 정확히 무엇을 가리키는지 혼란에 빠지기 쉽다. 벤담은 혁명기 프랑스인들이 실제로는 제국을 만들고 있으면서도 자신들이 자유를 확립하는 중인 양 혼동하고 있다고 지적했다. 벤담은 자유가 무엇을 의미하고 함축하는지를 매우 정밀하게 살피고자 했고, 자유가 강자가 약자를 수월하게 착취할 수 있도록 돕는 수단으로 악용되는 예에서처럼 그것이 때때로 '강요된 자유forced liberty'를 뜻할 수도 있다고 설명했다.[6] 가령 올림픽 대회는 그저 조직화된 행정기구를 갖췄을 뿐인 운동시합에 불과한가, 아니면 건강 증진을 위한 운동을 갈망하는 전 사회적인 욕망의 산물인가? 또는 암브로시우스 보스하르트, 피터르 클래츠, 얀 다비드존 데 헤엠 등 네덜란드 황금기 정물화가들의 그림에 나타나는 해골, 동물, 꽃, 곤충은 사람이 올바르게 살고 죽는 방법에 대한 도상·유비·상징물인가, 아니면 그저 튤립, 도마뱀, 나방을 그린 것뿐인가? 사람들이 실제로 어떤 의견을 지녔는지 역사적으로 엄밀하게 검토하지 않는다면 이런 사실을 제대로 판별해내기란 쉽지 않다.

이 모든 사실에도 불구하고, 지성사는 종종 혹평의 대상이 되곤 한다. 지성사는 오래전부터 역사가, 철학자, 사회이론가의 비판을 받아왔다. 전기적傳記的 정보를 근거로 특정 집단의 공통된 특성을 도출해내는 집단전기학prosopography을 옹호한 역사학

　　　　　　　　　　　　지성사란 무엇인가?

자 루이스 네이미어는 일찍이 1930년에 출간한《미국 혁명기의 잉글랜드England in the Age of the American Revolution》에서 관념·사상에 대한 연구를 '헛소리'로 치부했다. 그에 따르면, 인간 존재를 움직이는 진짜 동인은 각자의 이해관계이며, 관념은 사회적 행위의 참된 원천을 가려버릴 뿐이어서, 관념에 주목하는 연구는 학자들을 잘못된 길로 인도하기 마련이다. 다양한 철학적 입장을 지지하는 이들도 인간의 관념은 현실 사회를 변화시키는 진정한 원인들, 예컨대 국가계획에 의해 통제된 (혹은 통제되지 않은) 경제적 원동력이나, 무의식적인 자아, 복잡한 문제를 잘 모르는 대중들 등의 요인에 기대서만 제대로 이해될 수 있다고 주장했다. 그에 따르면 관념은 세계에 대한 정보의 여러 원천 중에서도 이차적인 위치에 놓일 뿐이다. 진정한 연구란 일차적인 요인들이 대표하는 진정으로 중요한 맥락을 발견하는 작업이어야만 하며, 관념은 오직 이 요인들과의 관계 속에서만 제대로 설명될 수 있다는 것이다.

안토니오 그람시는 언젠가 역사가 베네데토 크로체의 "비열한 본디오 빌라도주의", 혹은 인민대중의 이해관계와 다른 지식인의 역할이란 것이 별개로 존재하며, 그것이 전자보다 더 위에 있다는 듯 바라보는 태도를 비난한 적이 있다. 크로체는 누구의 편에도 서지 않는다고, 공적인 대의에 참여하려 하지 않으며 무슨 일에든 어떤 책임도 지고 싶어 하지 않는다고 공격받았다.[7] 오늘날의 지성사가들에게도 유사한 비난이 날아들곤 한다. 그런 비난에 따르면 지성사가들은 관념론자이자 어떤 실천적 관심사도 결여한 고물故物 수집가로서 "책과 책의 대화books talking to books"만을 연구해도 된다고 옹호하며, 탁월한 인물들과 엘리트에게만 초점을 맞추고, 오로지 관념들만을 유의미한 요인으로 간주하기에 사회를 이해할 능력이 없는 사람들이다. 그러나 이런 비판 중 현재 지성사 분야의 현실에 들어맞는 이야기는 단 하나도 없다.

지성사가에게 관념은 그 자체로 사회현상에 대한 일차적인 정보이며, 관념을 통하지 않고는 기술될 수 없는 우리의 세계에 관한 여러 사실을 직접적으로 드러내는 것이다. 그런 점에서 관념은 그 자체로 사회를 구성하는 하나의 힘이다. 다른 요인에 의해 관념이 형성되는 예도 있으나, 반대로 그런 관념이 우리의 세계에 영향을 주는 요인이기도 한 것이다. 이런 사항을 제외하고는 지성사가들 사이에 별다른 방법론적 합의점이 있지는 않다.[8] 부분적으로 그 이유는 20세기 후반부 또는 그 이전부터 발전해온 매우 다양한 철학적 흐름으로부터 각각의 지성사 연구가 태동했다는 데서 비롯된다(그런 흐름 중 일부를 뒤쪽에서 다룰 것이다). 이처럼 지성사가들이 인문학의 여러 분야에 걸쳐 존재하다보니 그들이 계속 각자가 속해 있는 분야에서만 통용되던 방식을 따라 스스로를 규정하게 되었다는 사실을 짚어두자.

다른 동료 역사가들이 지성사가들을 어떻게 받아들이느냐 또한 쉽지 않은 문제였다. 이른바 '진짜 역사'를 구성하는 여러 요인에 비해 관념을 부수적인 요소 정도로 간주했던 '제대로 된' 역사가들에게 지성사가들은 불편한 감정을 느끼곤 한다. 언젠가 도널드 윈치는 지성사가들이 학술지에 논문을 투고할 때마다 '원정 경기'를 치르는 듯한 일을 겪게 된다고 말한 바 있다.[9]

다행히도 오늘날엔 그런 광경을 덜 마주하게 되었다. 이 책의 목적 중 하나는 지성사가들이 공유하는 영역을 규정해 그들이 스스로 홈팀에 소속된 것처럼 느낄 수 있도록 돕는 데 있다.

대린 맥마흔과 새뮤얼 모인은 특히 연구 방법론을 두고 더 이상 논쟁이 오가지 않는 상황이 오늘날 지성사의 문제 중 하나라고 지적한 바 있다. 방법론적 논쟁의 부재가 문제가 된다면, 이는 1960~1970년대 들끓었던 방법론 논쟁과 당시 최고의 지성사 저작이 여럿 집필되었다는 사실이 맞물려 있는 것처럼 보이기 때문이다. 이에 따르면 서로 논쟁하기를 멈출 때 우리는 현실에 안주해 더는 탁월한 결과물을 내놓지 못하게 된다.[10] 지난 수십 년 동안 역사학의 철학을 탐구한 가장 중요한 연구자 중 하나였던 마크 비버는 자신의 저작 《사상사의 논리The Logic of the History of Ideas》(1999)가 방법론적 탐구의 황금시대가 끝나는 순간에 등장했다고 말한 바 있다.[11]

이와는 다른 견해로, 존 버로우는 방법론의 빈곤을 주제로 하는 글에서 연구자들이 과거를 심문하는 단 하나의 올바른 방법을 찾아내는 데 혈안이 된다면 역사가 실제로 말해주는 바를 제대로 듣기 어려워진다고 주장했다.[12] 다른 연구자의 인식론적 전제를 심문하는 태도를 포함해 버로우가 "방법론적 전체주의methodological holism"라고 지칭하는 것에 매달리다보면, 과거의 사상을 연구하는 일에 필수적인 과정, 즉 과거 사상에서 현재의 우리에게는 낯설지만 아마도 당시에는 타당한 것으로서 받아들여질 수 있었을 본질적인 측면을 이해하는 데 실패하거나, 아예 과거를 무시하는 태도에 빠지기 쉽다. 케임브리지의 지성사가 이슈트반 혼트는 한발 더 나아가 "방법론은 멍청이들에게나 필요한 것이다"라고까지 말한 것으로 유명하다. 한 가지 짚어둘 만한 지점은 앤서니 그래프턴을 포함해 현재 활동하는 최고의 지성사가들 중 여럿은 방법론적 논쟁에 뛰어드는 일을 삼가고 있다는 사실이다. 나는 그런 논쟁에 반대하지 않지만, 이 책에서는 방법론적 논쟁을 전혀 제기하지 않을 것이다. 이 책은 연구 분야에 대한 입문서일 뿐 그 이상을 의도하고 있지 않으며, 나 자신의 고유한 견해를 덧붙일 생각도 없다. 하지만 그러면서도 이 책은 의견의 불일치와 서로 간의 논쟁을 기꺼이 권장하고자 한다.

이어지는 내용에서는 사상사 연구의 역사 및 사상사 연구가 오늘날까지 어떻게 이루어졌으며 어떤 논쟁이 전개되고 있는지 일반적인 수준에서 기술하고자 한다. 지성사의 역사 다음으로는 그 방법과 실천을 살펴보고, 이어서 지성사가들이 역사 연구를 현재의 문제와 무관한 것으로 만들어버린다는 주장을 검토한다. 최근 지성사 분야의 발전 양상에 대한 성찰을 덧붙이는 것으로 이 책은 마무리된다. 책이 지성사 전반의 실제 연구 사례를 광범위하게 소개해주기를 기대하는 독자가 있다면, 여기에서는 내가 대체로 나 스스로 가장 잘 알고 있는 분야를 중심으로 예시를 들었다는 사실을 말해두어야만 하겠다. 지성사는 고대 사상의 연구에서는 제한적인 영향만을 끼쳤는데, 이는 어느 정도는 고전학 자체가 오랜 시간에 걸쳐 고유한 학문 분과 및 전통을 확립한 분야이기 때문이다.

마찬가지로 덧붙이자면, 라인하르트 코젤렉, 미셸 푸코, 레오 스트라우스 등이 대표하는 여러 지성사 접근법을 기본적인 수준에서 안내하기는 하지만, 나의 초점은 주로 퀜틴 스키너와 J. G. A. 포콕이 대표하는 연구 방법 및 그 실천에 주로 맞춰져 있다. 후자가 영어권 지성사가들 사이에서 지배적인 접근법으로 자리 잡고 있으며 동시에 지난 수십 년간 지성사가들의 작업에 가장 큰 영향을 끼쳐왔다는 게 그 이유다. 당연히 모든 접근법 사이에는 공통분모와 유사점이 있으며, 그중 일부는 책의 마지막에서 다뤄질 것이다. '케임브리지 학파'의 저자들에 초점을 맞추는 선택이 어쩌면 실수일지도 모른다. 2014년 9월, 나는 스웨덴의 우메오대학교에서 지성사 전공 대학원생들을 위해 열린 학회에 참석한 적이 있다. 거기서 누구도 포콕에 대해 들어본 적이 없고, 스키너의 방법론 논문들을 공부해본 학생들도 없으며, 그들의 연구에 가장 중요한 영감을 제공한 학자는 푸코라는 사실을 곧 깨닫게 되었다. 그곳의 스웨덴 학생들이 주로 수행하는 연구는 20세기 기술사技術史에 관한 작업이었으며, 따라서 매우 흥미롭게도 그들 중 다수는 과학 전공에서 학부생들을 가르치는 일에 고용되어 있었다. 장소에 따라 사정도 달라지는 법이다.

지성사의
정체성

*The Identity of
Intellectual History*

지성사를 어떻게 정의할 것인가? 먼저 현재 스스로를 지성사가로 부르거나 지성사에 관심을 표명하는 학자들이 어떤 주제를 연구하고 있는지 훑어보자. 정치이론과 국제관계학처럼 전통적으로 지성사와 연결되어 있던 분야 외에도, 정체성, 시간과 공간, 제국과 인종, 성sex과 젠더, 학술적·대중적 과학, 몸과 몸의 기능, 식문화, 동물, 환경과 자연세계, 민중운동과 관념의 전파 등에 대한 역사적 탐구와 함께, 출판의 역사, 사물objects의 역사, 예술사, 서책사history of the book 등의 다양한 영역에서 지성사 연구가 수행되는 중이다. 이처럼 엄청난 다양성을 고려하면 지성사가 무엇인지 규정하기란 불가능할지도 모른다. 혹자는 나처럼 한 연구 분야에 속한 사람이 본인의 분야를 직접 정의하려 할 때 이것이 학문의 경계선을 자의적으로 설정하는 잘못된 결과로 이어지게 된다고 지적할 수도 있다. 일련의 선구적인 저작들

1장. 지성사의 정체성

을 집필해 지성사 연구에 가장 크게 기여한 연구자로 꼽히는 J. G. A. 포콕은 "처음 지성사 연구로 뛰어들게 된 이유가 무엇입니까?"라는 질문에 다음과 같이 답했다. "그때는 지성사라는 말을 들어본 적이 없어서 내가 정말 그런 선택을 했던 것인지도 잘 모르겠고, 지금도 지성사라는 게 따로 존재한다고 믿는지 잘 모르겠습니다."[1]

지금까지 지성사를 정의하고자 하는 다양한 시도가 있었으나, 자신들이 무엇을 연구하는지 정의하려 할 때 서로 의견의 불일치를 이끌어내는 능력에서만큼은 지성사가들이 경제학자들에 뒤지지 않는다는 사실을 먼저 짚어두어야겠다. 이런 전통에 따라 나는 먼저 로버트 단턴이 제시한 지성사의 정의를 거부하도록 하겠다. 단턴은 지성사가 다음과 같은 영역을 망라한다고 썼다.

> 관념의 역사(흔히 철학적 논의에서 찾아볼 수 있는 체계적인 사상을 연구하는 일), 엄밀한 의미의 지성사(일상적인 언어로 이루어진 사상, 여론의 동향이나 문예운동 등을 연구하는 일), 관념의 사회사(이데올로기 및 특정한 관념이 확산되는 과정의 연구), 문화사(세계관과 집단적 심성 연구를 포함해 인류학적 의미에서의 문화를 연구하는 일).[2]

이런 정의는 지나치게 모호하다. 예를 들어, 철학적이지 않은 공식화와 반대되는 철학적 공식화란 정확히 무엇을 뜻하는가? 철학적 사상과 일상어로 된 사유의 차이란 무엇인가? 단턴의 규정

지성사란 무엇인가?

이 의도했던 목표 중 하나는 문화사에 해당하는 관념의 사회사로부터 지성사를 분리해내는 것이었다.[3] 그러나 현실의 지성사 연구자들은 문헌학의 위대한 전통 및 그 현대적 파생물이라 할 수 있는 학술사history of scholarship로부터 영감을 얻은 아르날도 모밀리아노와 앤서니 그래프턴 등의 연구자들을 본받아 추상적인 사유만을 다루는 데 만족하지 않는다. 그들은 겉보기엔 그럴싸한 사회사·문화사와 지성사 간의 구별에 어떤 예의도 표하지 않으면서, 단턴이 생각하기에는 주로 사회문화사 연구자들이나 할 법한 그 모든 노고를 직접 수행해왔다.[4]

영국 최초로 지성사 교수직에 취임한 존 버로우는 지성사가 "과거의 사람들이 무엇을 의도했는지를 그들이 실제로 말한 내용과 그것이 그들에게 실제로 '무엇을 의미했을까'에 근거하여" 복원하는 과정이라는 더 나은 정의를 제안한 바 있다.[5] 물론 버로우가 "학계의 이름표는 어떤 본질을 나타내는 이름이라기보다는 편의상의 기치 정도로 생각하는 게 더 낫다"고 경고한 일이 있으나, 그의 제안이 현재까지 나온 지성사의 정의 중 가장 나은 것임은 분명하다. 이는 버로우가 지성사 연구자를 빗댄 여

🖊 학술사는 과거의 학술적·지적 작업 자체를 탐구하는 역사학의 한 분야를 가리킨다. 이탈리아의 로마사가 아르날도 모밀리아노(1908~1987)는 고전기부터 20세기까지의 역사 서술·역사서를 연구 대상으로 삼아 그것이 어떤 학문적 인식과 기법에 기초하고 있는지 설명하고자 했다. 나치를 피해 영국 런던의 바르부르크 연구소에서 활동했던 모밀리아노의 작업은 일군의 뛰어난 역사가들에게 지대한 영향을 끼쳤으며, 앤서니 그래프턴을 포함한 그의 후속세대들은 르네상스 시기 문헌비평 기법의 발전에서부터 성경 비판·교회사 서술에 이르기까지 초기 근대의 지적인 실천을 이해하는 지평을 대대적으로 뒤바꿨다. 포콕의 《야만과 종교》가 잘 보여주듯, 오늘날 학술사의 작업은 케임브리지 학파의 연구와 조우하여 18세기 계몽주의 지성사를 더욱 풍성하게 가꾸고 있다. 관련 참고 문헌은 255쪽을 보라.

1장. 지성사의 정체성

러 비유, 즉 지성사 연구자는 과거의 대화를 엿듣는 사람이라거나, 오늘날 존재하는 문화와 과거의 문화 사이의 번역자라거나, 우리 자신의 전제와 신념과는 매우 다른 세계를 연구하는 탐험가라는 표현들에도 마찬가지로 해당된다.[6]

지성사에 이처럼 다양한 종류의 활동이 포함되는 만큼, 어디까지가 지성사 연구에 해당하는지 경계를 확실하게 정하기 어렵다는 문제가 생기곤 한다. 그중에는 거의 모든 역사학은 대체로 과거에 작성된 문헌을 연구하면서 과거의 관념을 다루니만큼 독립된 학문영역으로서의 지성사라는 건 존재하지 않는다고 주장하는 역사가도 있다. 물론 이는 오해다. 역사 연구에 관념을 다루는 과정이 포함되는 것은 당연한 사실이지만, 관념의 내용, 전파, 번역, 확산, 수용을 체계적으로 연구한다는 점에서 지성사는 하나의 고유한 분과 영역이 된다. 실제로 지성사는 1950년대 이래 독립된 인문학·역사 연구로서의 정체성을 획득해왔다.

학제간 연구로서의 성격은 지성사 연구를 특징짓는 매우 중요한 요소다. 지성사 연구자들은, 그들이 연구하는 과거의 인물들 스스로가 그어놓은 경계선을 제외하고는 학문 분과들 사이에 그어진 경계선을 전혀 존중하지 않는다. 관념이 순수하게 정치적이거나, 철학적이거나, 경제적이거나 신학적인 경우는 없다는 것이 그 이유다. 따라서 지성사 연구를 실천하는 연구자들은 역사학, 철학, 정치학 및 정부의 연구, 국제관계학, 고전학, 신학, 영문학, 외국어문학 전공, 경제학, 행정, 사회학, 인류학 등의 다양한 전공 학과에서 발견되며, 특히 유럽 및 북미의 대학에서 이런 흐름이 잘 나타난다. 어떤 문제의식이 발원하고 진보하여 지금의 학문이 되었다는 식으로 개별 분과 학문의 역사를 설명해온 실증주의적 역사관이 쇠퇴하면서, 학제간 연구로서 지성사가 점차 번성할 수 있게 되었다. 모든 지성사 연구자들은 현재를 기준으로 과거를 바라보는 관점, 목적론, 시대착오 등으로 가득했던 각 분과 학문 내부의 잘못된 역사 서술을 거부한다. 이처럼 각 분과 학문에 고유한 영역이 있다는 자의적인 구분이 사라지고 학제간 연구가 성장하면서, 지성사가들도 매우 다양한 연구 분야에 뛰어들 수 있게 되는 바람직한 결과가 나타났다. 지성사 연구자들은 자신들의 활동 범위가 과학사, 서책사, 관념의 이동과 수용, 초국가적이고 전 지구적인 역사 연구 등을 아우르고 있음을 확인할 수 있다. 이제까지 지성사는 주로 초기 근대 유럽의 정치사상을 깊이 파고드는 연구 분야로 이해되곤 했으나, 이는 분명 더 이상 사실이 아니다.

이와 같은 다양성에도 불구하고, 대중적 상상 속에서 지성사는 아직도 위대한 철학자들의 저작을 면밀하게 읽는 작업으로만 받아들여진다. 독일의 영민하고 논쟁적인 역사가 프리드리히 마이네케는 언젠가 과거 사상의 연구란 하나의 산봉우리에서 다른 봉우리로 이동하는 과정이어야 하기에 그런 '죽은 백인 남성들'에 대한 연구가 정당하다고 말한 바 있다. '국가이성reason-of-state'의 정치학을 옹호하는 이들과 그 적들 사이의 도덕적 투쟁의 역사를 그려내는 마이네케 자신의 작업이 이런 관점을 채택한 실제 사례라 할 수 있었다.[7] 《영국 인명사전Dictionary of National Biography》의 창안자이자 여러 지성사 저작을 직접 집필하기도 했던 레슬리 스티븐은 과거의 가장 뛰어난 정신들을 연구하는 작업을 "횃불이 전해져 내려오는 과정"이라는 비유를 들어 정당화했다.[8] 스티븐은 또한 자신의 《영국 인명사전》이 '이류' 인사들의 생각을 기록해 '여론의 역사'를 좀 더 잘 드러내도록 할 수 있다는 점에서 가치가 있다고 생각했다. 물론 이런 접근법에서 우리는 종종 헤겔식의 '위인 중심 역사이론'의 메아리를 들을 수 있다. 만약 역사의 변화가 이처럼 위대한 저자와 위인에 의해 전개되는 것이라면, 역사의 위대한 행위자들에 비해 거의 중요하지 않은 다수의 민중이나 덜 빛나는 철학자들은 무시해 버려도 아무런 문제가 없다.

소수의 위대한 저자에 집중하는 태도를 정당화하는 논리를 찾아볼 수 있는 또 다른 곳은 철학사 분야다. 이에 따르면, 철학자들은 영원한 문제들을 다루며, 그런 문제들을 연구하는 가장 좋은 방법은 가장 위대한 저작을 들여다보는 것이다. 위대한 저작의 논리를 분석적으로 분해하고, 엄밀하게 검토하고 평가하는 일은 진리를 찾아내는 과업의 핵심이다. 대학의 철학사 분야는 여전히 이런 접근법의 영향하에 있다. 수업 커리큘럼은 플라톤에서 존 롤스까지 위대한 철학자들의 저작을 연구하는 과정을 중심으로 편성된다. 이런 텍스트 접근법은 다음과 같은 이유에서 종종 비역사적이 된다. 학생들은 자신이 다루는 철학 저작과 '비판적으로 마주'하기를 요구받는다. 이는 예를 들어 정의, 권리, 도덕성, 자유 등의 주제를 놓고 현재의 우리가 논쟁을 주고받는다고 할 때, 과거 철학자의 논증이 그런 논쟁에 어떻게 기여할 수 있을지에 초점을 맞춰 해당 철학자의 논변을 평가하

　　　　　　　　　　　지성사란 무엇인가?

는 일을 의미한다. 덜 똑똑한 학생은 별 의미 없는 작업을 내놓기 쉽다. 가령 때때로 나는 인종, 계급, 젠더에 관해, 좀 더 정확히는 그런 단어들이 오늘날 뜻하는 바에 관해 애덤 스미스가 어떤 성찰을 전개했는지 탐색하고자 하는 여러 시도와 마주하곤 했다. 물론 정답은 스미스의 저작에 특별히 그런 내용은 없다는 것이다. 그런 지적인 탐구의 시도는 스미스의 세계에 관해서든 우리 자신의 세계에 관해서든 의미 있는 무언가를 전혀 말해주지 않는다.[9] 좀 더 영리한 학생이라 하더라도, 철학자 한 명의 주요 저작 여러 권을 탐구해 그의 논증들을 완전히 장악했다는 자신감을 갖고서 과거 어느 철학자의 주장을 현재에 적용했을 때 어떤 강점과 약점이 드러나는지 밝혀냄으로써 그가 우리 시대에 지닐 수 있는 실천적 의의를 판별하는 정도의 일을 할 수 있을 것이다.

지성사가들이 간혹 그런 접근법에 현혹되는 일이 있을 수는 있겠지만, 그런 작업은 지성사가 아니라는 것이 이 책의 주장 중 하나다. 존 버로우의 자서전 《이주하는 기억들Memories Migrating》(2009)에서 유용한 일화를 하나 인용해보자. 1980년대 버로우는 캔버라의 오스트레일리아국립대학에서 마르크스주의자 유진 커맨카가 주관하는 '사상사 연구단History of Ideas Unit'을 방문했다. 처음에 지성사 연구가 받아들여질 수 있는 지적인 안식처를 찾았다고 생각했던 버로우는 월터 배젓을 다룬 자신의 연구를 커맨카가 무시하는 것을 알고 충격을 받았다. 월터 배젓 같은 미미한 인물은 지성사에 매우 제한적인 기여만 할 뿐이라는 게 무시의 이유였다. 버로우는 다음과 같이 반론했다. 오늘날 우리가 철학사의 주인공으로 꼽는 이들이 중요한 위치에 놓이게 된 것은 과거 그 인물이 속한 시대 상황과는 달라진 오늘날의 유행에 따른 결과일 수 있으며, 오늘날 가장 높은 위상을 차지하는 저작이 과거 당시에는 그와 같은 평가를 받지 못했을 수도 있다. 간략히 말하면, 오늘날의 유행은 그 자체로 우연적인 사건, 또한 의도하지 않은 결과의 산물이다. 이것이 지성사 연구가 가르쳐주는 가장 중요한 교훈 중 하나다.

비슷한 예를 끝도 없이 들 수 있다. 오늘날 장-자크 루소의 《사회계약론Social Contract》(1762)은 근대 민주주의론의 토대를 놓은 저작 중 한 권으로 널리 인정받는다. 《사회계약론》이 1789년부터의 프랑스대혁명으로 정점을 찍은 민주혁명의 시대에 강력한 영감을 주었다는 것이 그 이유다. 프랑스의 혁명가들이 루소를 숭배했다는 사실은 너무나 잘 알려져 있다. 그런 점에서 루소와 그의 위대한 저서가 근대 정치이론의 정전 목록에 올라와 있는 것도, 중요한 사상과 위대한 철학자들을 다루는 모든 수업에서 루소를 커리큘럼에 넣는 것도 당연하다. 그러나 루소를 그가 살던 시대의 사상적 맥락에서 연구해보면 다른 그림이 펼쳐진다. 《사회계약론》은 루소의 저작 중에서 가장 덜 성공적인 작업이었다. 가령 마찬가지로 1762년에 출간된 《에밀Émile》같은 소설들과 비교해보면 《사회계약론》은 거의 읽히지 않았다고 할 수 있다. 부분적인 이유는 그것이 한 편의 완결된 저작이 아니라 '정치제도론'이라 불리는 더욱 거대한 프로젝트의 한 구성요소였기 때문이었다. 루소는 '정치제도론'을 통해 거대한 상업군주국들이 지배하는 세계에서 어떻게 작은 국가들이 스스로를 지탱할 수 있는지 설명하고자 했다. 루소는 민주정의 통치가 어디서나 행해지는 그런 세계를 바란 적이 없다. 실제로 그는 민주정을 '인간이 아니라 신들에게나 가능한 통치'라고 말하면서 회의적으로 바라보았다.

　　루소는 인민이 정부가 제안한 입법안을 수락하거나 거부할 수 있는 집단적 권리를 가진다는 전제하에서 귀족정이 민주정보다 더 바람직하다고 확신했다. 루소가 태어나 (절제된 표현으로 말하자면) 복잡한 관계를 맺어온 도시 제네바는 정확히 그런 귀족정의 사례였다.《사회계약론》출판 이전부터 제네바에는 주권과 정부의 구별을 논한 저작이 이미 여러 권 출간되어 있었다. 이 저작들을 읽어보면 누구든 루소의 사유가 부분적으로 여기에서 비롯되었음을 분명히 알아차릴 수 있다. 점점 제국이 되어가는 거대한 상업군주국commercial monarchies ✒들의 기세등등한 군사력이 자신이 사랑하는 유럽의 소국小國들을 위기에 빠트릴 것이라 믿었던 루소가《사회계약론》에서 하나의 정치체에서 주권과 정부가 구별되어야 한다는 논리를 전개할 때 그 적용 대상을 제네바 같은 작은 공화국들로 여겼음은 명백하다. 루소는 잘못된 조건에서 상업이 번영할 경우 사치가 발생하며, 그 사치가 다시 도덕과 종교를 파괴한다고 믿었다. 그는 거대한 국가에 사는 사람들은 같은 인류에 대한 우애의 감정을 상실한 나머지 인류

✒ 초기 근대 유럽의 무역이 번영하던 때, 전통적인 군주정 국가 중에서 상업적 발전을 추구했던 나라들을 가리킨다. 프랑스 같은 상업군주국이 등장하면서, 전통적으로 상업적 발전을 대표했던 자유도시·자유정부가 아닌 군주정 아래에서도 상업이 성공적으로 발달할 수 있는지, 그렇게 되려면 어떠한 조건이 필요하며 나아가 그것이 어떠한 결과를 낳는지가 18세기 정치경제 담론의 중요한 쟁점으로 부상했다.

의 집단적 목표 혹은 인간들이 동일한 정체성을 공유한다는 감각까지도 전부 잃어버릴 거라 확신했다. 루소의 목표는 보다 앞선 시기 프랑수아 페늘롱 같은 저자들이 하고자 했던 바와 같았다. 바로 상업사회와 공존할 수 있는 도덕morals을 제시함으로써 유례없이 타락한 정치와 그 어느 때보다도 이기적이고 자신만을 생각하게 된 개인들로 가득한 근대의 흐름을 되돌리는 일이었다. 루소는 자신의 목표가 오직 유럽의 소국들이 안전하게 지탱될 때만 성취될 수 있다고 확신했다.

루소는 프랑스 같은 거대한 국가들이 앞서 언급한 바와 같은 동시대의 악덕과 허위에서 벗어나 개혁되는 일은 불가능하다고 믿었다. 그런 국가들은 구제할 수 없을 만큼 부패했다. 이는 루소가 프랑스대혁명을 결코 받아들이지 않았을 것임을 뜻한다. 구체적으로 말해, 그는 프랑스 같은 거대하고 부패한 국가가 거대한 규모의 민주정체로 바뀔 수 있다는 주장을 결코 받아들이지 않았을 것이었다. 루소의 정치학을 이해하기 위해서는 그가《사회계약론》전후에 썼던 저술들을 읽을 필요가 있다. 루소는 특히 서신을 통해 끝없이 밀려오는 조언 요청뿐 아니라 많은 비판자들에게도 답변했다. 만약《사회계약론》만을 읽고 정작 루소가 쓴 다른 저술들 혹은 그가 논쟁을 벌였던 다른 〔이들의〕 문헌들을 연구하지 않는다면, 우리는 실제로 존재했던 인물과는 전혀 다른 루소를 만들어내게 된다. 더 나쁜 사실은 우리가 그의 주장 중 어느 것도 제대로 이해할 수 없게 된다는 점이다.

루소나 마찬가지로 생산적인 모습을 보여준 다른 저자를 사상사 수업 커리큘럼의 한 칸에 끼워넣는 일이야 물론 있을 수 있다. 하지만 그런 저자를 제대로 연구하기 위해서는 그의 저작들뿐 아니라 그가 참고하고 영향을 받았을 이전 사람들의 저작들, 동시대인들의 저작을 상세히 검토하는 작업 또한 필요하다. 요점은 루소가 민주정을 통해 이야기하고자 한 내용이 우리들 자신의 행위와 직접적인 연관성을 갖는다는 잘못된 전제에 기초해 루소가 민주주의에 어떤 '기여'를 했다는 식으로 민주주의 혹은 정치의 역사를 단순화해서는 안 된다는 것이다. 심지어《사회계약론》하나만을 연구한다고 해도 헌정의 수립, 현실의 정치, 경제, 종교와 법 간의 관계를 논하는 진술과 마주하게 된다. 이처럼 루소는 정치를 연구하기 위해서는 그것과 연관된 다른 분야의 사상 또한 살펴봐야 한다는 사실을 가르쳐준다. 루소의 웅대한 세계관을 재구성하면서 우리는 한편으로 하나의 정교한 사유체계에 관한 지식을, 또한 필연적으로 오늘날 우리 시대의 주류 철학들에 도전하는 지식을 얻는다. 두 목표 중 어느 한 가지만 선택할 필요는 없다.

나의 이런 입장에 대해 정치철학자는 다음과 같은 주장으로 반론을 시도할 수 있다.《사회계약론》제3권에서 루소는 민주주의에 관한 그 이전의 어느 주장에서보다 강력하게 민주적 주권을 (이는 민주적 정부와는 대립하는 개념이다) 정당화하는 논의를 제시하고 있으며,✎ 나아가 민주적 주권에 대한 루소의 비전은 오늘날의 정치에도 적용될 수 있다. 이런 입장을 견지하는 최근

✎《사회계약론》에서 루소는 주권을 사회 일반에 통용되는 법을 만드는 입법권으로, 정부를 주권을 위임받아 법을 개별적으로 집행하는 행정권 또는 집행권으로 규정한다.

1장. 지성사의 정체성

의 사례로는 조슈아 코언의 《루소: 평등한 자들의 자유로운 공동체Rousseau: A Free Community of Equals》(2010)가 있다. 루소에게서 부패한 상업사회를 바라보는 비관주의나, 소국들의 안전이 보장되는 세계를 만들고자 하는 열망을 읽어내는 일은 제쳐두자. 루소의 민주주의 사상을 여전히 하나의 모델로 삼거나, 적어도 민주주의의 본질을 논의하기 위한 출발점으로 활용하면 안 될 이유가 어디에 있단 말인가? 달리 말해, 과거의 저작에서 오늘날과 직접적인 연관성이 있어 보이는 관념이라면 무엇이든 취하고, 오늘날의 관점에서 볼 때 명백하게 현실적인 연관성이 없는 요소들, 가령 여성에 대한 루소의 태도 같은 요소는 무시해버리면 되지 않는가? 나는 그런 식으로 정치철학자들이 자신들의 강의실에서 하고 싶은 일을 하는 데 딱히 반대할 생각은 없다. 하지만 다음과 같은 반론을 제기하고 싶기는 하다. 역사 속의 어떤 저자가 자신이 속한 시공간에서 무엇을 하고 있었는지를 깊게 이해한다면, 우리는 과거의 정치를 더 정밀하게 살펴볼 수 있는 시각뿐 아니라, 이상적으로는 우리 시대의 정치에 어떤 한계가 있는지에 대한 앎까지도 얻을 수 있다. 여기에 정치철학자는 다시 '지성사 연구자들이 오늘날의 정치 이론에 무엇을 기여해왔는지'를 반문해올 것이다.

유사한 쟁점이 토머스 홉스의 저작에 관해서도 제기될 수 있다. 홉스는 종교 분쟁이 (17세기 중반) 영국 내전을 불러일으켰다고 생각했으며 《리바이어던Leviathan》(1651) 3부 및 4부에서 그런 논쟁에 종지부를 찍고자 했다. 때때로 오늘날의 철학 연구자들은 종종 '기독교 국가Christian Commonwealth'와 '어둠의 왕국Kingdom of Darkness'을 논하는 3부 및 4부는 신경 쓸 필요가 없다는 식의 주장을 듣곤 한다. 그러나 기독교 신앙 및 기독교적 실천에서 사회의 평화와 화합할 수 있는 부분이 어떤 것인지, 어떤 믿음이 성경을 통해 정당화될 수 있고 또 없는지를 구별하는 그 대목에서야말로 홉스가 자신이 살고 있는 세계에 가장 직접적인 방식으로 말을 걸고 있다고 할 수 있다. 노엘 맬컴, 퀜틴 스키너, 리처드 턱을 포함한 홉스 연구자들은 우리가 철저한 학문적 논의를 통해 만약 홉스가 직면했던 지적인 세계를 재구성하지 않는다면 그가 전개한 주장 중 무엇 하나도 제대로 이해할 수 없게 된다는 사실을 보여주고자 했다.[10]

또 다른 사례로는 애덤 스미스를 꼽을 수 있다. 그의 《국부론Wealth of Nations》(1776)은 종종 근대 경제학과 신자유주의의 기원으로 여겨지곤 하지만, 스미스는 자신의 저작 전체에 걸쳐 상업사회에 매우 비판적인 태도를 보였다. 그는 영국의 중상주의적 체제가 탄생시킨 세력, 즉 지나치게 강력한 힘을 보유하고 있는 무역귀족trading aristocracy으로부터 당시 유럽의 부패한 상업이 비롯된다고 말했다. 스미스는 시대적 변화를 거부하지도, 자유시장경제를 옹호하지도 않았다. 스미스는 모든 논쟁적인 주장에는 최소한 두 가지 면이 존재한다고 생각했으며 사법개혁안에 대해 그가 보여준 비할 바 없이 세심한 관점은 동시대인들을 격분시킬 정도였다. 그 한 가지 예로 민병대militia 논의를 들 수 있다. 스미스의 친구 애덤 퍼거슨은 민병대를 옹호하면서 민병대에서의 군복무가 공공의 덕성을 지속시키고 절대주의의 위협으로부터 근대 국가를 보호하는 가장 확실한 수단이라는 논거

1장. 지성사의 정체성

를 제시했다. 스미스는《국부론》에서 오직 전문적인 직업군인들만이 근대 국가를 지킬 수 있기에 근대세계에서 민병대란 무의미하다고 주장했지만, 동시에 인민이 지역 민병대에서 복무하는 것이 공적인 이익에 부합한다고 생각했다. 스미스는 토지를 보유한 지주귀족을 지탱하는 법률들, 특히 장자상속제나 한사상속限嗣相續 같은 법을 비난하면서도 그런 법률을 제거하려는 기획이 전적으로 비현실적이라는 사실을 받아들일 수 있는 사람이었다. 그는 자신이 "자연적 자유"라 부른 것이 이상적인 체제임은 인정하면서도, 인류의 발전에 국부의 자연적인 증진과 자유로운 교역이 꼭 필요하다는 생각은 완전히 틀렸다고 보았다. 근대세계에서 나타난 상업적 발전은 자유시장의 산물이 아니라 자유시장이 부재하는데도 발생한 일이었다.

🖊 민병대 논의는 서구 정치·사회사상의 중요한 주제 중 하나다. 외부의 강압으로부터 자신의 자유와 토지재산을 지킬 수 있는 무력을 보유하는 것은 아리스토텔레스의《정치학》을 비롯한 고전기 이래 정치사상에서 (남성) 시민이 갖추어야 할, 또 그런 시민들로 이루어진 정치체에 필요한 덕성으로 간주되었다. 14~15세기 이탈리아 도시국가의 인문주의자들, 대표적으로 피렌체의 레오나르도 브루니와 마키아벨리는 이런 고전적인 관념을 체계적인 논리로 발전시켰다. 무장한 시민들로 이루어진 보병부대, 즉 민병대가 정치체의 덕성을 증진시킬 뿐 아니라 당시 활동하던 용병들보다 우월한 군대가 될 수 있다는 이들의 주장은 17세기 잉글랜드혁명기의 공화주의자들을 비롯해 유럽 곳곳에 영향을 끼쳤다. 하지만, 유럽 각국의 군 체제가 점차 중앙권력의 통제를 받는 (보다 전문적인 직업군인으로 이루어진) 상비군 중심으로 재편되자, 민병대 지지자와 상비군 옹호자들 사이에 지속적인 논쟁이 발생했다. 예컨대 17세기 말~18세기 초 잉글랜드의 경우, 윌리엄 3세의 수차례에 걸친 대륙원정으로 인해 상비군의 규모가 계속해서 확대되면서 그러한 흐름이 왕의 권력을 강화하고 모든 신민의 자유를 박탈하며 정치체의 덕성을 부패시킨다는 비판이 등장했다. 스코틀랜드의 경우, 1707년 잉글랜드와의 통합에서 1746년 제임스 2세 지지자들의 제2차 봉기에 이르는 기간 동안 그 병력 대부분이 영국군에 편입되었으나, 이후 스코틀랜드를 외부의 위험 요소로부터 방어해야 할 필요성이 제기되면서 민병대를 창설하고 운용하는 문제가 다시 논쟁을 초래하게 된다. 관련 참고문헌은 255쪽을 보라.

지성사란 무엇인가?

스미스가 자신이 사는 세계를 바라보면서 보여준 중도적이고, 침착하고, 균형 잡힌 관점은 '정치가 혹은 입법자의 과학the science of the statesman or legislator'♪♪이라 불렸던 영역을 폭넓게 탐구한 노고의 산물로, 여기에는 정치학 및 정치경제학과 함께 역사, 도덕철학, 미학, 법까지 포함되어 있었다. 크누트 하콘센, 이슈트반 혼트, 니컬러스 필립슨, 도널드 윈치 등의 저작을 포함해 스미스의 논변을 역사적으로 맥락화한 지성사 연구자들의 학문적 작업은 스미스가 자신의 저작에서 무엇을 의도했으며 또 어떤 신념을 지녔는지에 대한 우리의 지식과 이해를 완전히 바꾸어 놓았다.[11] 그처럼 중요한 저자들에게는 종종 따라붙는 일이지만, 스미스 사후 수년 동안 혁명가들과 반대파 양측 모두 스미스가 자신들과 같은 입장이라고 주장하고자 했다. 1790년대의 정치적 격전기, 혁명가 토머스 페인과 혁명 반대파 에드먼드 버크는 각각 스미스가 자신과 어깨를 나란히 했으리라고 똑같이 확신했

♪♪ '입법자의 과학'이란 스미스의 용어로 국가와 사회의 흥망성쇠를 '일반원리general principles'에 입각하여 설명하고 타당한 방향을 제시하려는 학문을 가리킨다. 고전기 이래의 정치철학과 (대표적으로 타키투스의 저작과 같은) 역사학에서도 국가의 명운을 해명하는 과제는 중요한 것이었으나, 정치를 '과학적으로' 다루려는 대표적인 텍스트는 초기 근대 시기 니콜로 마키아벨리의 《로마사 논고Discorsi sopra la prima deca di Tito Livio》(1531) 다. 고대 로마라는 역사적 원천을 바탕으로 정치체의 상승과 몰락의 원리를 해명하고자 했던 마키아벨리의 노력은 17세기 제임스 해링턴과 같은 저자들을 통해 서유럽의 정치 언어에도 널리 퍼지게 되었다. 18세기 몽테스키외의 《법의 정신》(1748)은 일반원리와 풍부한 역사적 자료들을 엮어 다양한 사회의 특성을 설명하는 모범적인 사례로서 데이비드 흄과 애덤 스미스를 포함한 당대 스코틀랜드의 지식인들에게도 큰 영향을 주었다. 흄과 함께 공화주의적 이데올로기와 분명히 거리를 두었던 스미스는 자신의 '입법자의 과학'을 제시했고, 다른 저자들과 마찬가지로 다양한 역사적 사례를 참고하면서도 자연법의 사고방식을 보다 엄밀하게 적용하고자 했다. 이는 특히 《국부론》에서 자유와 권위, 소유권 등을 중심으로 사회의 특성을 파악하고, 그에 부합하는 법률을 통해 정의justice를 실천할 수 있다는 논리로 나타났다. 관련 참고문헌은 255쪽을 보라.

다. 물론 실제로 스미스가 살아 있었다면 토지귀족을 지지하는 법들을 정당화하는 버크의 주장에 반대했을 것이며, 마찬가지로 페인을 위험한 열광주의자이자 공상가로 간주했을 것이다.

이 책이 이어서 주장하고자 하는 바는 지성사의 정체성이 비록 유동적이고 논쟁의 여지가 있긴 하지만, 특정한 철학적 방법에서 시작되기보다는 과거의 관념을 다루는 특정한 역사학적 접근법에서 비롯된다는 것이다. 그 내용을 이해하기 위해서는 사상사 자체로, 혹은 지성사가 하나의 분과 영역으로 발전하게 된 극히 최근의 과정으로 시선을 돌릴 필요가 있다.

지성사의
역사

. . .

The History of
Intellectual History

철학자이자 고고학자였던 R. G. 콜링우드는 "모든 역사는 사상의 역사"라는 유명한 말을 남긴 바 있다. 사후에 출간된《역사의 이념The Idea of History》(1946)에서 그는 역사가 과학이 된 시점은 개개인이 자유롭게 행동하는 존재였음을 역사가들이 깨달았을 때였다고 주장했다. 이때 자유롭게 행동한다는 말은 개인이 자신에게 열려 있는 여러 선택지를 합리적으로 고려한 뒤 결정을 내린다는 것으로, 이런 결정은 개인이 속한 당대의 이데올로기적 맥락에 의해서만 제약된다.[1] 이런 의미의 사상의 역사는 어느 시기에라도 적용될 수 있지만, 콜링우드는 모든 형태의 역사적 탐구가 사상사 혹은 우리가 여기서 지성사라고 부르는 것의 한 분류로 간주되어야 한다는 뜻을 내비치지는 않았다. 예로부터 사람들은 과거의 관념을 공경하거나, 특정한 종교적 교의의 성스러운 역사를 집필하거나, 다양한 형태로 선조들을 숭배해왔으나, 이것이 곧 지성사 연구로 이어지는 일은 없었다. 어느 순간 우리는 과거의 역사가 여러 관념 간의 경쟁을 통해 구성된다는 사실을 인식하게 되었으며, 바로 그때 지성사 연구가 등장했다고 할 수 있다. 지성사는 인간들이 경험했던 혹은 경험하고자 하는 대안적인 미래에 관한 사변까지도 포함하는 분과가 되었다. 달리 말해, 인간의 삶에 정해진 본질 같은 것은 없으며 구체적인 경험들이 구체적인 관념들을 발생시켰다는 사실, 그리고 인간이 살아낸 경험 및 그 경험에 뒤따라 나오는 것들을 형성하는 데 관념들이 나름의 역할을 한다는 사실이 인식되기 시작했을 때 지성사는 하나의 고유한 분과가 되었던 것이다.

R. G. 콜링우드(1889~1943)

콜링우드는 지금 우리가 지성사라고 부르는 역사학이 자신이 "가위로 잘라 이어붙인 역사scissors and paste history"❗라 지칭한 것, 또는 자연의 비인격적인 힘에 의해 역사가 움직인다는 식의 '역사적 자연주의historical naturalism'에 비해 더 진보한 관점에 입각해 있다고 주장한다. 그에 따르면, 17세기로까지 거슬러 올라갈 수 있는 방법론적 혁명을 통해 "역사적 사유, 합리적 행위에

✒ 과거의 특정한 주제에 관해 당대의 증언들을 취사선택하여 나열하는 식의 역사 서술을 지칭한다.

　　　　　　　　　　　　지성사란 무엇인가?

관한 사유는 자연과학의 지배로부터 자유로우며 합리적 행위는 자연의 지배로부터 자유롭다"는 사실이 점차 인식되었다. 콜링우드는 자신이 그 과정을 그려내고 있다고 믿었다.[2] 물질과학을 지배하는 법칙들과 유사한 법칙을 역사에서 찾아내고자 하는 잘못된 길에 너무나 많은 연구자가 오도되어왔다면, 콜링우드는 자신이 사회과학의 가짜 법칙들과 역사 연구자들을 위한 올바른 실천법 사이의 경계를 분명히 함으로써 역사가들을 올바른 길로 이끌고 있다고 믿었다.

오늘날 스스로 지성사 연구자라고 생각하는 사람들 대부분은 콜링우드가 지성사에 관해 설명한 내용을 대체로 받아들일 것이다(역사가 이제껏 하나의 과학으로 자리매김했다거나 앞으로 그렇게 되어야 한다는 주장까지는 아니더라도 말이다). 과거의 역사를 서로 경합하는 사상들에 대한 역사로서 연구하기 시작한 때가 언제부터였는지는 논쟁의 여지가 있다. 물론 관념의 역사가 언제나 인문학studia humanitatis의 한 부분을 차지했다는 식의 주장도 가능하기는 하다. 인문학과 중요한 관계를 맺고 있던 르네상스 인문주의가 부흥할 때 고전 문헌을 검토하고 판별해 그 의미를 설명하는 과정은 가장 중요한 과제였던 것이다. 앤서니 그래프턴의 뛰어난 연구가 보여주었듯, 기예로서의 역사ars historica를 주창한 이들이 그 장르가 거의 잊히기 전에 개진한 여러 입장에는 역사의 본질에 관해 오늘날 우리들이 주고받는 논쟁들이 이미 예고되어 있었다.[3] 당시 다수의 저자가 과거의 관념을 엄밀히 검토하는 작업을 철학의 한 갈래로 여겼기에, 모든 연구는 스스로와 철학이 어떤 관계에 있는지 묻지 않을 수 없었다.

지성사의 시작 시점을 이와 다르게 설명해보자면 다음과 같다. 어떤 관념이 그 자체의 고유한 기준에 따라 역사적으로 연구되어야 한다는 인식은 오직 그런 과정을 가리키는 용어, 곧 '관념의 역사history of ideas'라는 용어 자체가 만들어지는 시점에만 확립될 수 있다. 역으로 그런 용어가 만들어졌다는 사실은 관념이 지속적으로 변한다는 인식이 등장했음을 의미할 터다. 루터파 목회자 요한 야콥 브루커는 《사상의 교의에 관한 철학적 역사Historia Philosophicae Doctrinae de Ideis》(1723)에서 절충주의 철학eclectic philosophy*을 폭넓게 옹호하면서 (방금 설명한 바와 같은 의미에서) '관념의 역사'라는 말을 사용했다. 같은 시기 잠바티스타 비코는 《새로운 학문Scienza Nuova》(1725)에서 해당 용어를 '지혜의 역사'라는 다른 의미로 사용했다는 사실도 중요하다. 언제나 가장 통찰력 있는 논평자인 토머스 리드는 비록 브루커 이전에 로크의 《인간지성론Essay Concerning Human Understanding》(1689)이 관념 연구를 대중화하기는 했으나, 브루커야말로 새로운 분야를 설계한 사람이라고 이후에 논한 바 있다.[4] 18세기 말, 인간의 본성을 논하면서 사유가 행위를 얼마나 결정하는지를 두고 논쟁이 벌어짐에 따라 '관념의 역사'라는 용어가 빈번하게 사용되었다.[5] '지성

---

* 절충주의는 지식 추구의 한 가지 방법으로, 특정한 주제에 관해 어느 한 입장을 선택하는 대신 여러 다른 입장들의 주장을 비교하고 선별하는 태도를 지칭한다. 17세기 이래 초기 근대 유럽 학술장에서 절충주의적 방법은 (당시 높은 수준으로 발전했던) 역사적 문헌비판 기법과 결합하여 특히 철학·종교·사상의 역사를 서술하는 하나의 엄밀한 학문적 방법으로 활용되었다. 본문에 언급된 브루커나 19세기 초중반 프랑스의 철학자 빅토르 쿠쟁이 절충주의적 경향을 대표하는 인물로, 도널드 켈리는 이런 절충주의적 철학사 서술이 사상사의 중요한 원천 중 하나라고 설명한다. 관련 참고문헌은 256쪽을 보라.

사_intellectual history'라는 용어가 떠오른 것은 훨씬 뒤의 일이다. 새 뮤얼 존슨은 그의 《영어 사전A Dictionary of the English Language》(1755) 서문에서 '감정들의 계보학genealogy of sentiments'이라는 표현을 누 군가가 '다른 사람의 생각과 언어를 모방하여 쓰는' 방식이란 뜻 으로 풀이했고, 이를 "지성사의 일종kind of intellectual history"으로 규 정했다. 그러나 이런 용례는 드물게만 나타날뿐더러 그 또한 과 거부터 오랫동안 행해져온 문학적 실천을 정의하려는 시도였을 뿐이다.

도널드 켈리는 일련의 주목할 만한 저작에서 사상사 및 사상사의 역사를 설명했다. 그의 저작은 '관념'의 개념이 심리 학적 혹은 인식론적 개념으로부터 역사학적 해석 작업에 사용 되는 개념으로 변해간 과정을 추적한다. 켈리는 19세기에 관념 의 기능 및 관념과 사회과학의 관계를 두고 절충주의자들이 실 증주의자들과 투쟁했음을 밝혀낸다. 오늘날에도 마찬가지지만, 당시 회의주의자들은 관념에 관한 (역사를 거의 참조할 필요가 없 는) '객관적인' 지식이 사회를 바꾸는 데 기여할 수 있다고 주장 하는 이들과 맞닥뜨렸다. '역사학'이 대학 제도 내에서 하나의 독립된 연구 분야로 인식되기 시작한 것도 같은 때였다.[6] 켈리는 엄밀한 의미에서 관념의 역사는 역사 속의 행위자가 행위할 수 있는 범위가 동시대의 사상적 문화에 의해 한계지어진다는 사실 이 인식되는 때에만 비로소 존재할 수 있다는 중요한 사항을 지 적한다. 브레슬라우의 철학자 크리스티안 가르베는 1770년대 공공 정신public spirit'이라는 관념이 영국의 삶에서는 인식될 수 있었으나 독일 국가들에는 존재하지 않았다는 사실이 각 나라

67

의 정치가들이 고를 수 있는 정치적 선택지를 다르게 만들었다고 진술하면서 앞서 켈리가 지적한 사항을 정확히 강조했다.[7] 관념이라는 말이 플라톤의 드높은 봉우리에서 일상의 언어세계로 '내려왔다'고 이야기할 수 있는 시점은 이때부터였다.

가르베는 물론 데이비드 흄의《도덕, 정치, 문예에 관한 시론들Essays, Moral, Political and Literary》(1742) 및 몽테스키외의《법의 정신De l'esprit des lois》(1748)에 크게 의지하고 있었다. 오늘날과 같은 종류의 지성사 연구에 토대를 놓은 아버지들이 있다면, 그렇게 불릴 만한 자격을 갖춘 이는 다른 누구보다도 흄과 몽테스키외라고 할 수 있다. 회의주의자도 상대주의자도 아니었던 두 저자는 모두 인간 세계의 원리를 설명하고자 시도하기 이전에 세계를 역사적으로 탐구하는 일을 선행해야 한다고 믿었다. 무엇보다도 흄과 몽테스키외에게 역사의 대상은 삶에 관한 관념들이었으며, 이 관념들은 끊임없는 투쟁 속에 있었다. 그들의 역사 연구에서 관념들의 운동은 언제나 복잡한 것으로 원래의 의도를 벗어난 결과들을 초래하는 경우가 대부분이었다. 마찬가지로, 어떤 환경에서 특정한 방식으로 작용했던 관념들이라 해도 조건이 달라진다면 완전히 다른 방식으로 작용하게 되리라 예상할 수 있었다. 이는 보편적으로 적용할 수 있는 가치들을 정립하려는 시도가 잘못되었음을 의미했다. 모든 세계에 적용될 법

🖊🖊 공공 정신이란 인간이 자기 자신의 이해관계에만 국한되지 않고 공동체, 국가, 나아가 인류 전체에 무엇이 이롭고 해로운지를 고려하고 그에 따라 행동하려는 태도를 뜻한다. 흄과 스미스는 이와 같은 공공 정신이 중요하다고 강조하면서도, 때로는 광기에 빠진 것과 같은 해로운 결과를 낳을 수 있다고 지적했다. 특히 자기 나라의 이해관계에만 함몰되어 다른 중요한 요소들을 망각할 때 그런 위험에 빠질 수 있다고 보았다.

지성사란 무엇인가?

을 계획하는 일 또한 어리석은 짓이었으니, 똑같은 법이라도 장소가 바뀌면 다르게 작동할 것이기 때문이었다. 그런 차이를 만들어낸 것은 이데올로기의 역사였다. 따라서 어떤 사회적 문제의 해법을 찾고자 할 때는 관념의 역사와 그 결과물을 진지하게 고려해야 했다. 과거의 행위자들을 평가할 때 반드시 그 행위자들이 스스로 속해 있다고 생각한 지적 맥락에 준거해야만 한다고 흄이 조언한 이유는 이 때문이다. [과거의 행위자들을] 함부로 판단하는 태도는 무의미하다.

그대는 다른 시대의 습속과 관습에 좀 더 너그러울 필요가 있네. 고대 그리스인이나 로마인을 잉글랜드의 보통법Common Law에 의거해 재판할 수 있는가? 먼저 과거의 사람이 그 자신의 격률에 의거해 스스로를 변호하는 바를 듣고, 그 뒤에 선고를 내리도록 하게. 사람들 스스로에게 알려지지 않은 기준을 가져와 제시한다면, 특히나 그대의 목적에 부합하도록 약간의 수사적 기술을 발휘해 상황을 과장하거나 축소시킨다면, 그 어떤 습속도 무결하고 합리적이지 않으며, 그저 기괴하고 우스꽝스럽게 여겨질 뿐이라네.[8]

몽테스키외는 자신의 논변을 전 지구적인 규모로 전개한다는 점에서 흄보다 더 나아갔다. 빼어난 저작 《페르시아인의 편지Lettres persanes》(1721)를 통해 그는 루이 14세의 비판자로 명성을 얻었다. 여기서는 우스베크Usbek와 리카Rica라는 두 여행자의 이야기가 펼쳐지는데, 오스만 궁정 출신으로 프랑스를 처음으로 방문하게 된 이들은 자신들이 목도한 것을 편지에 담아 고향으로 부친다. 외국인이 다른 사회를 관찰할 때, 그 인식은 자신이 이미 물려받은 신념들을 통해 형성될 수밖에 없다. 몽테스키외는 그런 차이를 강조함으로써 자신이 동시대의 유럽에서 충격적으로 바라보았던 지점을 조명할 수 있었다. 특히 종교적 불관용이 얼마나 극심한지, 기독교인들이 전혀 질리지 않고 계속해서 전쟁에 뛰어드는 능력이 얼마나 대단한지, 폭정이 일상적으로 받아들여진다든지 하는 광경들 말이다. 영국식 모델에 따른 상업사회냐, 태양왕과 그 추종자들이 구상한 프랑스 제국이냐, 아니면 또 다른 모델이냐의 선택지에 직면한 프랑스의 미래를 위해 몽테스키외가 어떤 규범적인 결론을 내놓을 수 있게 되기까지는 훨씬 더 긴 시간이 필요했다.

《법의 정신》에서 몽테스키외는 전제정을 공격하면서도, 헌정주의와 상업사회를 결합한 영국의 모델 또한 비판하기 위해 관념의 역사를 활용한다. 제11권에서 그는 영국이 역사를 통틀어 가장 자유로운 국가라고 쓰면서도 그것이 결코 프랑스를 위한 모델이 될 수는 없다고 말한다. 먼저 각국의 정치적 문화가 그 토대에서부터 다르고, 더불어 영국이 향유하는 자유가 오래 지속되리라 기대할 수 없다는 것이 그 이유였다. 프랑스법사상의 역사에 관한 선구적인 분석을 통해 몽테스키외는 하나의 대안을 구축했으며, 그의 대안에서 확립된 언어는 프랑스혁명 이후의 정치·교역 논쟁에까지 활용되었다. 사상사에서 몽테스키외만큼 유능하고 야심찬 학자는 없었다.

　　　　　　　　　지성사란 무엇인가?

사람들이 불확실한 미래에 직면해 회의와 냉소에 빠지는 대신에, 혹은 유토피아적 구상에 따라 역사의 종말을 준비하거나 거의 완벽한 사회를 세우려는 대신에 무언가 다른 대안을 찾고자 하는 바로 그때 지성사 혹은 관념의 역사는 번성한다. 그렇기에 20세기는 관념의 역사 및 그것의 새로운 파생물이라 할 수 있는 지성사가 대두할 수 있던 시기였다. 관념의 역사와 지성사 모두는 20세기의 사유가 역사의 전개와 관념 사이의 관계라는, 인문주의자들의 연구에서 어느 때보다 중요하게 부상한 문제를 탐구하며 빚어낸 산물이라 할 수 있다. 이는 부분적으로 20세기에 들어와 19세기 실증과학의 주장을 회의적으로 바라보는 태도가 확산되었다는 데서 기인했다. 19세기의 실증적 과학의 토대에는 인간의 합리적인 행위란 무엇이고 또 인간의 건강과 안녕이란 무엇인지 보편적으로 통용되는 정의를 내릴 수 있다는 전제가 존재했다. 세계를 합리적으로 진보시킬 수 있다는 19세기 철학자들의 자신감이나, 반대로 그들의 철학을 거부한 사람들의 허무주의적 태도가 세계대전 및 20세기 전반부에 유례없는 수준의 제도화된 폭력이 나타나는 데 일조한 것처럼 보였다면, 이는 인간과학 자체가 무언가 잘못되었으며 그것을 다시 숙고할 필요가 있다는 신호였다.

　　또 하나의 중요한 쟁점은 대학 내에 존재하는 여러 학문들 사이의 관계, 특히 사회과학이 어떤 성격을 지녔으며 그것이 예술 및 인문학 분야와 어떠한 관계를 맺고 있는가에 있었다. (다양한 형식의) 마르크스주의의 진실성을 둘러싼 불확실함, 좀 더 구체적으로는 마르크스주의 국가가 경제적·군사적으로 자본주의적 서구에 대항해 스스로를 지탱할 수 있는 역량을 지녔는지 불확실하다는 사실 역시 추가로 고려해야 했다. 루트비히 비트겐슈타인의 회의주의적 면모를 따라 점점 더 많은 철학자들이 언어가 인간 행위의 모든 측면을 결정한다고 주장하기 시작했다. 비트겐슈타인은 《철학적 탐구Philosophische Untersuchungen》(1953)와 《확실성에 관하여Über Gewißheit》(1969)에서 언어를 인간 행위와 아주 깊게 연결된 현상으로 보았으며 행위자가 어떠한 언어를 활용할 수 있느냐에 따라 변화가 용이해질 수도 제약될 수도 있다고 썼다. 인간의 말은 그 자체로 하나의 행위로 간주되어야 했다.

역사가 중에서도 실증주의적 역사학이나 자연과학 및 일부 사회과학을 모방한 역사학이 내놓은 결과물을 회의적으로 바라보는 시각에 영향을 받은 이들이 있었다. 이들은 관념이, 그리고 언어적 실천을 통해 만들어진 문화가 역사적 행위자들의 행위를 형성한다고 주장하기 시작했다. 정치적 입장을 막론하고 다음과 같은 주장이 제기되었다. 역사로부터 '상징형식symbolic forms', 즉 문화적 실천을 창조해내는 관념을 식별해야 한다(에른스트 카시러), 예술로부터 의미의 세 가지 층위를 찾아내고 그 정점이라 할 도상학에서는 예술가가 무엇을 의도했는지 설명해야 한다(에르빈 파노프스키), 지적인 삶과 그 역사는 계속해서 이어지고 있는 '대화들'의 연속으로 보아야만 한다(마이클 오크숏), 문화에는 인간 행위에 한계를 부과하는 '지평horizons'이 존재한다(한스-게오르크 가다머), 죽은 저자들의 '마음속에 들어가는 것'이 중요하다(이사야 벌린), 사회는 지적인 '패러다임 전환paradigm

지성사란 무엇인가?

shifts'에 따라 변화한다(토머스 쿤). 이제 역사가들은 시대정신 Zeitgeist, 세계관, 단위관념, 심성mentalités, 문화적 헤게모니, 담론장, 기호체계, 에피스테메와 키워드 등을 찾아내야 한다고 주장하고 있었다.

이런 흐름에서 곧바로 지성사가 번창할 수 있는 환경이 조성된 것처럼 보일지도 모른다. 하지만 펠릭스 길버트가 지적했듯, 페리 밀러의 《뉴잉글랜드적 사고방식The New England Mind》(1939) 출간 이후 미국에서 지성사라 불리는 분과 영역이 자리 잡기까지는 오랜 시간이 걸렸다.[9] 겨우 1960년대 후반에 이르러서야 처음으로 학부와 석사과정을 위한 지성사 강좌가 만들어졌다. 지성사를 위한 첫 번째 강사직이 생긴 것은 1972년, 최초의 주임교수직이 생긴 것은 1982년이었다. 이 모든 일이 일어난 곳은 영국의 서섹스대학교였다. 그곳에서 의미심장하게도 역사가 한 명, 경제학자 한 명, 철학자 한 명, 신학자 한 명, 사회학자 한 명에 의해 지성사는 하나의 분과 영역으로 설립되었던 것이다. 이후 지성사 분과를 꾸려나간 이들은 주로 영문학에 관심을 가진 교원들이었다.

지성사를 다루는 최초의 학술지가 등장한 때는 1936년이다. 《리크노스: 관념과 과학의 역사 연보Lychnos: Lärdomshistoriska samfundets årsbok》의 편집을 맡은 이는 요한 노르드스트룀으로, 그는 1933년 이래 〔스웨덴의〕 웁살라대학교에서 '관념과 앎의 역사History of Ideas and Learning'를 위해 새로이 만들어진 교수직에 재직하고 있었다. 1940년에는 위대한 《사상사 저널Journal of the History of Ideas》 첫 호가 출간되었다. 그러나 지성사 연구를 위한 또 다른 학술지가 등장하기까지는 훨씬 더 오랜 시간이 지나야 했다. 《지성사 회보Intellectual History Newsletter》는 1979년, 《유럽 사상사History of European Ideas》가 1980년, 《전장戰場: 사상사 연구Slagmark: Tidsskrift for Idéhistorie》는 1983년, 《레스 푸블리카: 정치사상사 연구Res Publica: Revista de Historia de las Ideas Políticas》가 1998년에 창간되었다. 좀 더 최근에는 《근대 지성사Modern Intellectual History》(2004), 《지성사 평론Intellectual History Review》(2007), 《사상사 연구Zeitschrift für Ideengeschichte》(2007), 《학제간 사상사 저널Journal of Interdisciplinary History of Ideas》(2012)이 뒤를 이었다. 달리 말해 지성사가 하나의 분과로 정립된 것은 대체로 최근의 일이라고 할 수 있다.

제2차 세계대전 이후 언젠가부터 연구 문헌에서 '지성사intellectual history'라는 용어가 좀 더 오래된 표현인 '관념의 역사history of ideas'를 대체하기 시작했다. 1970년대 경에는 《사상사 사전Dictionary of the History of Ideas》 같은 주요 출판물에서 두 단어가 동의어로 사용되는 게 눈에 띈다.[10] 그러나 아직 이 문제를 두고 연구자들 간에 만장일치가 이루어진 적은 없다. 역사 속의 관념을 연구하는 사람들은 이제까지 매우 상이한 여러 철학들로부터 영감을 받아왔고 앞으로도 그럴 것이다. 다양한 성향과 방법적 지향을 지닌 연구자들이 함께하는 개념사 연구 그룹이나 그들이 출간하는 학술지 《개념사 기고Contributions to the History of Concepts》에서 볼 수 있듯 이들은 '관념의 역사' 혹은 '개념사conceptual history'를 '지성사'보다 선호한다. 최근 대린 맥마흔과 피터 고든은 사상사 연구가 더 오래된 '관념의 역사'로 돌아가는 게 바람직하다는 주장을 피력했는데, 그 근거는 [지성사식으로] 구체적인 시간을 배

지성사란 무엇인가?

경으로 삼는 맥락주의적 분석에 비해 관념의 역사가 장기간의 변화를 연구하는 데 필요한 더 확실한 [방법론적] 수단을 제공해 준다는 것이었다.[11]

　'관념의 역사'라는 말이 좀 더 흔하게 사용되는 곳은 북미 학술장이다. 1910년부터 1938년까지 존스홉킨스대학 철학교수로 재직했던 아서 O. 러브조이가 끼친 엄청난 영향 때문이다.

아서 O. 러브조이(1873~1962)

그는 관념사 연구 모임History of Ideas Club과 《사상사 저널》을 창간한 인물이기도 하다. 러브조이의 가장 유명한 저작은 1936년 출간된 고전 《존재의 대연쇄: 한 관념의 연구The Great Chain of Being: A Study of the History of an Idea》이다. 그는 관념의 역사와 분석화학 간의 유비관계에 영감을 받아 사상의 근본에서 '단위관념unit ideas' 혹은 화학 원소라 할 만한 것을 찾아냈다. 어떤 관념이 무슨 의미를 지닌다는 기존의 주장에 대해 (러브조이의 추종자 모두가 즐겨 사용하는 비유인) '메스를 들이대' 해당 주장이 서로 일관성 있게 연결되는 경우가 드문 다양한 정의들로 이루어져 있다는 사실을 드러낸다는 점에서 오늘날 그는 아마도 비평가에 가까워 보일 것이다. 러브조이는 윌리엄 제임스 및 그 후계자들로 대표되는 실용주의 철학pragmatic philosophy에 '메스를 들이댄' 것으로 잘 알려져 있지만, 정작 자신은 관념을 통해 문제를 해결할 수 있다는 실용주의적 입장에 언제나 충실했다.[12] 결과적으로 그는 상충하는 철학적 체계들을 포함한 거대 서사들에 대한 회의주의로 향했다. 그의 믿음에 따르면, 인류의 역사에는 항상 '단위관념'들이 존재했으며 이런 단위관념은 그때그때 인간사회가 마주한 문제에 따라 진화하거나 그것이 다른 단위관념과 맺고 있던 관계를 바꿔왔다. 그리고 모든 철학체계는 이 단위관념들의 구성물로 환원될 수 있었다.[13] 관념은 논리적인 순서를 따르지 않으며, 관념이 결코 그로부터 (단위관념들 간의) '진정한' 관계를 연역할 수 있는 총괄적인 정의들로 환원될 수 없음을 러브조이는 보여주고자 했다. '존재의 대연쇄'라는 관념을 설명하면서, 그는 플라톤이 《티마이오스》에서 신은 무한히 선하므로全善, omnibenevolent 인류를 위해 가능한 한 실재를 모두 실현시키기를 원할 것이라고 언급한 대목으로까지 거슬러 올라간다. 이것이 바로 '충만성'의 단위관념이지만, 그렇다고 플라톤이나 그 계승자들이 '충만성'의 개념에서 도출될 수 있는 다양한 주장과 논변이나, '충만성'에 따른 '위계'나 '연속성' 같은 연관된 단위관념까지 상상할 수 있었던 것은 아니다.[14] 러브조이가 '원시주의', 즉 잃어버린 유토피아를 향한 동경이 현재에 대한 거부감과 결합한 단위관념을 연구한 사례에서도 비슷하게 (최초의 단위관념에서는) 의도되지 않았던 결과들이 강조된다.

간략히 말하자면, 러브조이는 과거를 합리주의적이고 목적론적으로, 혹은 악명 높은 인물에게 초점을 맞추는 식으로 바라보는 접근법을 대체하기 위해 철저한 연구를 수행했다. 그는 자신이 비판한 대상들을 역사를 마치 "객관적 진리가 합리적인 질서에 따라 지속적으로 펼쳐지는 오로지 논리적이기만 한 진보의 과정"인 양 풀이하는 해설자와 같다고 묘사했다.[15] 마찬가지로 그는 관념의 역사에서 조롱당하거나 무시되어온 여러 인물을 되살리는 작업에도 흥미를 가졌다. 회의주의자이자 우상 파괴자로서, 러브조이는 언제나 시민사회의 자유를 옹호했으며, 특히 학계의 표현의 자유를 지지했다. 표현의 자유에 예외가 하나 있다면 공산주의를 지지하는 경우였는데, 그는 공산주의가 자유를 크게 위협하기에 공산주의를 주창하는 사람들에게 매카시즘적인 박해가 필요하다고 믿었다.[16] 특기할 사항으로, 러브조이는 연구를 정당화하는 근거로 연구 주제가 '흥미로운가의 여부'를 제외하고는 그 어떤 것도 들지 않았다.

러브조이 자신의 작업을 포함해 관념 연구가 영어권에서 이른바 '휘그 사관Whig historiography'⬤이라고 불리는 관점에 직접

⬤ '휘그'는 일차적으로 1679~1681년의 왕위계승 배제 위기Exclusion Crisis에서 가톨릭교도인 요크 공(이후 제임스 2세)의 왕위계승 배제에 찬성한 집단, 그리고 1688~1689년의 명예혁명을 통해 집권한 영국의 윌리엄 3세와 메리 2세 및 그들의 계승자들을 지지하고 이들의 통치를 정당한 것으로 받아들였던 이들을 가리킨다. 이들에 반대하여 제임스 2세와 스튜어트 왕가를 옹호하던 이들을 '토리Tory'라고 한다(물론 두 단어는 이후 훨씬 더 폭넓은 대상을 지칭하게 되었으며, 오늘날 토리는 영국의 보수당을 가리키는 말로도 쓰인다). 휘그 지지자들은 영국사를 (부패한 가톨릭과 대비되는) 프로테스탄트의 신앙과 잉글랜드인의 자유가 명예혁명과 휘그의 승리를 통해 실현되는 과정으로 그려낸 역사서를 다수 출판했다. 명예혁명 이후 18세기에 휘그와 토리 모두 다양한 파벌로 분열해 복잡한 이합집산을 겪게 되면서, 휘그 사관의 논리를 활용하여 휘그 집권당을 공격한 볼링브로크와 같이 토리 또한 정치적 목표에 따라 휘그 사관을 채택하는 모습을 보여주기도 했다. 19세기 이래 휘그 사관의 기본적인 얼개는 다수의 영국사가들에게 자연스러운 것으로 받아들여지게 되었으며, 20세기에 들어 버터필드는 '휘그 사관'을 영국사를 프로테스탄트 또는 휘그가 승리하는 과정으로 기술하며 이를 역사의 자연스러운 진보와 동일시하는 태도, 혹은 그와 유사하게 역사를 과거에서 현재에 이르기까지 계속 진보하는 목적론적인 과정으로 서술하는 태도를 비판적으로 지칭하는 용어로 사용했다. 관련 참고문헌은 256쪽을 보라.

2장. 지성사의 역사

적으로 도전장을 내밀었다는 사실은 중요하다. 휘그 사관에 따르면 자유란 언제든 찾아내고, 획득하고, 지켜낼 수 있는 것이었다. 예를 들어 대헌장Magna Carta 이래 잉글랜드의 역사를 휘그 사관에 따라 기술한 저작을 꼽아보면, 헨리 핼럼의《잉글랜드 헌정사Constitutional History of England》(1827), 토머스 베빙턴 매컬리의《제임스 2세 즉위 이래의 잉글랜드사The History of England from the Accession of James II》(1848) 혹은 윌리엄 스텁스, J. A. 프루드, W. E. H. 레키, J. R. 실리, J. B. 베리 같은 19세기의 위대한 역사가들이 쓴 저술 등이 있었다. 역사가 진보하며 직선적으로 발전한다는 믿음을 전제하는 휘그적 접근은 독자들에게 민족의 영광스러운 현재를 정당화한다는 점에서 칭송받았으며, 그에 힘입어 역사가는 공적 지식인, 때로는 공적인 도덕의 대변인으로서의 역할을 계속해서 수행할 수 있었다.[17]

비판자들은 휘그 사관에 입각한 역사서가, 그것이 앞서와 같은 역할을 하는 건 아무래도 좋은 일이지만, 학문적 기준에서 볼 때 옹호되기 어렵다고 지적했다. 진정한 역사가라면 거대 서사, 과거와 현재의 관계를 단순하게 전제하는 태도, 그리고 〔역사가〕 점차 진보한다는 추정에 기반을 둔 목적론적 설명 방식에 회의적인 자세를 견지해야 했다.《휘그적 역사 해석The Whig Interpretation of History》(1931)에서 허버트 버터필드는 역사의 진보, 프로테스탄트주의, 자유 간에 어떤 인과적 관계가 존재한다고 상정하는 태도(그는 이것이 19세기 휘그 사관의 본바탕이라고 보았다)를 앞서 언급한 모든 논거를 활용해 공격했다. 러브조이가 겨냥한 적들은 윌리엄 제임스의 실용주의의 맞수들로서, 그중에서도 특히 조사이어 로이스가 집필한 관념론적 역사 서술에 동조하는 이들이었다. 러브조이에게 역사적 발전은 단선적이라기보다는 (러브조이 자신이) 양 극단을 오가는 진동oscillation이라고 지칭한 패턴에 부합하는 것으로, 그에 따르면 역사는 특정한 지적 경향이 우대받는 시기와 그것이 밀려나고 반대 경향이 인기를 얻는 시기로 나뉘었다.[18] 그러므로 서로 연결되어 있는 듯 보이는 상이한 시점들 사이에서 유사성을 찾아내는 작업은 오류를 범하기 쉬웠다. 관념들의 기원 혹은 특정한 현상이 최초로 나타난 사례를 탐색하려는 시도는 관념이 진동한다는 점을 고려할 때 신뢰할 만하지 않은 연구였으며, 목적론적 접근은 언제나 규탄받아 마땅한 것이었다.

1950년대 이래의 서독 및 이후의 독일어권에서는 개념사Begriffsgeschichte(영어로는 conceptual history) 연구의 기치 아래 두 세대에 걸친 학자들이 120개 이상의 개념들이 실제 언어생활에서 어떻게 사용되었는지 연구함으로써 정치적이고 사회적인 변화를 기록했다. 그 대표적인 결실은 1972년 첫 번째 권이 출간되어 1997년에 완간된 《역사의 근본개념들Geschichtliche Grundbegriffe》로, 이는 장문의 논문들로 구성된 수 권짜리 언어사전이었다. 본래 이 프로젝트를 주도한 인물은 중세 헌정사가 오토 브루너와 사회사가 베르너 콘체였다. 이 프로젝트는 텍스트를 이해하는 데 사회경제적 맥락을 그다지 고려하지 않았던 정신사Geistesgeschichte(인간과학의 역사)와 이념사Ideengeschichte 등의 낡은 연구를 대체하고자 이데올로기적 맥락과 사회경제적 구조 사이의 상관관계를 중요시했다.

개념사 프로젝트에 중요한 영감을 제공한 것은 브루너의 저작, 특히 1939년에 처음 출간되어 1941년, 1943년, 1959년에 연속으로 개정판이 나온《토지와 지배Land und Herrschaft》였다. 이 책의 기저에는 18세기에 형성된 국가/시민사회의 구별*을 중세에 적용하는 잘못된 사고가 역사 서술을 왜곡시켰다는 통찰이 있었다. 중세에는 법, 전쟁, 세금 징수의 권력을 행사하는 국가 대신 모든 이들이 따라야만 하는 초월적인 정의 혹은 신성한 권리의 관념이 존재했다. 봉건 영주들의 분쟁은 자신의 이익만을 탐하는 영주와 전횡을 일삼는 군주 사이에서 벌어진 사적 전쟁이 아니라, 대체로 당시에 통용되던 (가문과 가정의 강녕에서 기원한) 정의·공동체 등의 관념에 따라 발생한 것이었다. 단지 18세기에 이르면 이런 사실이 더는 눈에 띄지 않게 되었을 뿐이다. 독일 민중사Volksgeschichte를 연구하면서 브루너는 참된 공동체를 형성할 역량을 지닌 민중Volk의 역사로 (그가 보기에는 거짓되었으며 도덕적으로도 파산한) 자유주의적이고 민주주의적인 역사를 대체할 방법을 찾게 되었다. 19세기 부르주아 질서는 역사적으로 우연히 성립된 것에 불과하며 국가사회주의가 이를 새롭게 대체하리라는 판단에 근거해 브루너는 나치당을 지지했다. 브루너는 개념사적 연구 기법을 활용하여 1930년대의 이데올로기들이 비난하던 법치국가Rechtsstaat를 비판할 수 있었다. 제2차

---

* 하나의 국가 혹은 사회를 국가통치기구와 (어느 정도 자율성을 갖췄다고 상정되는) 시민사회civil society로 구별하고 양자 간의 관계를 논의하는 사고를 지칭한다. 시장과 자본주의가 20세기 사회철학·사회과학에 끼친 영향에 주목하는 흐름이 나타나면서, 이러한 도식은 국가통치기구, 시장경제, 시민사회라는 삼분법적 구도로 변형되어 유행하기도 했다.

세계대전 이후 브루너는 이전의 자신이 틀렸음을 인정했다. 다만 브루너에게 유리한 사실도 있는데, 그는 1943년 말이 되어서야 나치당에 입당했으며 유대인 동료들이 박해받지 않도록 보호하기 위해 언제나 최선을 다했다.

역시나 분명한 사실은 브루너가 발전시킨 연구 기법이 더 넓은 범위의 과제에도 적용될 수 있었다는 점이다. 가령 독일만의 '특수한 경로Sonderweg'**가 있다는 생각이나, 독일관념론은 영

라인하르트 코젤렉(1923~2006)

국·프랑스적 사유의 전통에 존재하는 에피쿠로스적 유물론과는 다르다는 식의 사고를 비판하는 경우가 있었다.[19] 이것이 바로 지성사가인 라인하르트 코젤렉의 지휘에 따라 개념사 연구가 착수하고자 했던 과제였다. 개념사는 잘못된 목적론을 채택했던 극단적 이데올로기들을 막아내기 위해 근대

독일 사상의 본령을 설명하고자 했다.[20] 코젤렉은 1750년부터 1850년 사이 독일어권에서 근본적인 변화가 발생했다고 보았으며, 그 시기를 초기 근대에서 근대세계로의 이행을 뜻하는 '말안

**독일이 주로 영국·프랑스 같은 서유럽의 국가들과는 다른 독자적인 역사적 경로를 밟아왔다는 입장을 가리킨다. 이러한 논리는 19세기 후반 독일이 서유럽의 나약한 의회 민주주의 국가들의 전철을 따르는 대신 균형 잡힌 권위주의적 체제를 이룩했다는 자신감으로 표출되었으나, 20세기 중반 나치 독일의 폭주를 설명할 때처럼 독일이 왜 올바른 길을 가지 못했는가를 설명하는 도구로 사용되기도 했다.

장 시대Sattelzeit✎라는 이름으로 명명했다. '역사', '민주주의/민주정', '정치적인 것', '혁명', '이데올로기', '시민사회'를 포함해 사회적·정치적 언어의 핵심 개념이 바뀐 것이 이 시기의 일이다. 민주주의/민주정 같은 개념들은 고전기로까지 거슬러 올라가 추적될 수 있으며 오늘날의 화자話者들도 그 의미를 이해할 수 있으나, '국가' 같은 개념들은 오직 학자들만이 그 뜻의 다양함을 다시 포착하고 의미의 변화 과정을 추적할 수 있을 만큼 너무나 크게 바뀌었다. 이 이행기 동안 '진보', '계몽(주의)', '카이사르주의', '마르크스주의', '파시즘' 같이 역사의 발전 단계의 관념과 연결된 신조어가 등장했고, 그런 말이 다수의 국민에게 받아들여져, 사회적 유토피아를 추구하는 운동 혹은 거대한 개혁을 예견케 하는 이데올로기들로까지 편입되었다는 것 또한 중요한 사실이다. 이 시기를 거치며 개념들은 이전보다 추상적·일반적인 성격을 띠게 되었고 현실을 덜 구체적으로 기술하게 되었으며, 그와 함께 사회적 상호작용이 점점 복잡해지는 세계에서 강력한 이데올로기들의 작동에 그 어느 때보다도 깊이 종속되었다.

이런 상황에 대응하여 개념사가 내건 약속은 역사 연구를 과학적인 연구로 만들겠다는 것이었다. 이를 위해서는 관념 연구와 사회 연구가 한데 융합되어야 했는데, 후자에는 빌레펠트 대학의 한스-울리히 벨러 같은 학자들의 작업이 포함되었다. 이데올로기적인 것과 경험적인 것 사이의 긴장은 논박할 수 없는

✎ 보통 '말안장'으로 번역되는 독일어 'Sattel'은 두 산봉우리 사이의 능선이 말안장 모양처럼 움푹 들어간 지형의 모습을 비유적으로 지칭하는 표현이다. 여기서 '말안장 시대'란 '두 시대 사이의 변혁기' 정도의 뜻을 지닌다.

지성사란 무엇인가?

연구 기법을 활용함으로써 극복할 수 있을 것이었다. 벨러는 개념사를 구닥다리 관념론이라 공격하면서 개념사의 기획에도 논쟁적인 지점이 있음을 드러냈다. 벨러의 주장에 따르면, 근대의 사회문제들을 이해하는 과제에서 개념사가 최신 사회과학 방법론으로 무장한 역사 연구가 제공할 수 있는 바에 상응하는 학문적인 공헌을 하기란 불가능했다. 코젤렉은 사회사가 근대 독일사의 특수한 경로를 먼저 전제해놓고 여기에 과도하게 초점을 맞춘다는 점에서 목적론의 오류를 범한다고 응수했다.

여러 난점들이 있었음에도, 개념사는 18세기에 여러 관념이 이동하면서 초래된 논쟁들과 관념들의 의미 변화를 상세하게 파고드는 위대한 업적을 이룩했다. 특히 코젤렉이 보기에, 계몽 시대의 여파로 탄생한 근대세계에서는 개념들이 정치에서 점점 더 추상적으로 사용되고 나아가 그것들이 민주주의와 대중정치의 이름을 띠고 나타난 여러 위험한 이데올로기들에 종속되는 모습이 나타났다. 코젤렉은 민주주의 정부 혹은 스스로가 인민의 이름으로 지배한다고 여기는 정부에서 제기되는 끊임없는, 심지어 즉각적인 변화의 요구가 마치 내전 상황과 같다고 생각했다. 그는 평화로운 현재의 베일 속에서 그런 내전을 감지했다. 카를 슈미트가 여기에 영향을 끼쳤음은 명확하다. 슈미트는 정치를 끝없이 지속되는 전장으로 인식했으며, 이와 함께 지배적인 이데올로기를 확립하고자 개념들을 명확하게 규정하려는 열망을 품었다. 코젤렉은 슈미트의 인식에 영향을 받았으나 그의 열망은 거부했다.

하지만 엄밀한 검토를 요구하는 근본 개념들이 무엇인지

2장. 지성사의 역사

가려내고, 하나의 개념을 규정하기 위해 어떤 근거가 필요한지 확정하는 작업에는 여전히 어떤 불확실성이 남아 있었다. 코젤렉은 언제나 개념들이 언어로 환원될 수 없다고 주장했다. 그에게는 의식의 역사를 쓰는 작업이 아니라 개념들과 현실 사이에 연관성이 있음을 입증하는 일이 중요했다.[21] 달리 말하면, 개념사는 시대와 사상 사이의 관계를 규정하는 이론을 토대로 필요로 했고, 그 이론은 그때그때 현실의 사건에 따라 반응하는 개념들과 사회적 변화를 촉발하는 개념들이 어떻게 다른지를 확실하게 구별할 수 있어야 했다. 시간(관)의 문제를 다룬《지나간 미래Vergangene Zukunft》(1979)에서 코젤렉은 정확히 그런 이론을 제시했다.[22] 하지만 개념사에는 문제가 하나 있었는데, 코젤렉의 탁월한 저작에도 불구하고 개념사적 접근이 기존의 지식을 과연 어느 정도로 갱신했는지 여전히 의문이 남는다는 점이었다.《역사의 근본개념들》의 방대한 분량과 다양성 자체가, 그리고 어휘에 따라 내용을 배열하는 방식이 이를 불확실하게 만들었다.

그럼에도《역사의 근본개념들》의 깊이, 그리고 코젤렉이 '말안장 시대'를 분석하면서 보여준 분명한 성취는 다른 언어권에서도 개념사적 작업을 시도하도록 촉발했다. 각각 19세기와 20세기 스페인 사상의 사회적·정치적 기본 개념을 다루는 하비에르 페르난데스 세바스티안이 편찬한 두 편의 어휘사전은 그 좋은 예다.[23] 또 다른 사례로는 2004년 시작된 중남미 개념사 연구 프로젝트를 들 수 있다(iberconceptos.net). 이 프로젝트에서는 1750년부터 1850년 사이 이베리아 반도와 라틴아메리카 7개국을 아우르는 사회적·정치적 개념의 어휘사전을 만들고 있으며,

지성사란 무엇인가?

현재 전체 계획된 10권 중 2권이 이미 출간되었다.[24] 이뿐만 아니라 개념사적 접근법의 모범 사례를 보여주는 카리 팔로넨의 작업은 의회정치의 개념들의 역사, 나아가 더 넓게는 정치라는 개념 자체의 역사를 서술하고자 한다.[25] 최근의 유럽 개념사 프로젝트(이는 지금까지 출간된 국가별 접근에 기초한다)가 보여주듯이 개념사 연구는 중국, 핀란드, 프랑스, 네덜란드, 스칸디나비아, 라틴아메리카 등지에서 진행되고 있다.[26] 영어권에서도 개념사 작업이 시작돼야 한다는 요청은 계속해서 강력하게 제기되어왔으나, 아직 실현된 바는 없다.[27]

　　여기서 1960~1970년대에 발전해 특히 북미 지역에 영향을 끼친 또 하나의 역사적 문헌 연구 방법론을 언급할 필요가 있겠다. 자크 데리다, 질 들뢰즈, 미셸 푸코 등 서로 이질적인 프랑스 철학자들과 함께 거론되곤 하는 포스트구조주의Poststructuralism 혹은 해체deconstruction는 텍스트를 역사적 맥락에 위치시키는 데 의문을 제기했다. 데리다가 썼듯, 텍스트들은 저자가 부재하는 상태에서 기능하며 텍스트 자체만을 대상으로 한 엄밀한 검토를 통해서도 이해될 수 있다. 이런 접근법은 데리다의 저작《그라마톨로지에 대하여De la grammatologie》(1967) 2부에서 "텍스트의 바깥은 없다Il n'y a pas de hors-texte"는 유명한 말로 요약되었다. 헤이든 화이트와 도미니크 라카프라 같이 그런 방법론을 지지하는 학자들은 한 시대의 '정신적인 풍토mental climate'를 다시 조성할 만큼 큰 영향을 끼쳤다. 그들은 지성사가들이 더 폭넓은 범위의 자료를 활용하고 포스트구조주의와 문학비평의 방법론을 차용하는 데 지대한 영향을 주었다.[28]

연구자들이 관념의 수용과 변형에 관심을 기울이게 된 것은 그러한 흐름이 낳은 하나의 결과였다. 이런 접근법에 따르면, 어떤 텍스트의 역사는 해당 텍스트를 집필한 저자의 의도가 무엇인지에 대한 역사로 국한되지 않는 더욱 커다란 주제였다. 관념을 역사적으로 이해하기 위해서는 텍스트를 문화적 맥락 내에 위치시키고, 문화적 힘이자 출판물로서의 텍스트가 지닌 역사를 연구하는 과정이 반드시 필요하다. 이런 방식의 지성사 연구는 과거를 이해하기 위해 사회과학 방법론을 사용하는 데 중점을 두는 문화사 연구와 매우 유사해진다. 때때로 '문화적 전환cultural turn'이라 불리는 흐름을 받아들인 〔이런 형태의〕 지성사 연구는 상징, 실천, 담론, 객체 등에 관심을 갖는다. 라카프라는 자신의 저작 《역사와 그 한계: 인간, 동물, 폭력History and Its Limits: Human, Animal, Violence》(2009)에서 이런 확장을 통해 지성사 연구가 종교, 인종, 식민주의, 섹슈얼리티 등 이전 세대의 연구자들에게는 주변적인 관심사에 머물렀던, 좀 더 직접적으로 사회적이고 정치적인 주제들과 관계 맺을 수 있게 된다고 주장한다. 서책사book history와 관념의 사회사가 주요한 연구 분야로 등장한 것역시 그 결과 중 하나다. 사회과학자와 지성사가의 작업을 통합하려는 노력은 역사 연구 방법론을 규정하려는 시도에서 계속 나타나고 있다. 가장 최근의 사례 중 하나는 윌리엄 H. 슈얼의 《역사의 논리들: 사회이론과 사회변화Logics of History: Social Theory and Social Transformation》(2005)이다. 문화적 맥락에 초점을 맞추다보면 정작 텍스트 자체가 무엇을 주장하는지 이해하는 과제가 희생되는 위험이 발생하기도 하는데, 이는 이런 시도에 계속해서 따라붙는 난점이라 할 수 있다.

　아마도 상기한 분야에서 가장 영향력 있는 책은 대단히 해박한 역사가이자 1969년부터 1984년까지 콜레주 드 프랑스에서 '사유 체계의 역사' 교수로 재직했던 미셸 푸코의 저작일 것이다. 《광기의 역사Folie et déraison: Histoire de la folie à l'âge classique》(1961)와 《임상의학의 탄생Naissance de la clinique》(1963) 같은 푸코의 초기 저작은 지금까지 심리학이 스스로의 역사를 서술하면서 보여준 위선적인 태도를 공격했다. 기존의 심리학사 서술은 자신들의 심리학 연구를 '마음이 병든' 이들을 돌보는 합리적인 접근법에 입각한 것으로 그려왔으나, 푸코의 관점에 따르면 실제 심리학의 역사는 그것이 부르주아 도덕에 도전하는 사람들을 어떤 방식으로 통제해왔는지를 드러낸다. 이어서 푸코는 역사적 관념들의 연구를 위한 철학을 전개하는 방향으로 나아갔다.

미셸 푸코(1926~1984)

　푸코가 추구한 방향이 실제로 어떤 것이었는가는 사회과학의 역사를 그린 《말과 사물Les mots et les choses》(1966)이 잘 보여주었다. 이는 《지식의 고고학L'archéologie du savoir》(1969)에서 '고고학적 방법archaeological method'이라는 이름으로 설명되었다. 역사를 통해서 우리는 특정한 분야를 다루는 체계적인 지식이 존재한다는 사실을 알 수 있는데, 푸코는 이 체계적인 지식을 '에피스테메epistemes' 혹은 담론적 형성체라 불렀다. 에피스테메들은 역사적 행위자들의 의식 기저에서 작동하는 규칙들에 의해 다스려진다. 서로 연계된 개념들로 나타나는 규칙들은 관념들에 실체를 부여하고 그 한계를 결정한다. 그런 개념들에 부합하는 관념들의 범위란 유한하게 한정되어 있으며, 역사적 행위자들이 그렇게 정해진 틀 바깥의 대안적 미래를 상상하기란 불가능하다. 푸코의 고고학이 서로 연계된 역사적 개념들을 드러낸다면, 계보학적 방법genealogical method은 그런 개념들을 좌우하는 것이 우연적이고 비합리적인 요소들이지, 사회문제를 해결하고자 (언제나 발전하는) 인간과학에 공헌하는 합리적 행위자들이 아님을 드러낸다. 그런 점에서 관념들의 역사는 "우리가 세계를 바라보기 위해 거쳐야만 하는 재현물들의 체계"가 되며, 거기에는 의미의 주도자agent라고 생각할 법한 통일된 주체subject 같은 것은 존재하지 않는다.

　　푸코의 방법이 지닌 잠재력은《감시와 처벌Surveiller et punir》(1975)을 통해 선명하게 드러났다. 이 책에서 푸코는 범죄자들을 훈육하기 위한 수단으로 사용되었던 고문과 살해가 근대적인 사회통제 방식으로 대체되는 과정의 역사를 개략적으로 그려냈다. 그는 감시와 표준화의 원칙에 기초하고 있는 근대적인 사회통제 방식이 동시대의 감옥, 학교, 병원에서 발견된다고 주장했다. 18세기 잉글랜드 철학자 제러미 벤담이 고안한 파놉티콘 감옥은 "악당을 정직하게, 게으름뱅이를 근면하게 갈아 다듬어낼" 수 있는 곳으로 생각되었다.[29] 파놉티콘의 핵심 특징은 모든 수감자를 감시하기 용이한 단 하나의 위치가 있으며, 각자의 감방에 분리수용되어 있는 수감자들이 서로를 볼 수 없다는 데 있었다. 푸코는 파놉티콘의 목표가 처벌과 보상의 과정을 통해 일탈행위를 제거하는 데 있다고 보았으며 그것이 근대적 사회 조직의 모델이라고 생각했다. 과거에는 지식이 권력의 도구였다면, 근대세계의 개인들은 시험과 평가를 통해 사회의 통제를 지속시키는 여러 실천과 각자가 지식이라고 믿는 바를 일치시키도록 강력하게 유도되었다. 그런 상황은 몇몇 개인들로 구성된 조직이 전 인류를 지배하기 위해 만들어낸 거대한 계획의 결과물 따위가 아니었으며, 역사가 늘 그러하듯 우연적이고 부수적인 것들의 산물이었다. 널리 알려진 것처럼, 만년의 푸코는 자신의 계보학적 방법을 섹슈얼리티의 역사에 적용했다.[30]

　　출판된 푸코의 저작 대다수는 고전이 되었다. 그의 저작은 특히 과학 분야에서 지성사 연구를 고무하는 데 영향을 주었는데, 이는 무엇보다 지식의 습득 및 인식을 다스리는 에피스테메에 관한 푸코의 설명이 토머스 쿤의 저작《과학혁명의 구조The Structure of Scientific Revolutions》(1962)에서 제시된 패러다임 개념과 연결되어 읽힐 수 있었기 때문이었다. 푸코에 대한 관심은 여러 다른 주제들 중에서도 정치사상 및 국제관계론의 역사를 아우르고 있는 그의 콜레주 드 프랑스 강의록들이 출간되면서 더욱 높아졌다.[31] 그러나 푸코의 계보학적 절차는 도전에 마주하게 되는데, 주체를 탈중심화하기 위해 사용하겠다고 선언했던 방법을 푸코 스스로도 고수하지 못했기 때문이다. 비판자들의 눈에 푸코는 불연속성에 과도하게 집착했으며, 그가 창안한 지식의 고고학은 모든 점에서 의문투성이였다. 또 다른 이들은 현재의 세계를 계보학적 관점으로 평가해야 함은 마땅하지만 그것이 사회를 개혁하고 개선하는 과업에는 기여하지 못하기에 푸코의 저작이 목표를 제대로 설정하는 데 실패했다고 비판했다.[32] 지성사 연구의 범위를 확장시켰다는 점에서 푸코의 성취는 의심의 여지가 없다. 그의 저작은 젠더, 정체성, 권력, 과학 등과 관련된 사상과 관념을 역사적으로 다루고자 하는 수많은 연구에 영감을 주었다. 에드워드 사이드의 《오리엔탈리즘Orientalism》(1978)과 이언 해킹의 《우연을 길들이다The Taming of Chance》(1990) 등이 그 대표적인 예라 할 수 있다.[33]

레오 스트라우스는 과거의 텍스트를 조금 다른 방식으로 연구해야 한다고 제안했다. 《박해와 글쓰기의 기술Persecution and the Art of Writing》(1952)에서 스트라우스는 가장 위대한 저작들을 엄밀하게 읽으면 저자들이 비의적祕儀的인 글쓰기를 채택했음을 분명하게 알 수 있다고 주장했다. 이때 비의적인 글쓰기를 채택했다는 것은, 위대한 저자들이 자신처럼 박식한 학자들에게만 진의를 전달하고자 했으며 이를 위해 스스로의 본뜻을 종종 의도적인 불명확성과 모순으로 가려놓았음을 뜻한다. 그들은 박해를 두려워한 탓에 자신들의 저작에 일반적인 독자들에게 특정한 의미로 읽힐 수 있는 내용을 담으면서도, 동시에 그 내용이 철학적으로 훈련된 소수의 엘리트에게는 완전히 다른 의미로 전달되도록 썼다.

마이모니데스와 스피노자는 표면적으로는 이성과 계시가 화해할 수 있다고 주장하지만 실제로는 정반대의 관점을 고수한다는 점에서 이런 비의적인 글쓰기 방식을 채택한 사례임

지성사란 무엇인가?

이 분명하다고 스트라우스는 믿었다. 그에 따르면 이들은 스트라우스 자신이 '근대성의 신학정치적 곤경' 혹은 '예루살렘과 아테네' 사이의 투쟁 또는 고대인과 근대인 사이의 투쟁이라 부르

는 것을 분명히 보여주었다. 그런 곤경 혹은 투쟁은 신학과 정치의 분리를 토대로 삼는 세속화된 세계를 만들고자 하는 초기 근대의 시도에서 비롯되었다. 이런 과정은 지식이 과학 혹은 이론의 위치로 상승하면서 시작되었으나, 그러한 시도의 실패는 결국 세계에 관한 모든 확실성이 상실되는 결과로 이

레오 스트라우스(1899~1973)

어졌다. 이제 모든 지식은 상대적이고 역사적인 것으로, 기껏해야 불확실한 세계 속에서 분별력 있게 움직이는 데 도움이 될 뿐인 것으로 전락하게 되었다. 스트라우스의 믿음에 따르면 이런 흐름은 과학의 등장 이전의 지식을 평가절하한 홉스로까지 거슬러 올라가며, 최종적으로는 상대주의로 귀결되어 마르틴 하이데거 같은 철학자가 1933년 프라이부르크대학의 총장이 되어 나치를 추종하도록 이끌었다.[34]

　　이 문제를 해결하는 방법은 계시에 대한 믿음이나 카를 슈미트식의 정치신학으로 돌아가는 대신 근대의 거대한 딜레마에 과거 사상가들이 어떤 공헌을 했는지 찾아내는 데 있었다. 스트라우스는 러브조이를 따라 '관념의 역사'라는 용어를 선호했

으며, 관념에 역사적으로 접근하는 일이 현대 정치를 이해하려는 모든 노력에 반드시 필요하다고 썼다.[35] 꼭 근대세계의 문제들에 해결책을 제시한다는 이유 때문이 아니더라도, 역사적인 연구와 근대세계를 이해하는 과제가 직접적으로 연결되어 있다는 주장은 스트라우스의 저작이 지적인 흥미를 끄는 동시에 현실 연관성을 지닐 수 있도록 해주었다. 그 결과 스트라우스에게 매료된 수많은 추종자들은 정치, 철학, 문예 등 여러 다른 분야의 사상에 스트라우스식의 방법을 적용했다.[36] 이는 미국 정치과학이 1980년대 이래 우경화된 경향의 배후에는 스트라우스가 있다는 거창한 주장으로까지 이어졌다. 스트라우스는 그의 신봉자들이 자유주의와 다원주의를 비난하는 신보수주의 철학을 형성하고, 종교를 이용해 포퓰리즘적 민족주의를 확산시키며, 현재의 정치에서 위기를 읽어내는 강박적인 태도에 빠지도록 조장한 사상가로 여겨진다. 스트라우스와 스트라우스주의자들(이 교파에는 여러 갈래가 존재한다)에 대한 지식은 "미국의 제국주의적 정신의 모든 영역에 접근 가능한 통행증"으로 묘사되어 왔다.[37]

스트라우스와 그 추종자들은 여러 비판을 불러일으켰다. 비판자들은 텍스트에서 비의적인 요소를 탐색하는 작업에 도대체 어떤 가치가 있는지를 묻는 동시에, 비의적인 글쓰기가 발견되는 경우라고 해도 그것이 과연 초기 근대 및 근대 사상의 본질을 이해하는 데 얼마나 중요한지에도 의문을 던졌다.[38] 비의적 분석은 명확한 답을 확정할 수 없기에 서로 다른 해석들 사이에서 무엇이 옳고 그른지 판단을 내리기 어렵다는 곤란함이 있

지성사란 무엇인가?

었다. 그런 사례 중 하나로, 자유주의를 비판했던 스트라우스 본인이 1930년대에 카를 슈미트에게 비의적인 글을 써서 보낸 일이 있다. 스트라우스가 슈미트의 견해에 관심을 보였다는 사실이 나치 지지자였던 슈미트를 연구하는 일을 정당화하는 용도로 쓰일 수 있었기에, 그 편지의 비의적인 독해는 논쟁을 불러일으킬 수 있는 것이었다.[39] 예를 들어 숫자 13과 그 배수에 중요성을 부여하는 마키아벨리의 수비학數秘學에 입각해 마키아벨리를 해석하는 작업에 무슨 의미가 있는지, 혹은 스트라우스의 독자들이 지적했듯 스트라우스가 〔마키아벨리의〕《군주론Il Principe》(1512)에 관해 쓴 장이 (13의 2배수인) 26개의 문단으로 이루어져 있다는 사실에 무슨 의미가 있는지 이해하기란 분명 쉽지 않다.[40] 스트라우스식의 접근법이 마키아벨리 및 마키아벨리즘을 비판하는 과제의 기초가 될 수는 있겠으나, 비의적인 요소를 강조하다보면 결국 그 어떤 결론도 확실하게 내려질 수 없게 된다.

만일 혹자의 관점에 따라 스트라우스가 최근 수십여 년간 가장 큰 영향을 끼친 사상사가로 일컬어질 수 있다면, 그의 방법 및 그가 전달하고자 했던 메시지가 과연 무엇인지에는 여전히 이론異論의 여지가 있다. 아마도 그런 상황이 그가 가장 바랐을 법한 결과일 수도 있겠지만 말이다. 일부 스트라우스주의자들에게 스트라우스는 좌파들의 비난에서처럼 '악惡의 교사'라기보다는, 자유민주주의의 친구였으나 단지 (유대교의 가르침 덕분에) 자유민주주의가 상대주의적·허무주의적 도전에 직면하리라는 사실을 너무나도 잘 알았을 사람일 뿐이었다.[41] 스트라우스와 그의 유산에 관한 논의는 어느 때보다도 더 많은 연구를 낳고

2장. 지성사의 역사

있으며, 최근에는 해당 분야를 다루는 매우 뛰어난 안내서들도 등장하고 있다.[42]

마지막으로 설명할 접근법은 언어맥락주의linguistic contextualism다. 언어맥락주의적 지성사 연구 방법론을 이해하기 위해서는 R. G. 콜링우드의《역사의 이념》과 함께 그가 사건의 '외면'이라 지칭한 요소만을, 즉 물질적인 것들과 그것들이 어떻게 운동했는지에 대한 사실을 참조하는 것만으로는 과거를 이해하기 어렵다는 콜링우드의 입장으로 돌아갈 필요가 있다. 과거를 이해하기 위해서는 사건과 행동의 '외면'만이 아니라 '내면', 즉 어떤 행위와 행위의 이데올로기적 맥락(이라고 이후의 학자들이 부르게 될 어떤 것) 사이의 관계를 기술하는 과정 또한 반드시 필요하다.

콜링우드가 드는 유명한 예시로 율리우스 카이사르의 암살 사건이 있다. 카이사르 살해는, 예컨대 3월 25일 폼페이 극장 근처에서 카이사르에 대한 습격이 있었고, 여러 칼날이 카이사르의 살을 내려찍었으며, 그 결과 유혈이 낭자했다는 식으로 묘사될 수 있다. 그러나 이런 서술은 정작 왜 그런 일이 벌어졌는지는 설명하지 못한다. 카이사르의 죽음을 역사적으로 이해하는 일에는 카이사르의 심리와 함께 그의 적수인 가이우스 카시우스 롱기누스와 마르쿠스 유니우스 브루투스의 심리를 이해하는 것까지 포함된다. 카이사르가 살해당한 까닭은 그가 직전에 종신독재관dictator perpetuo의 지위로까지 올라갔기 때문이었다. 이로써 그는 암살자들이 이해하는 로마공화국 및 그 헌법의 본성과 정면충돌하는 정치적 관념을 옹호하는 인물이자 폭군으로

지성사란 무엇인가?

간주되었던 것이다. 요컨대 역사를 이해하고자 한다면 그 어떤 경우에도 과거의 행위자들이 표명한 관념을 반드시 재구성해야 한다. 퀜틴 스키너가 말했듯, 콜링우드는 "사상의 역사를 이미 정해져 있는 고전적인 질문들에 답하려는 일련의 시도들로 보

피터 래슬릿(1915~2001)

는 대신, 질문도 답변도 계속 바뀌곤 하는 여러 에피소드들의 연속인 것처럼 보아야 한다"는 사실을 가르쳐주었다.[43]

콜링우드의 책이 나오고 3년 뒤, 피터 래슬릿은 군주의 신성한 권리를 옹호했던 17세기 저자 로버트 필머의 정치적 저술을 엮은 판본을 출간했다. 래슬릿은 이후 수년에 걸쳐 기념비적인 작

업, 즉 존 로크의 《통치론Two Treatises of Government》 비평판 편집을 진행했으며 이는 1960년에 출간되었다.✎ 텍스트들의 저술 시점을 정밀하게 확정하고자 했던 래슬릿은 필머의 《부권론Patriarcha》이

✎ 잉글랜드내전을 목전에 둔 1640년대 초에 완성된 필머(1588~1653)의 《부권론》은 신이 아담에게 가부장으로서 전 세계를 통치할 수 있는 권한을 부여했고, 이 권한이 오늘날의 왕들에게까지 계승된다는 주장을 통해 왕권을 옹호하고자 했다. 《부권론》은 이후 제임스 2세의 왕위계승 문제를 두고 왕당파와 휘그파 간의 갈등이 격화되던 1679~1680년에 출간되었으며, 로크는 곧바로 《통치론》(특히 1권)에서 직접적으로 《부권론》을 비판하는 내용을 썼으나 이 또한 수 년이 지난 명예혁명 직후에 출간되었다. 래슬릿은 엄격한 문헌 비평을 통해 이러한 사실을 밝혀내면서 로크의 《통치론》이 명예혁명과 휘그, 나아가 자유주의를 옹호하기 위해 집필되었다는 기존의 통념을 수정했다. 관련 참고문헌은 256쪽을 보라.

2장. 지성사의 역사

그의 다른 저술들보다 이른 시기에 집필되었으며 단지 출판된 시점이 저자 사후인 1679년과 1680년 사이였음을 당시의 서간과 논평들에서 찾아낸 근거들을 토대로 밝혀냈다. 1690년 출간된 로크의 고전적인 정치사상서《통치론》은 이전까지 전통적으로 1688년/1689년의 '명예혁명'을 옹호하는 주요 저작으로 해석되어왔다. 래슬릿은《통치론》이 실제로는 1681년경에, 즉 로크 계열의 휘그파가 스튜어트 왕조에 폭력을 통해 대항하는 방안을 고려하고 있던 시기에 집필되었음을 밝혀냈다. 래슬릿의 비평판은 역사가들에게 저자가 텍스트를 집필할 때의 의도와 집필한 저작을 실제로 출판할 때의 목적 사이의 관계를 어떻게 이해할 수 있는지 문제를 제기했으며, 그 과정에서 17세기 후반기 영국 정치사상사가 전면적으로 재검토되도록 이끌었다.

역사적 행위자들이 자신들의 시대 속에서 어떤 관념들을 품고 있었는지를 고려해야 한다는 콜링우드의 요청과, 저자의 의도가 무엇인지는 문헌상의 증거들에 기초해 재구성될 수 있다는 래슬릿의 요구는 이후 케임브리지 학파라 불리게 될 집단의 성립으로 이어졌다. 케임브리지 학파는 실제 역사 연구를 수행하는 데 필요한 새로운 방법을 도출하려는 노력에서 출발했던 것이다. 뒤이어 초기 근대 및 근대 정치사상을 새롭게 해석하는 다수의 연구들이 등장했다. 여기에는 J. G. A. 포콕의 저작들과 함께 캐롤라인 로빈스의《18세기 공화주의자 The Eighteenth-Century Commonwealthman》(1959), 펠릭스 길버트의《마키아벨리와 귀차르디니: 16세기 피렌체의 정치와 역사 Machiavelli and Guicciardini: Politics and History in Sixteenth-Century Florence》(1965), 존 버로우의《진화와

사회Evolution and Society》(1966), 버나드 베일린의《미국혁명의 이데
올로기적 기원The Ideological Origins of the American Revolution》(1967) 등이
포함된다.

특히 포콕의《고대 헌정과 봉건법The Ancient Constitution and the
Feudal Law》(1957)은 중요한 영향을 끼쳤다. 포콕의 지적에 따르면,
16~17세기 프랑스 법학자들과 비교해 같은 시기 잉글랜드의 법
학자들이 자신들의 헌정과 보통법이 유구한 과거에서부터 전
해 내려온다는 (잘못된) 믿음에 집착한 나머지 스스로의 법과 헌
정을 역사적으로 탐구하는 데 심각한 장애를 겪을 수밖에 없었
다. 당시 잉글랜드 법조인들은 자신들의 역사에 집착했으나, 정
작 그들이 과거에 접근하는 방식은 근본적으로 비역사적이었
던 것이다. 프랑스인들의 경우, 폭군 징벌론자monarchomach 프랑
수아 오트망이 봉건적 토지소유제에 관해 쓴 1572년작《봉토에
관하여De Feudis》에서처럼, 로마법의 유산과 프랑스 지방의 관습
법을 대조함으로써 서로 다른 시대의 법들에 대한 비교 연구를
용이하게 수행할 수 있었다. 포콕은 봉건적 토지소유권의 대두
와 몰락을 추적한 헨리 스펠만 경의《고고학적 용어사전Glossarium
Archaeologicum》(1626)의 등장에서부터 스펠만의 문헌학적 연구에
서 촉발된 새로운 형태의 정치적 사유들, 대표적으로 토지 소유
문제가 정치 구조의 작동 방식을 결정한다는 제임스 해링턴의
《오세아나 공화국The Commonwealth of Oceana》(1656)으로까지 이어지
는 혁명적 과정을 그려냈다. 초기 근대세계의 정치이론적 주장
과 그 한계가 당대인들이 자신들의 과거를 바라보는 방식에 따
라 결정되었음을 보여주면서, 포콕의 작업은 이제 새로운 형태

의 역사 연구가 탄생하고 있음을 가장 상세히 보여주는 실례가 되었다.[44]

　포콕, 로빈스, 버로우, 베일린과 그 동시대 연구자들이 정치적 논쟁을 연구하면서 강조한 것은 불연속성, 의도하지 않은 결과들, 비극적인 실패, 상실된 전통 같은 요소들이었다. 그들은 '별로 중요하지 않은' 인물들을 탐구하고, 다시 그런 탐구를 통해 고전적인 저자들의 사상에서 이제까지 무시되어온 중요한 지점들을 재조명했다. 이들은 만물을 아우르는 거대한 서사들, 혹은 철학자들이 역사를 사유하는 방식에서 영감을 받은 거대 서사에 반대했으며, 그중에서도 특히 카를 마르크스가 만들어낸 서사에 반대했다. 휘그적 역사 서술 또한 비판의 대상이었다. 목적론적 글쓰기에 명백하게 반대했던 아서 O. 러브조이가 그런 휘그 역사가들의 목록에 포함되었다는 사실은 아이러니한 일이라 할 수 있었다.

　많은 지성사가들이 마르크스 및 마르크스주의와 대결하며 지적인 영감을 얻었음은 분명하다. 지성사가들은 프랑스혁명사학계를 오랫동안 지배해온 보다 조잡한 형식의 마르크스주의, 즉 관념과 사상은 물질적 힘들에서 파생되었으니 무시해도 무방하다는 논리를 거부했다. 더 섬세한 방식의 마르크스주의, 가령 에릭 홉스봄의 저작에서 나타나듯 사상과 관념을 경제적 운동의 파생물로 간주하는 묘사 또한 지성사가들에게는 마찬가지로 비판 대상이었다. J. H. 엘리엇이 확언했듯, "제2차 세계대전 이후 시기에는 과거를 경제적·사회적 관점에서 해석하는 입장이 지배적이었으며, 심지어 반反마르크스주의자인 휴 트레버-로퍼조차 [17세기의 '일반적 위기'에 관해 홉스봄에 반박하는 논문을 쓰면서] 자신의 논지를 전개하기 위해 마르크스주의자들과 같은 기준에 근거할 수밖에 없었다".[45] 퀜틴 스키너 또한 방법론을 다룬 자신의 초기 저술들의 중심 목표가 당시 지배적이었던 마르크스주의적 사상사 연구와 투쟁하는 데 있었음을 말한 바 있다.[46]

마르크스와 씨름한 지성사가 중에서는 마르크스의 저작이 지성사 연구가 세계를 이해하는 관점에 어떻게 전유될 수 있을지를 탐색한 경우도 있다. 이런 접근법이 잘 나타난 예로 프랑코 벤투리를 꼽을 수 있다. 그의 저작《18세기의 개혁가Settecento riformatore》는 1969년부터 1990년 사이에 다섯 권으로 출간되었다. 벤투리가 영어권 독자들을 위해 케임브리지에서 강연한 내용은《계몽사상의 유토피아와 개혁Utopia and Reform in the Enlightenment》(1971)으로 발간되어 18세기 및 이후의 사상사에 대한 그의 빼어난 연구를 일별할 수 있게 해주었다.[47] 이탈리아에서 벤투리식의 접근법을 함께하고 따르는 이들, 즉 주세페 자리초에서 푸리오 디아츠에 이르는, 또 지롤라모 임브룰리아에서 에도아르도 토르타롤로와 마누엘라 알베르토네에 이르는 학자들은 지성사에서 학제간 연구를 중요시하며, 지성사를 통해 역사적 문제를 전 지구적인 관점에서 탐구할 수 있음을 강조해왔다.[48] 그들은 또한 현실 정치 참여를 중요시하는데, 이는 영국의 지성사 연구자들과 구별되는 지점이라 할 수 있다.[49]

1970년대 이래 지성사 연구에서 지배적인 위치를 점한 학파는 언어맥락주의자들이다. 이제 스스로를 자신 있게 지성사 연구자라고 소개하며, 여러 학술단체를 형성하고, 학계에서 성공적으로 자리 잡은 세대가 등장했을 만큼 언어맥락주의자들의 기획은 성공적이었다고 할 수 있다. 1962년부터 1969년까지의 기간 동안 케임브리지대학을 매개로 이어져 있던 J. G. A. 포콕, 존 던, 퀜틴 스키너는 언어맥락주의를 옹호하는 저술들을 출간했다.[50] 블레어 워든의 인상적인 표현에 따르면, 그들은 케임브리지대학을 "영감의 원천이자 혁명의 기지로" 만들었다.[51] 이들의 방법론적 저작들은 지성사 연구를 수행하기 위한 고전적인 서술로 읽히게 되었다.

포콕, 던, 스키너는 모두 텍스트를 구체적인 역사적 맥락의 산물로 읽어야 한다고 제안했다. 이때 구체적인 역사적 맥락이란 언어적 실천을 통해 형성된 여러 이데올로기적 맥락을 의미했다. 텍스트의 의미라는 게 무엇인지를 숙고하면서, 던과 스키너는 저자의 의도가 텍스트의 본질을 파악하는 데 가장 중요한 길잡이라고 보았다. 비록 저자의 의도라는 것이 지적 대상으로서 문제적인 측면이 없지 않으며, 어떤 저자의 저작을 이해하기 위해 의도를 아는 것만으로는 충분하지 않은 것도 사실이지만 말이다. 여기서 포콕은 다른 둘과 달리 의도보다 패러다임이 더 중요하다고 생각했다.[52] 스키너는 역사가의 목표란 특정 텍스트의 저자가 무엇을 '하고 있는지' 드러내는 일이라고 주장했다. 이때 저자가 '하고 있는' 일의 범위에는 저자가 무엇을 하고자 했으며 무엇을 달성했는지가 포함되는데, 이는 다른 저자들이 그에 보이는 반응을 통해 해석할 수 있었다. 최종적으로는 다른 제목으로 출간된 스키너의 논문 원제 "정치사상의 역사에서

지성사란 무엇인가?

위대한 고전들이 중요하지 않은 이유"는 이런 방법이 어떤 결과를 의도했는지 보여준다.[53]

포콕과 던, 스키너의 가장 중요한 주장들 중에서 특히 포콕이 자신의 모든 방법론적 저술을 통해 강조한 바는 다음과 같았다. 저자가 자신의 주장을 표현하기 위해 채택하고 활용하는 일련의 전제를 언어 혹은 담론이라고 할 때, 저자가 활용하는 언어 혹은 담론이 저자의 주장 자체에 제한을 가한다는 것이다. 언어 또는 담론은 문법과 수사, 그리고 관념의 용법과 함의에 관한 일련의 전제로 구성되어 마치 복잡한 구조물과 같은 모습으로 나타난다. 언어 사용자들이 공동체를 구성한다고 할 때, 그 공동체 안에서 살아가는 저자들은 기존에 존재하는 언어들을 혁신하고 변화시킬 수 있다. 그러나 더 중요한 일은 언어라는 복잡한 구조물을 찾아내는 것이다. 이데올로기적인 현재 및 물질적 현재 속에서 벌어지는 일들을 명료하게 표현하기 위해서는 이미 존재하는 언어를 활용해야 하기 때문이다. 포콕, 스키너, 던은 모두 인간 본성에 관한 메타이론적 전제나, 불투명한 혹은 비역사적인 이론적 어휘, 그리고 역사를 분석할 때 고정된 개념 등을 당연하게 전제하는 접근법들에 반대했다.

역사학자들의 세계에서 이처럼 정치적 텍스트들에 담긴 언어 표현을 '발화행위speech acts'로서 분석하고자 하는 시도의 목표 중 하나는 언어 표현을 다른 분야의 역사학자들이 분석하는 '행위'와 유사한 것으로 다루는 데 있었다. 예를 들어 포콕이 볼 때 특정한 시기의 논쟁에서 활용되는 언어들을 파악하는 작업은 (그 자체로) 사회적 행태의 연구에 해당했다. 가령 17세기 잉글랜드에서 고대 헌정을 둘러싸고 전개된 논의들이 그렇다.[54] 발화행위를 통해 의사소통하는 개인들은 자신들이 논변을 만들어낼 수 있도록 해주는 기존의 전통과 언어에 의지하고 이를 활용한다. 포콕의 견해에 따르면, 그런 과정 속에서 언어는 (종종 담론이라고도 불리는) 하나의 구조를 획득하며, 구체적인 사회적·역사적 맥락에 속한 개인들은 그 구조 내에서 일련의 발화행위들로 이루어진 논변들을 수행한다. 발화행위들은 담론들 또는 패러다임들 내에서 작동하지만, 동시에 그것들을 강화하거나 변화시키기도 하는데, 이런 일은 때로는 의식적이고 명확하게, 때로는 무의식적이고 암시적으로 이루어진다.[55] 예컨대 초기 근대 대서양 세계를 아우르는 논쟁에 불을 지폈던 공화주의 담론, 마찬가지로 중요했던 고대헌정주의 옹호론, 또는 계몽주의 역사 서술 등과 같이 과거의 역사 속에서 작용하는 패러다임들 혹은 담론들을 찾아내는 작업이 역사가에겐 필요하다. 18세기 계몽주의 역사 서술의 경우, 아르미니우스주의식◢, 잉글랜드 국교회식, 볼테르식 서술 등의 변이형이 나타났다.[56]

주목할 만한 사실은 그런 패러다임들이 실제로 사용되면서 더욱 중요해지고, 역사적 행위자들에게 특정한 사고방식을 부과하며, 서로 다른 환경에서 진화하고 변형되며 때때로 붕괴하고 사라지는 사례를 관찰할 수 있다는 것이다. 포콕의 작업에는 이처럼 일련의 패러다임들이 대두하거나 때로는 거의 사라져버리기까지 하는 역사적 상황에 관한 탐구가 포함되어 있다.

◢ 193쪽 옮긴이 주 참고.

포콕의 견해에 따르면, 이런 연구 방법을 통해 연구자들은 개개의 정치적 전략을 옹호하는 여러 논거를 발견하며, 과거의 행위자들이 그처럼 (종종 상충하는) 여러 논거를 타당하게 받아들였으며 마찬가지로 정당화할 수 있었음을 배우게 된다. 결과적으로 역사가는 신중함prudence의 미덕을 배운다. 역사는 흑도 백도 없는 상황에서 어떤 결정을 내리는 행위에 대한 학문이 된다. 필연이란 없다. 차라리 역사는 일련의 우발적인, 각각 나름의 타당성을 지닌 선택들이 된다. 신중함의 미덕에 따라 역사가는 다음의 두 가지, 즉 저자들이 스스로의 관념들을 형성하기 위해 활용하는 이데올로기적 전통들 또는 언어들languages처럼 배경에 가까운 역할을 하는 요소와, 어떤 주장 또는 논변을 구성하는 구체적인 언어 표현utterances을 구별해야 한다. 포콕은 '랑그langue'와 '파롤parole', 즉 [일반적인 체계로서의] 언어와 [구체적인] 발화·언어 표현을 구별하며, 이 구별 방식을 자신의 모든 저작에서 계속 유지한다.[57]

스키너의 〈사상사에서의 의미와 이해Meaning and Understanding in the History of Ideas〉(1969)는 새로운 방법론을 정당화하는 논의들 중 분명 가장 전투적인 글이었다. 이 글은 자신의 적들이 누구인지 가장 명확하게 규정했으며, 고전적인 저작들을 '불후의 지혜'에 기여하는 '탐구할 가치가 있는 유일한 대상'으로 간주하는 태도를 열과 성을 다해 공격했다. 고전적인 저자들이 오늘날에도 여전히 통용되는 정치철학이라는 것을 정의해왔다는 근거 없는 믿음에 대항해, 스키너는 그런 고전적인 저자들이 서로 어떤 관계를 맺고 있으리라 추정하는 태도를 비판했다. 그는 여러 정치사상사가들이 과거의 저자들에게 정작 그 저자 본인들은 활용했을 리 없는 개념들을 덮어씌우고 있다고 주장했다(시대착오의 죄). 그들은 역사적인 저자들의 저작을 연구하면서 실제로 그 저작에서는 찾아볼 수 없는 논변들이 미리 예기된 것처럼 찾아 읽고 있었다(예기적 해석prolepsis의 죄). 과거의 텍스트가 주장하는 논변은 역사 속에서 수행된 행위로서 다뤄져야 했고, 그런 논변은 당시의 담론 및 배경으로 존재하는 언어적 맥락과 연결되어야만 했다. 이런 작업을 거친 이후에야 어떤 논변이 (해당 저자에게 알려져 있었을) 다른 사람들이 표명한 논변에 찬성하는 행위인지 혹은 반대하는 행위인지 파악할 수 있다. 정치철학들을 역사화하는 것, 그것이 〈사상사에서의 의미와 이해〉에서 스키너가 겨냥했던 목표 중 하나였다. 그런 방법론이 어떻게 정당성을 얻을 수 있었는지 좀 더 자세히 살펴보자.

지성사의
방법

. . .

The Method of
Intellectual History

퀜틴 스키너의 〈사상사에서의 의미와 이해〉(이하 〈의미와 이해〉)는 때때로 케임브리지 학파의 선언문이라 불린다. 이 논문은 분명 거대한 영향을 끼쳤다. 비록 스키너의 글보다 6년 앞서 J. G. A. 포콕의 방법론적 논의가, 한 해 앞서 존 던의 글이 출간되었지만, 이 중 가장 커다란 확신을 보여준 것은 스키너의 글이었다. 셋 중 가장 수월하게 읽히는 스키너의 글은 과거의 사상을 연구하는 자신들의 새로운 방법론이 (그가 생각하기에) 끔찍한 오류로 뒤덮인 지난 수십 년간의 연구 경향에 이제는 종지부를 찍어야 한다는 결의를 명료하게 표현하고 있었다. 여러 학술지에서 거부당해 거의 게재를 포기할 뻔했다는 스키너 본인의 회고에서도 해당 논문이 얼마나 논쟁적이었는지가 드러난다.[1] 〈의미와 이해〉에서 스키너는 자신의 논의가 특히 던에게 빚지고 있음을 표명했고, 포콕의 저작을 여러 차례 언급했으며, (존 버로우, 당시

3장. 지성사의 방법

존스홉킨스의 역사학과 교수였던 모리스 맨덜봄, 경제학자 프랭크한, 케임브리지대학 출판부의 마이클 블랙, 20세기 미국사 연구자 존 A. 톰슨 등과 함께) 포콕이 해당 논문을 출간 전에 읽고 논평해주었음을 밝혔다. (읽기 훨씬 어렵고 논증의 밀도도 훨씬 높은) 던의 논문은 반대로 스키너와 피터 래슬릿의 논평을 거쳤다. 자신들이 같은 목표를 공유하는 집단이라는 감각이 이들 사이에서 분명해지고 있었다. 포콕은 1964년부터 나오기 시작한 스키너의 초기 논문들을 두고 이렇게 회고했다. "(이 논문은) 우리, 그리고 다른 이들이 함께하는 동맹의 토대를 놓았으며, 무엇도 이 토대를 흔들지 못한 것 같았다."[2]

후에 스키너는 자신이 던과 포콕의 이론적 작업에 진 빚에 사의謝意를 표하면서, 스스로가 무언가 새로운 내용을 말하고 있다고 생각해본 적은 전혀 없으며, "그저 포콕과 특히 래슬릿의 학문적 작업의 토대가 되는 전제들을 명확히 하고 이것들을 좀 더 추상적인 언어로 다시 기술하고자 했을 뿐"이라고 말했다.[3] 물론 그의 논의가 다른 이들의 이론적인 성찰에 빚지고 있는 것은 사실이지만, 스키너의 말은 과도하게 겸손한 면이 있다. 이후 스키너가 해당 논문을 새롭게 고쳐 내놓으면서 과거 제기했던 비판 일부를 철회하고 자신의 주장 일부를 수정하긴 했으나, 1969년의 원문은 여전히 지적인 영감으로 충만한 고전적인 저술로 남아 있다. 이 글은 지금도 학생들을 위한 추천 도서 목록에 반드시 포함되어야 하는 텍스트로 남아 있으며, 새로운 세대의 지성사가들에게 지성사 연구자로서의 정체성을 지속적으로 부여하고 있다. 따라서 비록 나중에 일부가 수정되었다고 하더라도 스키너가 최초로 제시한 논증이 어떤 것이었는지 충분히 다시 검토해볼 만하다.[4] 또한 원문은 스키너의 주장과 뜻을 같이 하며 집필된 수많은 지성사 연구가 공통적으로 지니는 열정과 자신감을 드러내고 있다.

스키너의 논변은 텍스트를 역사적으로 이해하는 방법과 관련한 기존의 두 가지 접근 방식을 공격하면서 시작한다. 첫 번째 공격 대상은 대상 텍스트의 논변을 그것이 집필되었을 때의 경제적·사회적·정치적 맥락에 결부시키고 그런 요소들에 의존해 텍스트의 사상을 설명하려는 접근법이다. 그런 접근법의 옹호자로 지목된 이는 학술지 《비평론집Essays in Criticism》의 편집자였던 문학연구자 F. W. 베이트슨이었다. 스키너는 그런 접근법이 역사 속의 관념들이 지닌 의미를 설명하는 데 무용하다거나 도움이 되지 않는다고 주장하지는 않았다. 요점은 텍스트의 맥락에 초점을 맞추는 일이 그 자체로는 연구자로 하여금 해당 텍스트의 의미를 이해할 수 있도록 해주지 않는다는 것이었다. 즉 맥락은 어디까지나 이차적으로만 도움이 될 수 있다.

두 번째 오류는 텍스트 자체가 그 의미를 풀어내는 열쇠가 된다는 관점에 입각한 접근법으로, 이에 따르면 연구자들은 저자가 무엇을 말하고 있는지 알아내기 위해 그저 언제든 텍스트를 읽고 또 읽어야만 한다. 스키너는 이런 접근법 때문에 '불후의 지혜'로 이루어진 보편적 관념들을 찾아내려는 잘못된 시도가 지속되고 있다고 주장했다. 맥락에서 떼어낸 텍스트만을 연구하는 학자들은 자신들이 위대한 저서들과 위대한 철학자들 그리고 공들여 연구할 가치가 있는 저자들을 알아볼 수 있다고

3장. 지성사의 방법

믿는다. 그 이유는 그들이 보기에 그것들이 '변하지 않는 질문들'과 '근본적인 개념들'을 이야기하고 있기 때문이었다.

이런 접근법을 옹호하는 이들로 다수의 정치사상사 연구자들이 지목되었다. 여기에는 하워드 워렌더, 존 플래메너츠, 레오 스트라우스, 아서 O. 러브조이가 포함되었으며 이에 더해 고전학자 J. B. 베리, 고명한 문학평론가 F. R. 리비스, 국제관계 이론가 한스 모겐소, 독일의 정신의학자이자 철학자인 카를 야스퍼스, 철학자 버트란드 러셀과 에른스트 카시러, 문학연구자 앨런 블룸, 정치이론가 앨런 라이언과 로버트 달이 포함되었다. 스키너는 이들이 공유하는 방법, 즉 텍스트에만 초점을 맞추는 방식을 따르다보면 필연적으로 텍스트의 저자들이 했을 리 없는 주장들을 그 저자들에게 부여한다는 점에서 '다양한 형태의 역사학적 부조리들'과 '신화들'을 낳게 된다고 서술했다. 이런 저자들은 엄밀한 학적 토대에 기초해 도달할 수 있는 검증 가능한 사실들이 아닌 신화들을 유포할 뿐이었다.

스키너는 스스로가 사상사 연구를 위한 하나의 대표적인 접근법을 포착하고 있다고 믿었다. 즉 그가 묘사하고 있는 일련의 실천들의 배경에는 과거를 어떻게 기술할 것이며 그 연구의 목적이 무엇인지 규정하는 일군의 전제들이 존재했다. 이런 믿음에 기초해 스키너는 패러다임의 전환을 외치며 이전과는 완전히 다른 사상사 접근법의 윤곽을 그려냈다. 〈의미와 이해〉를 다시 읽어보면 그런 운동의 최전선에서 스키너가 분명히 느끼고 있었을 흥분이 전해진다. 그는 자신이 이미 연구 현장에서 움직이고 있는 혁신가 집단의 작업 방식을 명료하게 표현하고 있다고 확신했다. 예술사의 에른스트 곰브리치(던 또한 1960년에 출간된 곰브리치의《예술과 환영Art and Illusion》을 긍정적으로 언급한 바 있었다)와 과학사의 토머스 쿤은 패러다임 전환을 피할 수 없는 일로 받아들이며 오래된 분야에 새롭게 접근하자고 목소리를 내고 있었다. 이들은 모두 스키너의 저술에서 찬사를 받았다.

쿤의 정의에 따르면, 과학자들의 공동체는 패러다임에 결속되어 있다. 패러다임은 이론 및 해당 이론에 설득력을 부여할 수 있는 일련의 기준들을 구성한다. 기존의 패러다임은 예외적인 사례들이 더 이상 제대로 설명되지 못할 때 새로운 패러다임

토머스 쿤(1922~1996)

으로 전환된다. 우리는 실제로 1960년대 지성사가들의 저작에서 쿤의 메아리를 들을 수 있다. 주지하다시피 쿤은 코페르니쿠스적 전환을 핵심적인 사례로 놓고 분석했다. 〔그에 따르면〕 태양계의 중심이 지구가 아니라 태양이라는 것이 받아들여지는 순간 자연철학에서 패러다임 전환이 나타났다. 현대에는 창조론이나 지적설계론에 기반한 논변을 대체해버린 진화론이 쿤이 말한 패러다임에 부합하는 사례로 꼽힌다. 쿤의 저작은 과학사를 급속히 변화시키기 시작했다. 런던의 바르부르크 연구소Warburg Institute에서 진행된 작업 또한 새로운 흐름을 보여주었다. 이들은 로버트 보일이나 아이작 뉴턴 같은 위대한 과학

　　　　　　　　　　　　　3장. 지성사의 방법

자들의 사상에서 연금술, 점성술, 마술이 얼마나 중요했는지에 초점을 맞췄다. 《조르다노 브루노와 헤르메스주의 전통Giordano Bruno and the Hermetic Tradition》(1964)을 시작으로 후대에는 비합리적으로 여겨질 관념들이 당대에 지녔던 중요성을 조명한 프랜시스 예이츠의 작업은 이제 새로운 역사적 접근법이 등장하고 있음을 말해주는 또 다른 근거가 되었다.

그러나 사상이 어느 시기에든 (종종 패러다임이라고도 불리는) '절대적인 명제들의 성좌'에 따라 조직된다는 생각의 기원으로 스키너가 지목하는 대상은 R. G. 콜링우드의 《형이상학론 An Essay on Metaphysics》(1940)이다. 물론 던과 스키너 모두 콜링우드에 비판적이었으며, 그들 스스로 콜링우드의 역사 연구 방법론의 많은 측면에 동의하지 않음을 분명히 밝힌 것도 사실이다. 하지만 래슬릿의 작업에서 볼 수 있듯 콜링우드는 지식의 축적이라는 차원에서 구체적인 성과를 냈으며, 지성사가들에게 분명 큰 영향을 끼쳤다.

과거의 패러다임에서 나타나는 첫 번째 문제는 스키너가 '가르침의 신화mythology of doctrines'라 부른 것이다. [이런 신화에 빠진] 역사가들과 철학자들은 과거의 다양한 텍스트에서 현재에 통용되는 관념을 발굴하고 이와 연관된 교의들을 찾아내는 일로까지 나아갔다. 그 예로는 미국의 철학자 앨런 거워스가 권력분립의 사상적 기원을 파도바의 마르실리우스가 쓴 《평화의 수호자Defensor pacis》(1324)에서 찾는 일이나,[5] 잉글랜드 제임스 1세 시대의 법학자 에드워드 쿡이 '본햄 박사 사건 판결Dr Bonham's Case'(1610)에서 당시까지 존재하지 않았던 사법 심사권judicial review을 옹호했다거나, 또는 리처드 후커가 《교회정체의 법에 관하여Of the Laws of Ecclesiastical Polity》(1593)에서 사회계약론을 지지했다는 것, 존 로크가 인민주권론의 지지자였다는 식의 주장들이 있다.

스키너의 요점은 다음과 같다. 방금 언급된 저자들이 자신들이 옹호했다고들 하는 가르침을 실제로 옹호한다고 썼을 리는 없다. 왜냐하면 해당 교의를 구성하는 관념들은 그 시대 이후의 지적 발전에 따른 산물이며, 따라서 저자들이 해당 관념들을 활용하기란 불가능했기 때문이다. 이처럼 완전히 다른 시기에서도 비슷비슷한 주장들을 찾아낼 수 있다는 믿음은 좋지 않은 결과를 초래하게 되는데, 그건 바로 [서로 다른 시공간에 속한] 위대한 저자들이 서로 연결된 논쟁을 주고받는다는 주장이다. 이 주장은 다시금 과거의 텍스트에서 후대에나 중요해지는 논변들을 예견하는 맹아를 찾아내야 한다는 강박, 그리고 과거의 저자가 현대의 관점에서 중요한 특정한 관념들에 어떻게 기여하는지 이해해야 한다는 강박을 낳는다. 이제 아직 열등한 과거의 맹아적 형태에서부터 우월한 현재의 완성된 형태에 이르는 사상의 점진적인 발전 과정을 측정하는 일이 가능한 것처럼 전제된다. 동시에 과거의 저자들은 (후대의 계승자들이 좀 더 명확히 개진하게 될) 사상을 충분히 명료화하지 못한 잘못을 저질렀다는 이유로 비판받게 된다. 예를 들어 플라톤은 공공 여론을 고려하지 못한 것이 문제이며, 로크는 보통선거권에 관해 분명한 입장을 정하지 않아서, 홉스의 경우 기독교에 관해 애매모호한 태도를 보인 게 잘못이다. 마찬가지로 역사적으로 중요한 저자들이 민주주의를 어떻게 생각했는지 캐물을 수도 있다. 심지어 마르실리우스처럼 민주적 정부 형태에 주의를 기울이지 않은 사상가라 할지라도 말이다. 스키너는 이처럼 잘못된 접근법에 기초해 잘못된 [사상사적] 기획을 추구한 이들로 레오 스트라우스와 그 제자들을 거명한다. 그들은 도덕적 기준이 상실된 오늘날의 위기의 기원을 홉스와 마키아벨리에게로까지 거슬러 올라가 찾고자 했다—마치 두 사상가가 자신들의 문제적인 견해에 대해 어떻게든 책임을 지고 재판이라도 받아야 한다는 듯 말이다. 스키너는 이런 모든 방법론과 그에 입각한 연구들이 역사학적으로 잘못되었으며 학문적으로 무의미한 노력이라고 주장했다.

텍스트만을 따로 연구하고 서로 다른 텍스트를 시대를 뛰어넘어 연결하는 연구 방법이 초래하는 또 다른 결과로는 스키너가 '정합성의 신화mythology of coherence'라 부르는 것이 있다. 이런 전제에 따르면 위대한 저자들의 저작을 평가할 때, 저자가 다른 뛰어난 사상가들과 공유했을 중요한 개념적 쟁점들을 다룰 때 해당 저작들이 어떤 정합성과 깊이를 보여주는지를 기준으로 삼아야 한다. 여기에는 어느 저자의 사유를 항상 **전체적으로**, 즉 오랜 시간에 걸쳐 각기 다른 환경에서 출판된 작업을 서로 이어진 문제의식에 기초하고 있는 하나의 정합적인 전체와 같은 것으로 전제하여 읽으려는 충동이 존재한다. 스키너가 특히 문제 삼는 학자는 이번에도 레오 스트라우스다. 스키너는 텍스트에서 스트라우스가 말하는 비의적 글쓰기를 제대로 찾아내기도 쉽지 않을뿐더러, 설령 그런 게 존재한다고 인식할 수 있다고 하더라도 그것의 진리 내용을 판단할 수 있는 기준점의 근거가 존재하지 않는다는 점에서 그런 비의적인 가르침의 참된 진리 혹은 일관성이 무엇인지 이해하기 불가능하다고 공격한다.

그처럼 잘못된 방법론에서 '예기의 신화mythology of prolepsis'가 비롯되는데, 이는 어떤 행위가 획득한 사후적인 의미와 해당 행위의 원래 의미를 혼동하는 것을 뜻한다. 그 예로는 페트라르카♪가 방투 산Mont Ventoux을 오르면서 르네상스 시대를 개시하고자 의도했으리라 추정하는 사례가 있다. 또 다른 예로는, 카를 포퍼와 제이컵 탤먼의 잘 알려진 저작에서 찾아볼 수 있듯, 플라톤과 루소가 자신들의 사상이 전체주의에 사용된 것에 다소간 책임이 있으며, 그들의 저작을 평가할 때 그들이 자유주의 혹은 독재정치에 어떤 기여를 했는가에 중점을 두어야 한다는 식의 논리를 꼽을 수 있다. 스키너에 따르면 이런 논리는 마찬가지로 허황하다. 플라톤이든 루소든 자신들의 사상이 이후의 역사에서 어떻게 사용될지 알 리 없었을뿐더러, 자신들의 사상이 본인들이 상상조차 하지 않았을 상황에서 어떤 방식으로 쓰인다 해도 그것이 전혀 그들의 책임이 아니기 때문이다. 다른 예로는 마키아벨리가 (그것이 무엇을 함의하는지 전혀 모르면서도) 근대적인 정치사상의 문을 열었다는 주장이나, 로크의 저작이 후대의 자유주의적 논변에 활용되었다는 의심의 여지없는 사실에 만족하는 대신, 한발 더 나아가 로크가 곧 자유주의자였다는 주장 등이 있다. 스키너가 말했듯, 예기적 논증들은 "행위가 무엇을 뜻

♪ 1304~1374, 인문주의자이자 시인으로, 초기 이탈리아 르네상스 및 르네상스 인문주의를 촉발한 인물 중 한 명으로 알려져 있다. 여행을 즐겼으며 방투 산 등반 경험에 관한 글을 남겼는데, 이를 두고 페트라르카를 종종 '최초의 근대인'으로 평가하곤 한다.

하는지 알기 위해서는 그 의미가 완전히 실현되는 미래가 올 때까지 기다려야 한다"고 전제한다는 점에서 잘못되었다.[6]

스키너가 '편협함의 신화mythology of parochialism'라 명명한 또 다른 난관이 있다. 이는 텍스트가 시대를 넘나들며 다른 텍스트와 대화하고 있으며 따라서 서로 영향을 준다고 전제한다. 해럴드 래스키, 하비 맨스필드, 킹슬리 마틴, 레오 스트라우스 등을 필두로 1960년대 학계에서 흔하게 공유되었던 견해, 즉 에드먼드 버크는 제1대 볼링브로크 자작 헨리 세인트 존의 주장에 응답한 것이 분명하고, 볼링브로크는 다시 로크에게, 로크는 홉스에게, 홉스는 마키아벨리에게 답변했다는 해석이 그 예다. '편협함의 신화'를 잘 보여주는 또 다른 예로는, 역사적으로 중요한 저자가 사용한 개념이 스키너가 근대의 패러다임에 속한 개념이라고 부른 것, 가령 민주주의나 복지국가 같은 개념과 관련이 있을 거라고 추정하는 태도가 있다. 일급의 좌파 언론인 H. N. 브레일스퍼드가 자신의 《수평파와 영국혁명The Levellers and the English Revolution》(1961년 사후 출간)에서 17세기 중반 영국혁명기의 수평파들이 20세기 민주주의와 복지국가의 사상을 품고 있었다고 본 것이 실제 사례다.[7] 또 다른 예시로는 정치적 동의에 관한 관념들을 사용했다는 점에서 존 로크를 민주주의자의 원형으로 볼 수 있다는 주장을 꼽을 수 있다. 스키너는 로크에 관해 언급할 때마다 당시 갓 출간된 존 던의 작업을 참고했는데, 던의

✍ 여기서 '편협함'이란 자신에게 익숙한 것만을 읽어내는 태도를 비판적으로 지칭하는 말이다.

지성사란 무엇인가?

저작은 로크가 비록 관념적으로는 정치사회가 개인들의 동의에 기초하고 있는 것처럼 그려낸다고 해도 그는 그 어떤 의미에서든 정치적인 행위가 민주적으로 정당화되어야 한다고 생각한 이론가가 아니었음을 보여주었다.[8]

이와 같은 신화들을 나열하며 스키너가 말하고자 했던 요점은, 텍스트의 저자들이 구체적인 [역사적 맥락에 속한] 특정한 용어들을 사용하기 때문에 오직 텍스트에만 기초해 사상을 연구하는 일은 불가능하다는 것이었다. 언어는 행위이며 언어의 의미는 현실의 용법에 따라 좌우되었다. 따라서 언어의 의미는 언어가 서로 다른 이데올로기적 맥락에서 사용될 때마다 바뀌었다. 어떤 텍스트도 그 자체만을 보아서는 저자가, 가령 홉스나 피에르 벨이 모호하게 혹은 아이러니하게 이야기하고 있는지 혹은 그렇지 않은지를 입증할 수는 없다. 마찬가지로 텍스트 자체만 놓고는 어떤 주제들이 오랜 시간에 걸쳐 동일한 방식으로 검토되고 있었는지 확인할 수 없다. 일반적인 의미든 구체적인 의미든 관념의 의미는 불변하는 게 아니라는 점을 고려할 때, 전통적인 사상사는 잘못되었다. 언어를 통해 표현된 관념들은 서로 다른 시간과 장소에서 서로 다른 것들을 의미했다.

사상을 이해할 때 사회적 맥락이 어느 정도의 중요성을 갖는가의 문제를 논하면서, 스키너는 연구자가 (텍스트가 무엇을 주장하는가의 차원에서) [텍스트에서] 무슨 일이 벌어지고 있는지를 설명하는 데 이런 정보가 도움이 될 수 있다는 사실은 인정한다. 그러나 그는 오직 맥락만이 특정한 텍스트에 나타난 관념의 의미를 설명할 수 있다는 믿음을 거부한다. 텍스트를 다른 무엇

3장. 지성사의 방법

보다도 사회적 맥락에 결부시키는 접근법을 받아들인 이들로는 마르크스주의 역사가들과 네이미어식의 역사가들이 있었다. 전자의 대표적인 인물로는 R. H. 토니와 C. B. 맥퍼슨이, 후자의 대표자로는 루이스 네이미어 본인이 거론되었다. 이런 텍스트 접근법을 논의하면서 스키너는 자신의 대안적 방법을 더욱 타당한 것으로 내세울 수 있었다.

스키너의 방법은 텍스트 내의 발화가 의미하는 바와 해당 발화의 발화수반적 힘illocutionary force을 구별 지어 이해하는 데 기초하고 있었다. 스키너의 주장에 따르면, 저자의 진술 배후에 있는 의도를 이해할 때는 후자를 고려해야만 하며, 그렇지 않을 경우 그 의도를 이해할 수 없게 된다. (발화의 의미와 발화수반적 힘 사이의) 구별은 J. L. 오스틴의 《말과 행위How to Do Things with Words》(1962)에서 제시된 것이었다. 이후 스키너는 자신이 뜻하고자 한 바를 설명하기 위해 P. F. 스트로슨이 들었던 예시, 즉 경찰관이 "거기 얼음이 얇습니다"라고 말하는 예를 차용한다.[9] 해당 진술은 문자 그대로는 얼음이 얇다는 내용을 뜻하지만, 발화수반적 힘의 차원에서 보면 청자에게 주의사항, 경고를 전달하려는 의도를 지닌다.[10] 스키너는 오스틴의 발화수반적 힘의 개념을 활용하여 텍스트의 사회적 맥락이 어떤 발화의 의미를 이해하는 데는 도움이 될 수 있어도 그 발화가 어떤 발화수반적 힘을 지니는지는 설명할 수는 없다는 반대 논리를 전개했다.

스키너는 〈의미와 이해〉에서 자신이 말하고자 하는 바가 무엇인지를 명확하고 분명하게 보여주기 위해 마키아벨리의 《군주론》의 의미를 둘러싼 역사학적 논쟁을 사례로 들었다. 만일 르네상스 시대의 문헌을 읽고 "군주는 유덕해지지 않는 법을 반드시 배워야 한다"는 주장을 접한 독자가 있다고 할 때, 그/그녀는 당시의 사회적 맥락을 다룬 연구를 읽으면서 비도덕적인 군주가 상당히 뛰어난 통치자였음을 입증하는 사례가 당대에 실제로 상당히 많았음을 알 수 있다. 이때 군주가 비도덕적일 필요가 있다는 주장이 르네상스 시대의 문헌에서 흔히 나타난다고 한번 가정해보자. 그렇다면 해당 주장의 발화수반적 힘은 당시의 평범한 도덕적 견해를 지지하는 것이 될 것이다. 이번에는 반대로 군주가 덕을 버려야만 한다는 진술이 르네상스 시대의 문헌에 거의 발견되지 않는 상황을 가정해보자. 이 경우 군주의 비도덕성을 요구하는 주장은 당시의 일반적인 도덕, 즉 유덕한 군주를 요청하는 르네상스 문헌의 규범을 거부하는 셈이 된다. 스키너는 마키아벨리의 《군주론》에 관해 앞의 두 가지 해석 모두가 (각각 앨런 H. 길버트와 펠릭스 길버트에 의해) 제기되었음을 지적하면서, 마키아벨리가 자신의 가장 유명한 저작을 쓰면서 무엇을 의도했는지는 두 해석 중 무엇이 참인지에 따라, 즉 문헌들이 일반적으로 어떤 입장을 견지했느냐에 따라 다르게 결정된다고 진술했다.

　　여기서 방법론적으로 중요한 지점은 이것이다. 르네상스 시대의 저자들이 덕성 혹은 덕성을 포기하면서 얻는 이득과 관련해 주장을 펼친다고 할 때, 당시의 사회적 맥락 혹은 마키아벨리의 텍스트 자체만 갖고는 해당 논변을 결코 제대로 이해할 수 없다. 정확히 말하자면, 어떤 논변을 이해하기 위해서는 "그 논변이 어떤 의미로 발화된 것이었는지, 그리하여 (설령 넓은 의미에서 같은 맥락을 공유하고 있더라도) 다양하고 상이한 형태의 진술들이 서로 어떤 관계를 맺고 있는지"를 파악하는 일이 반드시 필요했다.[11] 달리 말해, 어떤 발화가 가진 힘을 설명하기 위해서는 당대의 [다른] 텍스트들(혹은 이후의 표현을 빌리자면 해당 발화의 이데올로기적 맥락)을 반드시 참고해야만 했다. 오직 이런 과정을 통해서만 텍스트의 논증이 어떤 발화수반적 힘을 지녔는지를 설명할 수 있으며, 발화수반적 힘[에 대한 이해] 없이는 어떤 논변도 완전히 해명되었다고 할 수 없었다.

스키너는 텍스트를 이해하는 작업의 핵심이 저자가 텍스트를 쓰면서 의도한 바가 무엇인지를 알아내는 데 있다고 결론짓는다. 이를 위해서는 "특정한 발화의 배경에 있는 언어가 어디까지 의미할 수 있는지" 재구성하는 일이 필요하다. 사회적 맥락이 '의미가 가진 힘'을 이해하는 데 도움이 될 수는 있겠으나, 절대로 그것이 의미 자체를 결정할 수는 없다. 스키너는 스스로가 제시한 접근법의 강점이 인문학 연구에 관심을 가진 사람들이 해당 분야를 받아들이도록 설득할 수 있을 만큼 분명하다고 확신했다. 사유의 역사가 "시대를 초월한 진리 또는 절대적 기준들을 향해 진화하는 과정"으로 이루어져 있지 않음을 알게 될 때, 연구자는 '스스로에 대한 앎'을 획득하게 된다. [그중에서도] 중요한 깨달음은 현재의 사상들이 반드시 과거의 사상들보다 우월하지 않다는 것, 그리고 역사적 행위자들이 표명한 모든 견해는 필연적으로 지역적·우발적이며 제한되어 있다는 것이었다. 따라서 스키너는 인간과학을 창설하고자 하는 거대한 기획을 학자들이 포기해야 한다고 충고했다. 그는 학자들이 하나의 확립된 방법에 근거해, 따라서 같은 방법을 공유하는 선행연구자들의 성과에 기초하여 훨씬 주의깊게 연구를 진행하는 미래를 제시했다. 과거의 저자들이 지닌 의도가 무엇인지 객관적인 지식을 확립하는 일은 불가능하다. 그러나 역사적으로 중요한 사상이 어떤 의미를 지니고 어떻게 적용되는지를 좀 더 잘 이해한다면, 훨씬 더 광범위한 지식을 축적하는 일이 가능할 것이었다. 스키너는 역사가들과 철학자들의 대화를 촉진하고자 했다. 역사가들은 철학자들에게 철학의 선구자들이 스스로의 저작을 통해 실제로 어떤 일을 수행하고 있었는지를 보여줄 수 있었다. 스키너가 기대했던 것은 역사가들이 지식의 사회학에, 또 사유와 행위의 관계에 대한 사회학적 고찰에 처음으로 기여하게 되는 것이었다.

1970년대 스키너는 방법론을 다루는 일련의 논문들을 발표하면서 〈의미와 이해〉에서 개진되었던 주장들을 다듬고 발전시켰다. 《역사를 읽는 방법Visions of Politics: Regarding Method》(2002)에 함께 수록되어 있는 해당 논문들은 오늘날에도 여전히 읽힐 가치가 있으며, 최근 《사상사 저널》 특집호에서처럼 지금도 폭넓은 논평을 이끌어내고 있다.[12] 여기서는 〔스키너의 주장이〕 발전해나간 과정을 검토하는 대신 스키너의 관점에 입각한 지성사 연구자가 거쳐야 할 '다섯 단계'에 관한 제임스 털리의 설명을 참조하는 것이 도움이 되겠다. 해당 절차에는 다음의 다섯 가지 질문에 답하는 일이 포함된다.

어느 텍스트의 이데올로기적 맥락이 (저자가 접근할 수 있는) 다른 텍스트들에 의해 구성된다면, 저자가 다른 텍스트들과의 관계 속에서 자신의 텍스트를 쓰면서 수행하고 있는 혹은 수행하고 있던 일이란 무엇인가? 당시의 실천적인 맥락이 당시에 어떤 정치행위가 가능했는지, 그리고 당시에 어떤 정치행위가 문제적이었는지 등에 의해 구성된다면, 저자가 그런 정치행위와의 관계 속에서 텍스트를 쓰면서 수행하고 있는 혹은 수행하고 있던 일은 무엇인가? 이데올로기들을 어떻게 식별할 수 있으며, 그것들의 형성, 비판, 변화를 어떻게 탐색하고 설명할 수 있는가? 특정한 이데올로기들의 확산을 가장 잘 설명할 수 있는 (정치적 이데올로기와 정치행위 간의) 연관관계란 무엇이며, 이는 정치 행태에 어떤 영향을 끼치는가? 이데올로기의 변화를 전파하고 관습화하는 과정에 어떤 형태의 정치사상 및 정치행위가 포함되어 있는가?[13]

스키너의 방법에는 저자들의 의도와 그 배후에 있는 이데올로기에 관해 생각하는 일 또한 포함된다. 이는 하나의 이데올로기 내에서 특정한 논리가 형성되고, 그런 논리가 다른 대안적인 이데올로기들을 논박하는 줄거리를 구성하는 작업까지 수반한다. 해당 이데올로기가 저자의 논변 위에서 이후에 어떻게 발전하는지를 추적하고, 그것이 동시대의 논쟁적 지형에 어떻게 기여하는지 읽어내는 일은 필수적이다.

털리는 스키너의 방법론이 1980년대 초 이래 지성사 연구의 실천 방식을 바꾸어놓았다고 확신한다. 그러나 그런 접근

지성사란 무엇인가?

법을 향한 비판 또한 수없이 제기되었으며 그중에서는 종종 신 랄한 것도 있었다. 가장 흔한 비판으로 세 가지 유형이 있었다. 첫 번째는 스키너의 방법이 유효하지 않다는 것이었다. 스키너 는 지나치게 철학자에 가깝고 제대로 된 역사학자라고 보기 어 려우며, 문서고에 있는 자료에는 관심이 없고, 실제 연구에서는 결코 확인할 수 없는 저자의 의도를 너무나 확정적으로 규정하 려고 시도한다. 또한 스키너는 모든 문제를 해결할 수 있는 하나 의 방법론을 옹호한다는 점에서 너무 편협한 데다가, 지성사 연 구가 좀 더 명확하고 확실한 과제들을 설정해야 한다고 강변한 다는 점에서 과도한 야심을 내세우고, 저자와는 독립된 텍스트 의 역사에는 관심이 없으며, 자신의 방법론을 실제로 따르는 역 사 연구를 결코 내놓지 못할 것이라는 식이었다.[14] 그런 비판을 위해 엄청난 분량의 잉크가 사용되었지만, 시간이 흐른 오늘날 까지 살아남은 주장은 없다. 스키너의 주장이 방법론적으로 정 당화될 수 없다는 이야기는 이제 거의 찾아보기 힘들다.[15]

두 번째 유형의 비판은 스키너가 사상을 역사적으로 분 석하는 일을 무의미하게 만든다는 것이었다. 그에 따르면 스키 너의 문제는 현재의 정치와 역사적 연구 사이의 관계를 단절시 켜버린다는 데 있다. 과거의 연구와 현재 사이에 실천적인 연관 성이 있다는 믿음은 정치학이나 철학을 하나의 과학으로 만들 고자 하는 모든 시도의 핵심 전제라 할 수 있었으며, 철학과 정 치학 두 분야의 연구자들은 모두 그런 전제를 명백한 이론적인 근거로 받아들이고 있었다. 자연과학적 성격을 띤 분과에 더 많 은 연구 지원금이 주어져야 한다는 목소리가 그 어느 때보다 드

높아지면서 인문학 분야가 스스로의 정당성을 제시해야만 했던 시기였기에, 과거의 저작을 엄밀하게 연구해봐야 겨우 간접적인 이득이 있을 뿐이라는 식의 주장은 많은 연구자들에게 헛소리나 다름없는 이야기로 보였다. 여러 사회과학은 필연적으로 과거와 현재의 관계에 관심을 가질 수밖에 없다. 따라서 다양한 사회과학과 지성사 연구 사이에 별다른 접점이 없음을 다시 확인한다는 것은 지성사 연구를 '먼지를 뒤집어쓴 골동품적 취미'에서 비롯한 학문으로 만들어버리는 셈이라는 공격이 수없이 쏟아졌다. 1970년대부터 2000년대 초에 이르는 기간 동안 일부 논자들은 스키너의 방법론적 저작이 완전히 멍청하다는 듯 기술했다.[16] 스키너와 대조적인 지성사가로 흔히 꼽히는 인물로는 이사야 벌린이 있다. 사상사 연구가 (특히 영국에서) 별다른 인기가 없던 시절 벌린은 사상에 실천적인 의미가 있음을 때때로 성공적으로 보여주었다.[17] 그는 지적인 쟁점과 도덕적 쟁점들을 연결시킴으로써 이런 과제를 수행했으며, 지적인 쟁점이 '마른 뼈 the dry rattle of bones'가 되어버리는 걸 막고자 했다.[18] 우리가 앞으로 보게 되겠지만, 스키너식의 지성사 연구가 어떤 현실적 의미도 지니지 못한다는 비난은 스키너 본인 및 언어맥락주의의 옹호자들에게 가장 강력한 자극이 되었다. 스키너가 1990년대에 수

✒ 구약성경 《에제키엘서》 37장에 나오는 표현으로, 에제키엘('에스겔'로 표기하기도 한다)의 예언에서 야훼는 들바닥에 널려 있는 마른 뼈들에 숨을 불어넣어 다시 살려낸다. 〈사실성의 감각The Sense of Reality〉(1996)이라는 에세이에서 벌린은 역사가라면 '상상적 통찰'을 통해 과거의 인간과 사회를 (마치 우리가 우리 자신을 보듯) 생기 있게 그려내야 하며, 그런 '상상적 통찰' 없는 과거는 '마른 뼈들'에 불과하다고 말한다.

행한 작업 중 상당수는 그런 비난에 답해야 할 필요성에서 비롯된 것이었다.

　세 번째 유형의 비판에 따르면, 스키너는 역사 속의 텍스트를 연구하는 방법으로 단 한 가지 방식만을 인정한다는 점에서 어리석을 정도로 배타적이었다. 저자의 의도에만 초점을 맞추고 다른 대안적인 해석 전략을 배제한다면, 텍스트의 의미를 합당하게 파악하도록 해주거나, 그 텍스트의 저자가 발전시키고 있거나 의도하지 않은 채로 만들어내고 있는 사상을 통찰하기 위해 필요한 다양한 수단의 활용을 제한하게 된다. 어느 평자의 언급에 따르면, 사상과 사회적·경제적 권력관계의 연관성을 고려하지 않기 때문에 "스키너가 그려내는 정치 세계 및 정치 논쟁의 스펙트럼은 충격적일 정도로 좁아진다".[19] 설령 과거의 저자가 무엇을 하고 있는지에 관심을 기울이지 않는다고 해도 전체 학계에 기여하는 연구가 있을 수 있다. 두 가지 지점, 즉 먼저 사상의 수용사 연구에서, 다음으로 자유주의나 공화주의처럼 오늘날의 세계에도 여전히 유의미한 위대한 사상 전통들을 다룰 때 특정 저자 한 명의 역할이 무엇인지를 두고 벌어지는 논쟁에서 전술한 지적은 명백히 타당했다. 스키너의 방법론이 전자, 즉 사상이 수용되는 과정을 연구하는 학자들에게는 별다른 효용성이 없다는 점은 명확했다. 어떤 저자의 사유가 전파 및 번역되는 과정을 연구할 때 수용자의 의도가 무엇이었는지 재구성할 필요가 있을 수는 있으나, 많은 경우 역사가들이 수용 과정 배후에 어떤 의도가 있었는지 알기란 거의 불가능하다. 아니면 익명의 독자들, 또는 정말로 많은 수의 독자들을 다루게 될 때처럼 과거 저자들의 사상을 사용하고, 복원하고, 바꾸는 일에 어떤 의도들이 있었는지 이제는 알 수 없게 된 경우도 있다. 그런 상황에서 역사가들은 전통적으로 그래왔듯 사회사·경제사의 여러 연구 기법들로 되돌아갔으며, 책의 생산, 출판과 유통, 여러 다른 도서 시장에서 책을 재출간하고 수정하는 과정, 책의 번역 및 서로 다른 시공간에서 전개되는 책의 역사 등과 같은 사항에 기대어 관념들의 진화를 설명하게 되었다.[20]

〔후자, 즉〕 오늘날에도 여전히 여러 쟁점을 유발하는 위대한 사상적 전통들과 한 저자의 저작 사이에 어떤 관계가 있으며, 여기에 언어맥락주의 연구가 기여할 수 있는 바가 무엇이냐는 문제제기에 대한 답변은 비교적 확실치 않았다. 우리는 정치철학자 존 롤스의 저작들에서 그 분명한 예를 찾을 수 있다. 1971년《정의론A Theory of Justice》을 쓰면서 롤스가 열망한 바는 자유옹호론과 평등옹호론을 양립시키는 것이었으며, 이를 위해 무지의 장막veil of ignorance과 원초적 입장original position이라는 서로 연결된 관념들을 발전시켰다. 롤스가 주장한 정치에서의 계약 개념은 명백히 데이비드 흄과 이마누엘 칸트의 저작에 대한 롤스 자신의 독해에 많은 부분을 빚지고 있었다. 롤스가 이 두 명의 중요한 철학자가 자신이 개진하는 주장의 원천이라고 말한 적은 없으나, 이들의 자유와 평등을 다룬 작업을 성찰하며 그가 영감을 받았음은 명백하다. 이들의 사상을 계속해서 고찰하면서 롤스는 자유주의가 20세기 후반에 어떤 의미를 지닐 수 있는지 이해할 수 있게 되었다고 느꼈다. 흄과 칸트는 자유주의의 사상적 전통에서 유효한 지점을 판단하는 데 도움을 줄 수 있었다. 자신

의 저작을 겨냥한 비판에 응답하는 과정에서 롤스는 특히 장-자크 루소의 저작에 시선을 돌렸다. 그 결과 그는 자신의 이론을 수정해 공정으로서의 정의론theory of justice as fairness을 제시했고, 이는《정치적 자유주의Political Liberalism》(1993)에서 최초의 형태로 등장해《도덕철학사 강의Lectures on the History of Moral Philosophy》(2000) 및《정치철학사 강의Lectures on the History of Political Philosophy》(2000)로 이어졌다. 롤스는 역사가가 아니며, 그의 접근법은 곧 과거의 가장 중요한 저자들 중 일부의 저작을 읽고 생각하는 것이었다. 그런 과정을 거쳐 그는 현재의 정치적 문제에 대처하기 위한 새로운 사상을 발전시켰다. 동시에 그가 흄, 루소, 칸트의 사상에서 특정 영역을 조명했으며, 그들의 저작이 새로운 세대의 자유주의 연구자들에게도 직접적인 현실 연관성을 지니도록 만들었다고 할 수 있다. 이 예는 역사적으로 중요한 사상을 해석하고 이용하는 과정에 언어맥락주의가 반드시 필요하지는 않음을 잘 보여주었다.

역사적 탐구의 철학에 관한 스키너의 초기 논문들을 읽어보면, 언어맥락주의의 기법들이 지금까지의 지식을 재편하고 어디에서든 사상사 연구를 위한 과학적인 접근법으로 받아들여지리라는 스키너의 청년다운 비전을 엿볼 수 있다. 스키너의 비판 이후 인문학 내에 인간과학을 수립하려는 시도들은 이제 수세에 몰리게 되었다. 자신이 배타적이라는 비판을 받을 때마다 스키너는 늘 특유의 관대한 태도로 자신은 다른 방법론 또한 계몽적이고 타당한 것으로 받아들인다고 응답해왔다. 종종 사상의 사회사로 명명되는 영역의 경우 스키너는 자신이 텍스트가 생산되는 사회적·물질적 환경에 항상 관심을 두고 있다고 인정했다.[21] 다만 그는 다음과 같은 전제를 분명히 내세웠다. 사상의 사회사가 사상 자체를 피상적으로 기술하지 않으려면 반드시 언어맥락주의에 의지해야 한다는 것이다.

스키너에게 가장 도전적인 문제는 그의 배타성을 비판하는 논리 중 두 번째 유형, 즉 스키너가 과거 사상 연구를 순전히 골동품적인 취미로 만들어버린다는 주장이었다. 롤스나 스트라우스는 스키너의 방법을 채택하지 않았음에도 과거의 사상을 이해했으며 또한 사상이 현재의 정치에서 의미를 지닐 수 있도록 해주었다. 여기서 스키너는 다음과 같이 응답했다. 헌 술을 새 부대에 담아 마시는 건 아주 좋은 일이며, 심지어 과거의 책을 읽으며 현재의 문제를 성찰하는 일이 유의미한 깨달음을 줄 수도 있다. 하지만 역사 속의 저자들이 무엇을 하고 있었는지 이해하려면 언어맥락주의적 방법을 반드시 활용해야 한다.

이후의 저작들에서 스키너는 더욱 야심찬 주장을 제기했다. 언어맥락주의적 방법은 (우리가) 좀 더 좋은 철학을 도출해내는 데도 도움을 줄 수 있다는 것이다. 스키너의 주장에 따르면, 과거의 중요한 저자들이 무엇을 목표로 하고 있었는지 더 상세하고 정확하게 이해하는 작업은 인간 사회가 어느 때에 어떤 문제들을 마주해왔는지, 그리고 당대의 철학적 언어들이 어떻게 그 문제들의 해법을 특정한 범위 내에서만 사고하도록 제약했는지 등에 관한 지식을 생성해낼 수 있다. 이때 핵심적인 쟁점은 항상 다음과 같았다. 스키너식의 방법이 좀 더 나은 역사 연구를 창안할 수 있는가? 그리고 그런 방법이 과연 오늘날의 문제와 직결된 주제를 연구할 때도 쓸모 있는 결과물을 만들어낼 수 있는가? 이는 대학에서 지성사를 연구하기 시작한 제1세대 역사가들이 마주한 가장 커다란 도전이었다. 다음 장에서는 그들이 정말로 성공했는지 살펴본다.

지성사 연구의
실제

· · ·

The Practice of
Intellectual History

던과 포콕이 그랬듯 스키너는 자신들이 가장 뛰어난 역사 연구 모델이라 주장한 언어맥락주의적 접근법의 실질적인 성패가 자신들의 실제 역사 연구가 얼마나 탁월한 성과를 보여주느냐에 달려 있다는 사실을 깨닫고 있었다. 새로운 접근법을 앞서 보여준 사례로는 당연히 포콕의《고대 헌정과 봉건법》, 독일계 미국인 정치사가 한스 바론의 저작, 그리고 래슬릿과 그를 따라 역사적 맥락을 복원하는 연구자들의 저작들을 꼽을 수 있었다. 하지만 〔이제 언어맥락주의〕 방법론의 성명서〔스키너의 〈의미와 이해〉〕가 나온 만큼 그것이 정당하고 또 유효하다는 것을 분명하게 보여줄 수 있는 새로운 역사 연구가 등장해야 했다. 우상을 파괴하고 논쟁을 유발하는 연구가 나와야 했던 것이다. 첫 타자는 존 던의《존 로크의 정치사상 The Political Thought of John Locke》(1969)이었다. 로크를 초기의 혹은 최초의 자유주의 사상가로 그려내는 기

4장. 지성사 연구의 실제

존의 해석에 도전장을 던지면서, 던은 로크의 정치적 주장이 그의 기독교 신앙, 특히 부당한 정치적 권위에 맞서 싸우라는 급진적 칼뱅주의의 저항권 이론과 밀접하게 연결되어 있다는 역사적 맥락을 드러냈다.

1975년 출간된 포콕의 《마키아벨리언 모멘트The Machiavellian Moment》는 우선 아리스토텔레스에서부터 미국혁명에 이르기까지 시간의 개념이 어떻게 변화했는지 망라한 뒤 정치 담론에서 공화주의적 충동이 400년에 걸쳐 발흥하고 진화하는 과정을 제시하는 대업을 통해 초기 근대 연구의 통념 자체가 수정되어야 할 필요성을 보여주었다. 이 책은 그 폭과 깊이 모두에서 가히 역사 연구의 분수령이라고 할 수 있었다. 스키너는 포콕에게 책의 표제를 제시해주었다. 포콕이 인정했듯, 《마키아벨리언 모멘트》는 한 명의 저자로서 마키아벨리가 어떤 의도들을 지녔는지, 그리고 그런 의도들이 16세기 초반 수십 년간의 피렌체에서 마키아벨리의 정치적인 삶이 마주했던 격동을 배경으로 어떻게 성숙해갔는지 다룬다는 점에서 스키너가 제안한 방법론을 분명하게 보여주었다. 책의 부제인 "피렌체 정치사상과 대서양의 공화주의 전통"은 포콕이 관심을 갖고 있는 좀 더 넓은 '계기들moments'을 지칭하고 있었다. 공화국들의 설립, 그것들이 발흥하는 방법들, 부패하고 불완전한 인간 세계에서 그것들이 필연적으로 직면하는 위기, 그리고 마치 인간의 육신이 그러하듯 그것들 또한 어쩔 수 없이 맞이하게 될 쇠퇴와 죽음 같은 이야기들이 책에서 전개되었다. 포콕은 역사가로서의 열정과 탁월함을 동원해 1960년대 초 이래 스스로가 그려온 방법론이 타당하다는 것을 보여주었다. 사회사가들에게 지대한 영향을 준 E. P. 톰슨의 《영국 노동계급의 형성The Making of the English Working Class》(1963)처럼, 《마키아벨리언 모멘트》는 오늘날까지 지성사 연구에 가장 큰 영향을 끼친 저작으로 남아 있다.

〈의미와 이해〉에서 스키너가 "조만간 이 방법론으로 구체적인 역사 및 역사적 사례들을 활용한 연구가 어떻게 가능한지 좀 더 체계적인 논의를 완성하기를 희망"한다고 스스로 약속했다는 사실을 기억하자.[1] 1960년대 중반 이래 스키너는 케임브리지에서 1500년에서 1800년에 이르는 시기의 정치사상사를 강의해왔다. 따라서 사람들은 그가 앞으로 마키아벨리부터 몽테스키외와 그 이후에 이르기까지의 흐름을 체계적으로 개괄하는 작업을 내놓을 것으로 기대했다. 동시에 그는 막스 베버의 《프로테스탄트 윤리와 자본주의 정신Die protestantische Ethik und der Geist des Kapitalismus》(1905)에도 특별히 관심을 두고 있었다. 베버의 저작은 발전된 프로테스탄트 지역과 낙후된 가톨릭 지역을 비교하여 프로테스탄트주의가 독일 전역의 경제적 발전과 직접적인 연관이 있다는 사실을 설명하고자 했다. 주지하다시피 베버는 자본주의가 봉건주의를 경제적으로 대체하는 데서 기원한다는 마르크스주의의 주장을 거부했다. 베버에 따르면 자본주의가 유럽 전역에서 발전할 수 있었던 까닭은 그것이 종교적 가치를 실천하고, 사치를 피해 절약과 검소함을 실천하며 현재의 재화를 향유하는 대신 미래를 위해 투자하라는 칼뱅주의적 지침과 동일시되며 정당성을 획득했다는 데 있었다. 인간이 스스로의 구원 여부를 알 수 없다는 칼뱅주의의 교의는 신의 뜻에 따라

135

경건하게 살아가야 한다는 태도와 맞닿아 있었다.

스키너는 섭리providence에 따라 살아가는 삶이 어떻게 '앞날에 대비하는provident' 행위 형식들과 연결될 수 있었는지 알고 싶어 했다. 그는 또한 프로테스탄트주의와 (근대세계를 규정해 왔다고 간주되는 여러 형태의 자유론을 포함하는) 근대성이 서로 연결되어 있다는 오랜 주장(이는 마이클 왈저의 1966년작《성자들의 혁명The Revolution of the Saints》에서도 옹호되었다)이 얼마나 사실에 부합하는지에도 의문을 제기하고자 했다.[2] 이런 기획들은 이후 12세기부터 17세기까지의 정치사상에서 근대 국가의 개념 및 국가에 대항하는 반란의 논리가 어떻게 등장하는지 그려내는 스키너의 작업을 보충하는 요소들이 되었다. 1978년 각각 르네상스와 종교개혁을 다루는 두 권으로 구성된《근대 정치사상의 토대The Foundations of Modern Political Thought》가 출간되었다. 이것이 바로 스키너가 자신의 "해석적 접근법의 실제 사례를 보여주고자 쓴" 저작이었다.[3] 책은 국가가 정치사회의 여러 통제되기 어려운 요소들 위에 군림하면서 고질적인 종교 갈등에 대한 잠재적인 해결책이 될 수 있는 인공적인 인격으로 등장하기까지의 점진적인 과정을 그리고 있었다.

스키너의 견해에 따르면, 르네상스 시대는 어느 한 순간에 갑자기 등장한 것이 아니라 기나긴 시간적 길이를 갖는 시대로 이해될 수 있었다. 가령 한스 바론 같은 역사가들은 중세와 르네상스 사이에 급격한 단절이 존재한다고 보았다는 점에서 실책을 범했다. 바론은 밀라노의 비스콘티 가문과 피렌체가 충돌하면서 황제가 다스리는 군주제의 사상이 폐기되고 정치적

지성사란 무엇인가?

자유 및 자치의 관념이 중흥한 1400년이야말로 곧 중세와 르네상스가 갈라지는 분기점이라고 보았다.[4] 스키너에 의하면, 그보다 훨씬 이전 로마법 주석학파glossators·주해학파commentators들이 자유와 자치 사이의 연결고리를 명료한 언어로 표현했으며, 이는 심지어 서방 세계에서 아리스토텔레스가 다시 수용되는 때보다 수 세대 앞선 시점이었다.

스키너의 저작은 17세기 초의 저항권 이론들을 검토하는 작업으로 마무리되는데, 그의 관점에 따르면 우리는 이 시기에 이르러 근대 정치가 등장한다는 사실을 알아차릴 수 있게 된다. 여기서 스키너의 업적은 칼뱅주의자들과 청교도들이 초기 근대의 정치적 지형을 바꾸어놓았다는 (기존의) 주장에 이의를 제기했다는 데 있었다. 그는 칼뱅주의 급진파들과 1530년대의 루터주의자들의 정치적 논리 사이에 존재하는 연결고리를 밝혀냈다. 그러나 그의 해석에서 더욱더 논쟁적인 지점은 저항권 사상들의 기원을 프란시스코 데 비토리아, 프란시스코 수아레스, 후안 데 마리아나 등 살라망카 학파School of Salamanca에 속한 신토마스아퀴나스주의자들neo-Thomists, 그리고 존 메이어와 자크 알멩 등 16세기 초 파리의 신학자들에게서 찾을 수 있다는 주장에 있었다. 자유주의 근대성의 기원은 이제 머나먼 과거로 끌어당겨졌으며, 헌정주의가 그보다 더욱 과거의 가톨릭 공의회주의와 맺고 있는 관계가 강조되었다.[5]

13세기 이래 이탈리아 도시공화국들에서는 특정 관점에 입각해 인간의 번영을 설명하는 언어가 발달해왔다. 스키너와 포콕은 이 언어가 초기 근대사에서 중요한 역할을 차지한다는 점에 동의했다. 그 언어는 독립된 공화국에서 살아가는 삶이야말로 인간의 본성에 부합하는 삶이라고 칭송했으며, 공화국이 지속될 수 있도록 능동적으로 정치에 참여하는 시민적인 삶을 곧 세속적인 삶에서 추구할 수 있는 가장 고귀한 목표로 묘사했다. 그러나 그 외에 스키너와 포콕이 동의하는 지점은 거의 없었다. 누군가는 그들이 정치사상사를 연구하며 어떤 일치점을 찾아낼 거라 기대했을 수도 있겠으나, 실제로는 정확히 그 반대의 결과가 나타났다. 그들은 거의 같은 방법론을 활용했으나 이는 둘의 연구를 하나로 합치기보다는 나누어놓는, 그리고 (부분

✎ 이 대목은 20세기 서구 정치사상사의 중요한 주제, 즉 '근대성' 혹은 '근대 국가'란 무엇이며 그것이 언제부터 출현하는지를 둘러싼 논쟁을 압축적으로 언급하고 있다. 이 논쟁이 가장 활발하게 전개된 곳 중 하나는 20세기 초반 독일어권이다. 예컨대 그 시기 가장 영향력 있는 역사가였던 프리드리히 마이네케가 근대성을 절대주의적 주권의 성립으로 상정하고 이탈리아 르네상스, 특히 마키아벨리의 '국가 이성' 개념을 그 출발점으로 설정했다면, 이와 달리 의회주의와 민주주의, 인민주권을 근대성의 핵심으로 놓고 그 기원을 종교개혁이나 중세 자연법에서 찾는 입장도 있었다(오토 폰 기르케의 일부 저작 및 에른스트 트뢸치). 파시즘과 나치즘 혹은 폭주하는 절대주권과의 투쟁을 겪은 전후 영어권 정치사상사는 민주주의 혹은 인민주권을 근대 국가의 핵심 가치로 설정하고 그 기원을 탐색하는 경향을 보여주었다. 트뢸치의 학생이자 마이네케에게 박사학위를 받고 나치를 피해 미국으로 망명한 한스 바론은 근대성의 기원을 시민적·공화주의적 자유로 규정하고 이탈리아 르네상스, 특히 피렌체의 레오나르도 브루니를 그 출발점으로 놓았으며, 왈저는 종교개혁의 칼뱅주의로부터 민주주의를 포함한 근대 정치의 기원을 읽어냈다. 비록 왈모어가 언급하고 있지는 않으나, 전후 영어권에서 또 하나의 중요한 흐름은 중세 정치사상사다. 역시나 오스트리아 출신의 망명자로서 케임브리지대학에서 스키너를 가르치기도 했던 발터 울만과 그의 학생이었던 브라이언 티어니는 인민주권과 헌정주의가 중세 정치사상, 특히 가톨릭 공의회주의로부터 기원한다고 주장했다. 그 자신이 기르케와 (마이네케의 또 다른 제자) 펠릭스 길버트에게 지대한 영향을 받았음을 인정하는 스키너의 《근대 정치사상의 토대》는 이 논쟁의 연장선상에 있는 책으로, 근대 정치사상의 핵심으로 간주되는 공화주의와 헌정주의·인민주권론의 기원을 중세 후기로 끌어올리고 있다. 이후의 저작에서 스키너는 근대 정치사상의 뿌리를 찾아 다시 고대 로마부터 이어져 내려오는 키케로적 전통으로까지 올라간다.

지성사란 무엇인가?

적으로는 이른바 사상사에서 덜 중요한 이들로 평가받아온 인물들의 중요성을 새롭게 인식하면서) 수많은 연구 주제를 열어젖히는 결과로 이어졌다. 포콕과 스키너 중 누구도 자신들의 지적인 탐구가 서로 일치할 거라 기대한 적이 없었다. 하지만 그 불일치의 정도는 어쩌면 놀랄 만한 수준이었다. 비판자들은 그런 불일치가 케임브리지 학파의 방법론이 과거를 더욱 잘 이해하는 결과에 도달하지 못한다는 사실을 뜻한다고 보았으며, 케임브리지 학파가 그저 골동품적 취미를 대놓고 드러낸 것에 지나지 않는 게 아니냐고 문제를 제기했다.

인간이 자유로운 도시의 시민으로서 시민다운 (능동적인) 삶을 살아야 한다는 아리스토텔레스적 충동에 입각한 철학을 시민적 인문주의civic humanism라고 한다면, 포콕은 시민적 인문주의의 역사를 개괄하면서 그 토대를 르네상스 이탈리아의 투쟁적인 공동체들로부터 찾았다. 11세기 이래 유럽 중부·남부에서 번창해오던 이탈리아의 소국들은 한편으로는 약탈적인 군주들에, 다른 한편으로는 신성로마제국 및 교황들의 제국을 위한 열망에 대항해 자신들의 독립적인 지위를 주장하기 시작했다. 소국들은 동시에 자신들끼리도 전투를 치렀다. 그 결과 그들은 도시국가가 어떻게 계속 자유로운 국가로 존속할 수 있을지를 끊임없이 숙고했다. 이런 문제의식은 다른 누구보다 마키아벨리에게 가닿아, 그가 정치사상가이자 정치행위자로 활동하는데 영향을 주었다. 하지만 이 문제의식이 낳은 더 구체적인 결과물은 따로 있었으니, 바로 마키아벨리로 하여금 공화국의 기원과 형성에 관해, 그리고 어느 순간에 공화국의 생명이 위태로워질 수 있는지를 성찰하도록 만든 것이다. 공화국의 탄생은 언제나 위기와 결부되어 있었는데, 이는 정치의 기원과 가능성에 대한 여러 논쟁들로 이어졌다. 포콕은 그런 논쟁들이 초기 근대의 논의 지형을 규정하는 데 커다란 영향을 끼쳤다고 보았다.[5]

마키아벨리가 공화국의 생명을 연장시키고 그것이 자연적으로 죽음을 맞는 순간을 늦출 수 있는 방법을 고민했다면, 포콕은 그런 사유 자체가 마키아벨리 이후 어떤 역사를 갖게 되는지를 보여주었다. 포콕은 마키아벨리가 로마사를 이해하는 시각을 17세기 중반 잉글랜드의 제임스 해링턴이 [잉글랜드 정치체의 역사를 설명하기 위해] 받아들여 변용한 사례를 제시하면서 마키아벨리적 사유의 역사를 연대적으로도 지리적으로도 확장시켰다. 해링턴에 따르면, [각 시민이] 무장할 수 있는 능력 및 상속 가능한 토지 재산을 보유하는 것은 자유를 향유하고 시민적 덕성을 발휘하기 위한 필수적인 전제조건이었다.

포콕은 18세기의 매우 이질적인 사상적 맥락, 즉 종교전쟁이 끝나고 유럽에 거대한 상업군주정 국가들이 성행해 서로 경쟁하며, 그에 따라 자유와 자기통치의 관념 자체가 변화하는 상황 속에서 해링턴과 같은 관점을 둘러싸고 어떤 논쟁이 벌어지는지를 상세하게 검토했다. 새로운 국가 형태를 유지하기 위해서는 상비군과 공적 신용public credit이 발달해야 했으며, 이런 변화는 다시 근대적 형태의 세련됨·점잖음politeness과 연관된 것으로서 옹호되었다. 대니얼 디포 같은 이들은 자신들이 살고 있는 세계가 노동 분업에 따라 조직된 사회로 바뀌었다는 논리를 내세우면서 앞서 언급한 변화가 사람들의 소비행위 및 재정적 독립과 함께 칭송받을 만한 일이라고 주장했다. [이에 대항하여] 스코틀랜드의 저술가이자 정치인인 앤드루 플레처를 포함해 포콕이 '신해링턴주의자Neo-Harringtonians'라고 명명한 이들은 민병대 및 지주 엘리트가 수호하고 유지하는 고대적 덕성을 옹호했다. 국가 운영에 자신들의 이해관계가 달려 있는 지주들은 스스로 정치적 지혜를 갖추고, 또한 중용의 덕성에 부합하는 법률을 제정할 것이었다. 신해링턴주의자들은 세련된 근대적인 삶을 경멸했다. 그들은 그런 태도가 남성성을 쇠퇴시키고, 직업 정치인과 당파의 난립과 같은 부패를 촉발한다고 믿었다. 국가 운영이 채권 투기꾼stock-jobber들의 전문적인 술수에 의존하는 예에서처럼, 이는 시민사회와 정치에 크나큰 불확실성을 초래할 것이었다.

포콕은 '고대'의 자유 관념과 '근대'의 자유 관념 사이의 충돌이 곧 사람의 인격성을 어떻게 규정할지를 둘러싼 논쟁이라고 보았다. 고대를 옹호하는 이들은 스스로 자신이 어떤 존재인지 잘 알고 있다고 믿었기에 과거로부터 내려오는 정해진 범위 내에서만 행위하는 삶을 옹호했다. 근대를 지지하는 이들은 인간 행위의 폭이 무한히 확장된 만큼 사람들이 깨우쳐야 할 정해진 형태의 '자아'란 더 이상 존재하지 않는다고 확신했다. 대서양 세계에서는 동산과 부동산의 안정성 문제가 이 논쟁의 중요한 주제가 되었다. 여기서 논쟁은 다시 다음의 두 가지 이유 때문에 복잡해졌는데, 하나는 서로 다른 '나라들'로 구성된 합성 국가composite state에 존재하는 불확실한 정체성 문제였고, 다른 하나는 프로테스탄트와 가톨릭 국가들에서 상업사회가 종교적 신앙에 어떤 결과를 초래할지를 둘러싼 논의였다—일부는 교역

4장. 지성사 연구의 실제

과 전쟁을 통해 생존경쟁에 돌입한 정부에 서로 다른 기독교 예배 방식이 공존할 수 있는지 의문을 제기했다. 이런 상황은 다시 18세기 후반 역사가, 정치가, 철학자들의 저작을 채색하고 있는 비관적인 전망을 낳았다.

포콕의 핵심 주장은 다음의 두 정치 담론을 구별하여 보는 일이 절대적으로 필요하다는 것이었다. 하나는 (법학적 사유 전통에서 비롯된) 권리 개념을 중심으로 하는 담론이었고, 다른 하나의 정치 담론은 인간이 사회 속에서 번영하는 데 필수적이라 간주되는 덕성과 역량을 복원하려는 열망에 뿌리를 두고 있었다. 어떻게 자유로운 국가를 유지할 수 있는가의 문제는 중세 후기의 정치적 논변에서 일상적으로 다뤄지는 주제였다. 포콕은 그런 논의의 기저에는 언제나 자유가 역사적으로 어떻게 발전해왔는지를 설명하는 서로 다른 논리들이 존재함을 보여주었다. 어떤 주장에 따르면 자유는 고대 세계에서 먼저 확립되었다가 이후에 다시 발견된 것이었으며, 다른 주장에 따르면 자유의 관념은 로마제국이 몰락한 이후 제국을 무너뜨린 야만족들에 의해서야, 부분적으로는 그러한 부족들이 제각기 주권국가를 만들어낼 권리를 주장하면서 확립된 것일 수 있었다.

◢ 하나의 왕가가 여러 개의 나라countries 또는 지역을 통치하는 초기 근대의 국가 형태를 지칭하는 말로, 영국의 에스파냐제국사가 J. H. 엘리엇 등이 사용했다. 합성국가의 국왕은 각 나라를 고유의 법과 관습에 따라 통치했으나, 통일된 합성국가의 통치자로서의 위상과 여러 나라의 군주로서의 위상이 점차 충돌하면서 단일 영토 국가들이 등장하게 되었다. 이베리아 반도의 카스티야 왕국, 카탈루니아, 포르투갈 왕국을 비롯해 저지대 지방, 나폴리 왕국, 밀라노 공국 그리고 신대륙의 식민지 등을 지배한 펠리페 2세의 에스파냐 제국이 대표적이다.

유럽을 어떻게 규정할 것인지의 문제 또한 이어지는 논쟁거리 중 하나였다. 한쪽에서 보면 유럽은 서로 조화롭게 살아갈 방도를 찾는 복수의 주권권력들로 구성된 대륙이었다. 다른 편에서는 유럽이 새로운 제국의 등장을 위한 토대가 되어야 한다고 생각했다—여기에는 (로마제국 황제 콘스탄티누스의 개종으로 시작된) '기독교 천년기Christian Millennium' 동안 세계를 황폐하게 만든 끝없는 전쟁을 종식시켜 평화를 가져올 수 있는 힘은 오직 제국뿐이라는 전제가 깔려 있었다. 기독교가 로마제국의 멸망에 대해 어느 정도의 책임을 지니는지, 그리고 유럽에서 기독교가 이룩한 성공과 쇠락한 로마의 뒤를 이은 것처럼 보였던 야만족의 지배 사이에 어떤 관계가 존재하는지는 모든 저술가들에게 중요한 쟁점이었다.

다음과 같은 요인은 상황을 더욱 복잡하게 만들었다. 고전기의 학문이 복원되면서 [사람들은] 고대의 학문에 관해 과거 어느 때보다도 상세한 상을 그려낼 수 있게 되었으며, 여러 사상 학파들이 과거의 스토아주의, 회의주의, 아리스토텔레스주의, 에피쿠로스주의 철학에 자신들의 기치를 내걸게 되었던 것이다. 이런 고대 철학들은 기독교 옹호론이라는 렌즈를 거쳐 변형되었다. 초기 근대의 여러 논변들이 고대의 모범들을 따랐다고 할 때, 그게 정확히 어느 정도였는지가 역사가들에게는 중요한 문제였다. 또 다른 의문으로는 기독교 이전 시대의 고대인들이 무엇을 사유했는지에 관한 지식이 [늘어나면서] 기독교 철학을 얼마나 바꾸어놓았는지가 있었다.

포콕은 근대 국가의 정치 문화에는 과거에 존재한 철학적 입장의 잔영이 분명히 알아볼 수 있는 모습으로 남아 있다고 언제나 주장해왔다. 오늘날의 사람들이 주고받는 논의의 진정한 기원과 본령이 어디에 있는지를 다시 상기시키는 일은 지성사 연구자들의 중요한 임무다. 스스로의 자유를 주장하기 위해 자기 자신에게만 의지하는 고립된 개인이 야만 상태로 빠져들게 된다거나, 뛰어난 능력을 지녔으면서도 이를 전체 사회의 자유에 기여하는 공적 행위를 위해 발휘하기를 거부하는 개인은 부패해 결국에는 폭군의 지배를 받게 된다는 두려움은 근대의 정치문화 전반에서 나타난다. 시민적 인문주의 혹은 고전적 공화주의의 유산을 특히 북아메리카 공화국의 정치 언어에서 찾아낼 수 있다는 주장은 포콕의 《마키아벨리언 모멘트》가 논쟁적으로 받아들여진 이유 중 하나였다. 많은 비판자들은 포콕이 미국 정치의 진정한 기원, 즉 자유를 발견하고, 획득하고, 수호하는 위대한 이야기를 무시하는 비관주의자이자 회의주의자라고 비난했다. 그 결과 포콕의 책에 반론을 제기하며 미국이 '공화주의적' 기원이 아닌 '자유주의적' 기원을 지니고 있음을 보여주는 연구들이 등장했다.[6]

《근대 정치사상의 토대》에서 스키너는 그리스와 로마의 정치적 유산 사이에 존재하는 여러 차이점을 강조하면서 포콕의 해석에 도전하는 자신만의 이야기를 제시했다. 특히 그는 르네상스 시대의 (공화주의) 이해, 즉 시민들이 법에 따라 다스려지는 공화국에서 동등한 주권적인 주체들로 살아간다는 것의 의미를 설명할 때 그 원천으로서 아리스토텔레스의 《정치학》이 끼친 영향을 포콕이 과도하게 강조했다고 주장했다. 스키너에

지성사란 무엇인가?

따르면, 시민적 인문주의가 탄생하는 과정에서 더 중요한 인물은 키케로였다. 키케로는 시민적 덕성에 입각한 삶과 공화국의 시민다움이라는, 자유로운 정치체에서만 가능한 두 가지를 찬미한 인물이었다.

반대로 포콕에 따르면 키케로는 다른 무엇보다도 정의, 즉 인간 사회의 편익을 향유하고 분배하는 문제에 몰두했던 도덕철학자였다. 키케로에게 철학의 목적은 도덕적으로 완전한 삶과 이를 보호할 수 있는 법률이 무엇인가를 정의하는 데 있었다. 그런 법률이 반드시 자유로운 공화국에서의 삶을 전제하는 것은 아니었다. 시민적 인문주의 전통에서 더욱 중요한 인물은 마키아벨리였는데, 그가 개인의 자율성 및 공적 영역 참여를 핵심 가치로 삼아 살아가는 것을 뜻하는 비르투virtù 혹은 남자다운 덕성manliness의 개념에 관심을 기울였기 때문이다. 비르투·남자다움 같은 요소들은 국가를 보호하고 국가가 내부의 부패와 외부의 위협에 직면했을 때도 살아남을 수 있게 해주는 힘이었던 것이다.[✦] 마키아벨리의 독특한 비전은 유럽 소국들이 공화주의적 사상과 실천이 무엇인지 규정할 수 있도록 했다. 동시에 마키아벨리의 비전은 유럽의 거대한 군주국과 이들이 지배하는 식

[✦] 앞의 옮긴이 주(27쪽)에서 설명했듯, 서구 정치사상 전통에서 정치체의 흥망성쇠를 설명하는 중요한 요인 중 하나는 해당 정치체의 도덕적 역량이었다. 도덕적 역량은 특히 시민적 인문주의 혹은 공화주의적 전통에서 '남성적인' 힘으로 간주되었다. 즉 남성적인 덕성을 더 많이 갖춘 국가일수록 더 오래 생존할 수 있는 힘을 보유했다고 여겨졌고, 반대로 남성적인 힘을 잃거나 '여성화'된 국가는 부패와 쇠락을 맞게 된다고 여겨졌다. 이처럼 정치체의 명운을 특정한 방식으로 젠더화하여 설명하는 논리는 (비록 18세기 상업사회와 근대적 사회성의 담론이 전통적인 남성상을 강력히 비판하긴 했지만) 서구 근대의 정치언어에서 널리 유통되었다.

4장. 지성사 연구의 실제

민지 제국에 적용되면서 또 다른 역사를 만들어냈다.《마키아벨리언 모멘트》의 후기는 포콕이 스키너의 비판에 어떻게 응답하는지 보여준다. 포콕의 위대한《야만과 종교Barbarism and Religion》연작의 제3권인《로마의 첫 번째 쇠망The First Decline and Fall》(2003) 또한 그런 응답을 싣고 있다.[7] 이 책은 에드워드 기번이 고전기 문명의 붕괴 과정을 기술한《로마제국 쇠망사The History of the Decline and Fall of the Roman Empire》(1776~1788) 제1권의 첫 열네 장을 다룬다.

포콕의 연작 전체는 기번이 젊은 시절 스위스 유랑과《백과사전Encyclopédie》비판에서 시작해, 피에트로 잔노네, 볼테르, 흄, 윌리엄 로버트슨, 애덤 퍼거슨, 애덤 스미스 같은 저자들을 통해 서구의 역사적 발전 과정에 관한 '계몽주의 서사Enlightened Narrative'[♪]를 접하면서 역사가로서 성숙해지기까지 겪어온 지적 여정을 기술하고 있다. 〔여기서〕 포콕은 기번이 실제로 무엇을 썼는지 못지않게 그가 쓸 수 있었던 내용이 무엇인지에도 관심을 가진다. 그런 맥락에서 그는 기번이 고전적인 인문주의 수사

♪ 18세기 유럽의 여러 저자들에게서 찾아볼 수 있는 역사관으로, 이에 따르면 유럽사는 유럽 각국이 이전의 암흑기에서 벗어나 물질적으로든 정신적으로든 보다 성숙한 '계몽된' 단계로 발전하는 이야기로 설명될 수 있다. 계몽주의 서사는 로마의 쇠락 이후를 야만과 미신이 지배하는 '중세' 혹은 '고트적인' 시대로 규정하며, (대체로 르네상스와 종교개혁에서 시작하는) 근대유럽사를 그러한 야만과 미신으로부터, 그리고 그 연장선상에 있는 끔찍한 종교전쟁으로부터 벗어나 문명사회를 달성하는 과정으로 그린다. 이때 문명사회의 중요한 특징으로는 정부의 법이 사람들의 안전과 자유를 보장하며, 교회 종파들이 세속 정부의 통제를 따라 관용과 공존을 유지하고, 상업과 학예가 발달하며, 사람들 또한 세련된 예의범절과 사교적인 습속을 갖추고 있다는 것 등이 있다. 포콕은 이런 계몽주의 역사관이 그 자체로 하나의 정치사상, 즉 종교개혁 이래 초래된 종파 간의 격렬한 전쟁으로부터 벗어나 세속 정부가 통치하는 안정된 시민사회를 이룩하고 그런 시민사회들 간의 균형과 평화를 유지하려는 정치적 목표를 가진 정치사상으로 읽힐 수 있다고 주장했다. 관련 참고문헌은 256쪽을 보라.

　　　　　　　　지성사란 무엇인가?

가로 그려지는 것이 매우 심각한 오해라고 강조한다. 반대로 기번은 그리스-라틴 지역뿐 아니라 중국 및 아랍-이란권이라 할 수 있는 지역들까지도 망라하는 '아프로-유라시아Afro-Eurasia'의 역사가였음이 드러난다. 포콕은 기번의 세계를 이해하기 위해서 우리가 성사聖史, sacred history, 학식學識, erudition[**], 교부학patristics, 그리스도론Christology, 교회학ecclesiology 등을 함께 공부해야만 하는 이유를 설명한다. 포콕은 기번의《로마제국 쇠망사》가 기독교 계시에 대한 신앙을 논박하려는 의도로 집필된 것이 아니라고 주장한다. 오히려 기번이 씨름하고자 한 대상은 오늘날의 어법을 빌리자면 세계문화유산이라 불릴 만한 것이었으며, 이는 2015년 포콕의《야만과 종교》연작의 마지막 제6권이 출간되면서 명백해진다.

　　포콕에 따르면, 유럽의 정치사상에는 법학적 사고가 깊게 스며들어 있으며 이는 그가《마키아벨리언 모멘트》에서 '자유주의 제국의 이데올로기'라 지칭한 것을 만들어낸 하나의 원천이 되었다. 그 반대편에는 역사 기술historiography, 즉 거대한 역사적 서사를 기술하는 글쓰기의 전통이 존재했다. 후자의 주 관심사는 공화국이 제국으로 변모하는 이야기 혹은 자유와 제국이 왜 양립할 수 없는지를 보여주는 이야기를 쓰는 것이었다. 포콕은 스키너가 지적한 내용이 마키아벨리의 공화주의를 직접적

[**] 초기 근대 유럽의 학술사에서 여러 분야에 걸쳐 깊고 상세한 지식을 갖춘 상태, 혹은 그러한 지식 자체를 지칭할 때 쓰는 표현이다. 특히 기번과 같은 역사가들의 전통에서 학식은 거대한 역사적 사건을 구성하는 다양한 요소에 관해 상세하고 정확한 지식을 갖추는 것을 의미했다.

으로 다룬다고 보기는 어려우며 그보다는 법학적인 사고의 전통에 놓여야 한다고 반론한다. 포콕은 국가의 발생에 관한 스키너의 연구가 정확히 (공화국이 제국으로 변모했음을 인정하는 것을 전제로 세워진) 자유주의 제국의 이데올로기에 기여한다고 주장한다. 스키너가 묘사한 키케로적인 덕성이 실현될 수 있는 사회는 법의 존재를 핵심으로 하기에, 여기에는 민중이 스스로를 통치하는 곳뿐만 아니라 아우구스투스, 트라야누스, 유스티니아누스, 혹은 심지어 (기독교 교부) 에우세비우스가 묘사한 '신성한' 군주 등의 왕들이 지배하는 나라까지도 포함될 수 있었다. (따라서 스키너가 강조한 전통과 마키아벨리적 공화주의의 전통은 구별돼야 했다.) 포콕은 피렌체인들이 폭군들을 비난한 것과 유사한 형태의 시민적 인문주의를 12세기 프라이징의 오토 저작에서도 찾아볼 수 있다는 스키너의 주장을 비판한다.✎

　　포콕의 요점은 스키너가 논의한 저자 중 어느 누구도 쇠락과 멸망의 관념을 진지하게 고려하지 않았다는 것이다. 유럽의 사상에 강력한 영향력을 끼친 쇠락과 멸망의 관념에 따르면 법이 정말로 자유를 지켜낼 수 있을지는 불확실했으며, 덕성이 상실되는 일은 너무나 쉽게 벌어질 수 있기에 국가 또한 언제든 병들어 무너져버릴 수 있는 것이었다. 달리 말해, 스키너는 텍스

✎ 앞의 옮긴이 주(138쪽)에서 밝혔듯 스키너는 공화주의의 사상적 기원을 고대 로마의 키케로적인 전통으로 설정하며, 중세의 저자들처럼 이탈리아 르네상스 이전에도 공화주의의 언어를 찾을 수 있다고 주장한다. 그와 달리 포콕은, 비록 고대와 중세가 근대 정치사상의 중요한 원천임은 인정하지만, 이탈리아 르네상스로부터 영국 18세기에 이르는 시기에 근대성의 핵심이라 할 만한 중요한 사상적 변화의 계기들이 나타난다는 입장을 고수한다. 관련 참고문헌은 256쪽을 보라.

스키너는 이제 자신의 저작 《근대 정치사상의 토대》를 화가 J. M. W. 터너의 걸작 〈전함 테메레르 호〉에서처럼 심각한 손상을 입고 항구로 돌아가고 있는 배에 비유한다.

트들을 충분히 넓은 맥락 속에 위치시키지 않았다. 이런 비판은 《마키아벨리언 모멘트》이래 스스로가 걸어온 지적인 여정을 기술하는 포콕의 설명에서도 등장한다. 현재 포콕은 자신이 1975년 저작에서 채택했던 정치적인 것의 개념이 특히 17~18세기에 중요한 역할을 수행했던 신학적 사상들을 제대로 포괄하지 못했다는 점에서 충분히 넓지 못했다고 지적한다.

　　스키너 자신은 이제《근대 정치사상의 토대》를 마치 화가 J. M. W. 터너의 걸작 〈전함 테메레르 호The Fighting Temeraire〉(1839)에서처럼 심각한 손상을 입고 항구로 겨우겨우 돌아가고 있는 배에 비유한다.[8] 그는 르네상스인들이 자유의 이상을 옹호하는 언어에서 로마법 전통과 역사 기술이 중요했다는 스스로의 입장을 유지하면서도, 과거 자신이 책의 제목에 〔지나치게 강한 확신을 담은〕 정관사 'the'를 붙였고 무엇보다도 근대 정치사상의 가장 중요한 '토대'를 찾아내려고 했다는 사실을 유감스럽게 생각한다. 그는 자신의 선택이 명백히 목적론적이라는 점에서 정작 스스로가 제시한 방법론에 들어맞지 않는다는 널리 퍼진 비판을 인정한다. 더불어 그는 비록 스스로의 방법론적 접근을 정당화하기 위해《근대 정치사상의 토대》를 쓴 것은 사실이지만, 그 이후에 자신이 어떤 작업을 수행했는지도 들여다볼 필요가 있다고 주장해왔다. 실제로 스키너의 후속 작업은 자신의 방법론이 골동품적 취미에 입각하고 있으며 학문의 실천적인 의의를 전혀 고려하지 않는다는 비난에 그가 어떻게 반박하고자 했는지를 보여준다. 따라서 지성사 연구를 규정하기 위해서는 스키너의 후속 작업을 중요하게 다루어야 한다.

지성사란 무엇인가?

지성사 연구의
실천적 의의

· · ·

The Relevance of
Intellectual History

《근대 정치사상의 토대》출간 이후 스키너가 내놓은 것은 마키아벨리에 관한 선도적인 작업이었다.[1] 그러나《근대 정치사상의 토대》를 끝맺은 지점 너머로 나아가고자 했던 이후 작업에서 스키너는 토머스 홉스의 정치철학에 초점을 맞췄다. 특히 스키너의 책《홉스 철학에서의 이성과 수사학Reason and Rhetoric in the Philosophy of Hobbes》(1996)은 케임브리지 학파의 방법론을 잘 보여주는 저작으로, 책 앞부분의 다섯 개 장은 튜더 시대 잉글랜드에서 교육받은 홉스가 접했을 수사학적 전통이 어떤 것들이었는지 철저하게 재구성하는 작업에 할애되었다. 스키너의 지적에 따르면, 홉스는 초기 저작《법의 원리Elements of Law》(1640)와《시민론De Cive》(1642)에서는 고전 수사학의 비유적 장치를 거부하면서 그것들을 (아리스토텔레스의 과도한 영향력의 산물이라고 자신이 지적했던) 보다 전면적인 타락상의 일부로 지목했다. 당시

5장. 지성사 연구의 실천적 의의

의 연설가들이 가장 열망한 것은 어떠한 주장이 참인지 거짓인지와 무관하게 청중을 설득하는 힘 자체를 갖는 일이었다. 홉스의 초기 저작은 투명하고 학문적으로 타당한 논리적 전개에 따라 일련의 정치적 공리를 확립하고, 그럼으로써 이런 연설가들의 논변에서 나타나는 (그가 보기에) 속임수와 유창한 언변을 압도하고자 했다.

하지만 잉글랜드 내전이 발발하면서 홉스는 수사학이 정치에서 필수적인 영역이라는 비통한 결론에 도달하게 되었다. 이는 1642년 출간된《시민론》과 1651년 출간된《리바이어던》에서 홉스의 입장이 왜 바뀌었는지를 설명하는 중요한 자료가 되었다. 통상적으로 홉스의 입장은 오로지 이기심만이 사회에서 힘을 발휘한다는 견해와 동일시된다. 그러나 스키너의 연구는 이제 홉스가 정치적 논변이 비합리적이고 자기중심적인 사람들에게도 호소력을 발휘할 수 있도록 고전 수사학의 정전들을 따라 설득력 있게 조직되어야 한다는 사실을 받아들였음을 보여준다. 달리 말해, 홉스는 자신을 둘러싸고 있는 정치의 단기적인 성격을 인정했으며, 수사학을 사용해 정치적 행위자들이 자신들의 진정한 장기적 이해관계에 부합하는 결정을 내릴 수 있도록 움직이고자 했다.

스키너는 자신에게 제기된, 정치사상사와 정치철학 사이의 연결고리를 단절시켜버렸다는 비난에도 점점 더 주의를 기울이게 되었다. 모든 철학자는 역사가가 되어야 하며, 오직 이데올로기적 맥락을 탐구함으로써만 타당한 연구 주제가 나올 수 있기에 연구자들이 텍스트에 제기할 수 있는 물음에는 한계가

지성사란 무엇인가?

있다고 주장했다는 것이 스키너가 받고 있던 비난이었다.《자유주의 이전의 자유Liberty before Liberalism》(1998)와 근대 자유 개념의 기원 및 본질을 논의한 수많은 논문에서 스키너는 (자신의 방법론이) 골동품적 취미를 정당화할 뿐이라는 비난을 반박해나갔다.[2] 과거에 여러 가지 이유로 잊혔거나 거부되었던 정치적 논의들은 오늘날의 정치를 위해 다시 복원·활용될 수 있었으며, 바로 그 작업이 이제 지성사 연구가 수행해야 할 과제 중 하나였다. 이는 지성사 연구가 현재에 관심을 가진 이들과 과거에 관심을 가진 이들 모두에게 유용하다는 사실을 가장 직접적으로 보여줄 수 있는 방법이었다.

　　스키너는 1640년대에서 (자신의 주장을 뒷받침할 수 있는) 사례를 끌어왔다. 그는 해당 시기에 상충하는 두 개의 정치적 자유 개념이 있음을 밝혀냈다. 초기 근대에는 크게 두 가지 입장을 둘러싸고 논쟁이 벌어지고 있었다. 한편에는 '로마적' 관점의 자유를 옹호하는 이들, 즉 이상적인 시민이란 스스로 법을 만들고 일련의 도덕적 가치에 부합하도록 살아가는 사람이라고 생각하는 이들이 있었고, 다른 편에는 자유란 토지의 소유권과 토지 소유를 법으로 보호받을 권리들로부터 비롯된다고 생각하는 '고트적Gothic' 관점을 지지하는 이들이 있었다. 고트의 백성들은 스스로 법을 제정하지 않았고, 국가의 일에 최소한으로만 관여하며 주어진 법에 따르는 삶을 살고자 했다. 17세기에 고트적 견해의 대표적인 옹호자는 홉스였다. 일군의 신로마주의자neo-Romanist들이 홉스를 반박하고자 했는데, 여기에는 저술가 마차먼트 네덤, 시인이자 문관이었던 존 밀턴, 군인이자 지방 신

사 계층이었던 제임스 해링턴, 정치가 앨저넌 시드니와 작가이
자 풍자가였던 헨리 네빌이 속해 있었다. 두 집단 모두가 조롱한
대상으로는 헨리 파커의 '폭군 정벌론' 진영이 있었는데, 잉글랜
드의 법정변호사이자 의회파 논리의 옹호자였던 파커는 인민이
주권을 보유하되 그들 자신의 자유를 통치자들에게 위임한다고
주장했다.[3]

　　스키너는 밀턴과 네덤 등이 찰스 1세의 처형 이후 등장한
새로운 공화국을 옹호하며 표명한 독특한 자유론을 자신이 다
시금 발견했다고 주장했다. 밀턴과 네덤 등은 정치체의 행동이
그 구성원들의 의지에 따라 결정되어야 한다고 역설했다. 동시
에 그들은 인민이 자기 자신의 통치자가 되는 민주정은 무지하
고 짐승 같은 자들에 의한 지배로 이어진다는 논거에 따라 민주
정을 비판했다. 이들이 지지했던 대표제 정부는 민주정과 달리
통치에 가장 적합한 사람들, 가장 유덕하고 현명한 이들에게 국

⬤ 고대 로마제국을 멸망시키고 유럽 각지를 지배한 야만족 중 하나이자, 전체 야만족을
아울러 부르는 말인 '고트족Goth'에서 파생된 표현이다. 초기 근대 시기 이 표현은 '야만
적' 혹은 (야만족이 세운 봉건 왕국들이 다스렸던 시기라는 뜻에서 경멸적인 함의를 담
은) '중세적'인 것들을 가리키는 말로 쓰였으며, 오늘날의 독자들에게 비교적 익숙한 '고
딕(고트적인) 소설Gothic fiction'은 본래 후자의 시공간을 배경으로 하는 '전근대적'이고 기
괴한 내용을 다룬 이야기라는 뜻을 담고 있었다. 한편 '고트적'은 영국과 프랑스를 포함
한 유럽 각 왕국이 야만족들의 왕국으로부터 비롯되었다는 점에서 각국의 기원을 지칭
할 때도 사용되었다. 이런 용법은 그런 야만족의 구성원들이 각자의 자유를 누렸다는 로
마 역사가 타키투스 이래의 전승과 결합하여 다음과 같은 주장으로 이어졌다. 즉 그런 야
만족에 뿌리를 둔 각 왕국의 법은 왕국의 기원부터 현재까지 백성·인민의 자유를 보장하
고 있으며, 각 왕국의 백성·인민은 그런 자유를 당연한 권리로 지닌다는 것이다. 이러한
주장이 퍼지면서 '고트적'이라는 표현은 백성·인민의 침해할 수 없는 자유의 권리 또는
그런 권리에 기초한 덕성을 함의하는 용법까지 갖게 되었다. 관련 참고문헌은 256쪽을
보라.

가가 맡겨질 수 있도록 보장하는 방법이었다. 밀턴과 네덤은 때로는 인민이 자유로워지도록 강제해야 할 필요가 있음을 받아들였으며 〔그에 따라〕 인민이 덕성을 갖출 수 있도록 장려하는 법을 제정해야 한다는 것도 인정했다. 그러나 이들의 주된 의도는 정부의 대권prerogative power 행사를 공격하는 것이었다. 스키너는 당시 영국을 통치하던 호국경 크롬웰의 권위 및 크롬웰 체제가 사회적 규율 및 종교 규범의 완벽한 실현을 추구했음을 고려할 때 이들의 주장이 매우 용기 있는 것이었다고 평가했다. 밀턴과 네덤은 정부가 보유한 집행권의 존재 자체가 백성이나 시민을 자유롭지 못하게 만든다고 주장했다. 그런 권력의 존재 자체에 〔시민의〕 생명과 재산을 위협할 가능성이 내재되어 있는 만큼, 이는 전적으로 적법하지 않으며 따라서 용납될 수도 없는 것이었다. 설령 권력이 행사되지 않고 있다고 할지라도 마찬가지였다. 이런 논리에 따라, 밀턴과 네덤은 단지 공화국의 몇몇 주요 정치가들에게 반대했던 것만 아니라 홉스식의 자유론, 즉 인간은 물리적으로만 속박되어 있지 않으면, 간단히 말해 "그가 하고자 하는 바를 하는 데 제약받지만 않는다면" 자유로운 것이라는 입장과도 대립했다. 이들은 살루스티우스, 세네카, 타키투스 등 로마 역사가들과 도덕가들이 개진한 자유옹호론에 근거해 시민적 자유civil liberty와 정치적 행동을 칭송했다.[4]

스키너는 신로마적neo-Roman 자유론의 본질을 잘 포착해낸 예로 제임스 해링턴이 《오세아나 공화국》에서 홉스의 자유론에 대항해 제시한 답변을 꼽았다. 홉스는 법에 의해 제약되는 시민의 자유가 술탄 치하의 신민들이 누리는 자유보다 더 크지 않기에, 이탈리아 루카Lucca 시의 망루에 각인되어 있는 자유라는 것이 허상이라고 주장했다. 여기에 응수하며 해링턴은 자신의 신민을 원하는 대로 살해할 수 있는 술탄의 권력이 존재하는 한 "심지어 콘스탄티노플의 가장 위대한 파샤라 할지라도 그저 술탄의 일개 봉신에 불과하다"고 썼다. 비록 그러한 권력의 존재가 만들어내는 위협이 너무나 거대해 실제로 살해가 이루어질 필요는 거의 없다고 해도 상황은 다르지 않았다. 즉 술탄이 신민을 죽일 수 있는 권력을 가지고 있다는 사실은 그가 권력을 실제로 행사하는가의 문제만큼이나 중요했다. 시민의 특정한 권리들을 정부의 권력에 대항하여 주장할 수 있어야 한다는 강박적이라 할 만한 태도가 신로마적 사유의 중요한 특징이라고 스키너는 결론짓는다. 그가 보기에 이는 고전시대가 근대 정치에 남긴 중요한 유산이었다.

사람들이 직접적인 강압에서뿐만 아니라 강압의 위협 혹은 가능성에서도 자유롭지 않다면 자유로운 게 아니라는 것, 이런 인식을 오늘날 스키너는 다시 천명하고자 한다. 《신공화주의: 비지배 자유와 공화주의 정부Republicanism: A Theory of Freedom and Government》(1997)에서 유사한 논의를 제시한 필립 페팃 등의 철학자들과 함께,[5] 스키너는 현대인들이 '우리들은 실제로 자유롭게 살아가고 있다'는 믿음을 경계해야 한다고 주장해왔다. 스키너와 페팃에 따르면, 수많은 사례가 보여주듯 우리들은 국가권력, 혹은 좀 더 일반적으로 법인체corporate bodies들의 강압을 받을 수 있다는 점에서 자유롭지 않은 상황에 처해 있다.

스키너는 지금은 잊힌 자유의 전통을 복원하려는 자신의

시도를 통해 현대 서구 정치이론에서 자유를 이해해온 도식, 즉 이사야 벌린이 1958년 옥스퍼드대학에서 진행한 유명한 강의에서처럼 적극적positive 자유와 소극적negative 자유를 구별하는 잘못된 전통을 바로잡을 수 있으리라 확신했다.[6] 스키너에 따르면 그런 흐름은 오늘날의 정치적 논리가 자유주의적 입장 또는 좌파적 입장으로 양극화된 구도로 나타나는 상황을 초래했다. 스키너가 신로마적 전통을 통해 의도한 바는 이러했다. 비록 억압적인 권력을 행사하리라는 위협이 실제로 행해지는 경우가 드물다 할지라도, 현재 위험에 처해 있는 시민적 권리들을 보호하는 과제가 중요하다는 사실을 마르크스주의자들과 홉스주의자들 모두에게 지적하면서 양자가 나뉘는 지점을 파고들고자 했던 것이다. 따라서 스키너의 역사 연구 작업은 고전적 자유주의보다 더욱 포괄적인 의미의 시민적 자유론을 가지고 오늘날의 정치철학적 논쟁에 기여하고자 했던 그 자신의 기획에 딱 들어맞았다. 스키너와 페팃은 우리가 법에 의해, 또는 의회에서의 대표와 동의 메커니즘에 의해 보호받지 못한다면 노예 상태에 놓인 것과 다름없다는 견해를 날카롭게 정당화했다.

자유의 개념을 둘러싼 오늘날의 논쟁에 뛰어든 스키너의 입장을 뒷받침한 것은 다음과 같은 역사적 서사였다. 신로마적 자유론은 어떻게 부흥하고 몰락했는가? 그리고 19세기에 들어 쇠퇴하기 전까지 신로마적 자유론은 당대의 정치적 논변과 어떤 관계를 맺고 있었는가? 스키너의 견해에 따르면, 신로마적 이론은 찰스 1세의 통치에 도전했으며 나아가 (짧게만 지속되었던) 잉글랜드 공화국을 세웠던 공화주의자들을 "형성하는 데 가장 강력한 영향"을 끼쳤다. 신로마적 이론은 제1대 볼링브로크 자작 헨리 세인트 존, 리처드 프라이스, 토머스 제퍼슨 등의 저작과 활동을 통해 18세기 후반 북아메리카와 프랑스에서 일어난 여러 혁명운동에도 영향을 주었다고 스키너는 주장한다. 하지만 19세기에 들어오면서 신로마적 자유 개념은 급작스럽게 사라졌다. 이는 부분적으로 사회의 변화 때문이었다. 신로마적 사상을 지지하는 세력은 주로 지방의 독립적인 신사 계층이었으며, 이들이 점점 더 상업화되는 세계에서 쇠퇴하자 국가의 집행권 행사가 자유에 초래할 잠재적인 위협에 관심을 기울이는 사람들은 얼마 남지 않게 되었다. 더 주요한 요인은 제러미 벤담과 같은 신홉스주의자들neo-Hobbesians이 신로마적 주장이 비논리적이라며 비난을 퍼부었다는 것이었다. 벤담은 만약 인민이 실제로 억압받고 있는 게 아니라면 그들은 사실상 자유로운 상태에 놓여 있고, 따라서 예속된 상태에서 살고 있지 않다고 주장했다.[7]

스키너는 신로마적 이론이 자유주의와는 다른 흐름이라고 단언해왔다. 나아가 그는 신로마적 이론이 부흥하고 쇠퇴한 과정을 복원할 때 비로소 자유주의의 역사를 조망할 수 있으며, 이를 통해 자유주의가, 가능한 정치적 교의들 중에 가장 우월한 것이라는 우리의 믿음에 의문을 제기할 수 있게 된다고 말한다. 이런 작업의 일환으로 홉스가 로마적인 자유의 관념에 어느 정도로 적대적이었는지, 그리고 1668년《리바이어던》의 라틴어판 출간에 이르기까지 그의 사상이 얼마나 진화했는지를 드러내는 연구가 출간되었다.[8] 텍스트 및 필사본을 엄밀하게 다루는 스키너의 연구는 지성사 연구자들이 오직 자신들의 연구에만 머무르며 출판된 서적들에만 관심을 가지는 부류라는 식의 험담을 그 자체로 반박한다. 스키너가 출판한 저작들의 수와 그 관심 범위는 지성사 연구가 실천적인 의의를 지닌다는 사실을 증명하고자 하는 그의 선교사적 열정을 잘 보여준다. 이는 역사적인 지식을 확장시키는 과제에서도, 또한 근대 정치사상에서 나타나는 자유주의 이데올로기의 지배에 도전하기 위한 지적인 무기를 제공하는 과제에서도 마찬가지다. 그는 다음과 같이 쓴다.

> 지성사 연구자는 앞으로 어떤 세계를 만들 수 있을 것인가를 놓고 과거 서로 다른 시기에 이루어졌던 일련의 선택들이 현재 우리가 살아가는 삶에 체현된 가치들과 우리가 그 가치들을 생각하는 방식에 얼마나 깊게 반영되어 있는지 깨닫도록 도울 수 있다. 이런 인식은 그런 가치들이 무엇이며 그것들이 어떻게 해석되고 이해되어야 하는가를 설명하는 지배적인 논리의 손아귀에서 해방되도록 도울 수 있다.[9]

2009년 뉴욕시립대 대학원에서 그의 저작에 헌정된 심포지엄에서 나온 표현처럼, 스키너의 최근 작업은 '방법에서 정치로' 이행했다고 요약된다. 그는 독립적인 학문 영역으로서의 지성사를 옹호하기 위한 불굴의 투사이자 세계에서 가장 유명한 지성사의 대표자로 남아 있다. 그의 저작은 언제나 논쟁을 초래해왔다는 바람직한 이유에서 악명이 높으며, 그 유명세는 시간이 지나면서 더욱 커지는 중이다.[10] 지성사 연구가 진보했는지는 언제나 열려 있는 질문일 테지만, 지성사 연구가 변화했는지는 예를 들어 벌린의 저작을 읽고 스키너의 연구를 읽어보면 명백해진다. 명료함과 예리함을 갖춘 스키너의 글은 벌린의 일부 에세이에서 나타나는 일반화와 단순화의 함정에 빠지지 않는다.

　　벌린은 자신이 말하고자 하는 바를 독자들에게 전달하는 데 아주 탁월한 능력을 보여준 저자였다. 가령 단 하나의 위대한 진실을 품고 그에 비춰 세상 만물을 바라보는 고슴도치와, 많은 것들을 알고 일원론으로 세계를 바라보기를 거부하는 여우처럼 그가 비유적으로 이야기했던 여러 대조적인 예시는 수 세대에 걸쳐 논평자들과 학자들에게 영감을 주었다.[11] 벌린의 에세이는, 예컨대 소설《전쟁과 평화》(1869)에 나타나는 역사의 관념을 설명하기 위해 톨스토이와 조제프 드 메스트르를 비교

이사야 벌린(1909~1997)

할 때처럼, 예측하기 어려운 비교와 대조를 종종 사용하는 특징이 있다. 벌린은 고전적인 저작《러시아 사상가들Russian Thinkers》(1978)에서처럼 그런 기법을 씀으로써 새로운 독자들에게 자신의 연구 분야를 알릴 수 있었으나, 동시에 이는 그 과정에서 벌린이 소개하는 일부 저자들이 피상적이고 비역사적으로 다루어진다는 것을 의미했다. 시에나의 푸블리코 궁전Palazzo Pubblico에 있

스키너의 글은 암브로조 로렌체티의 14세기 프레스코화 〈좋은 정부와 나쁜 정부의 알레고리〉를 다룬다. 이 글이 최고 수준의 지성사 연구가 보여주는 성취를 이룩했음은 분명하다.

는 암브로조 로렌체티의 14세기 프레스코화 〈좋은 정부와 나쁜 정부의 알레고리Allegoria ed effetti del Buono e del Cattivo Governo〉(1338)를 다룬 스키너의 글은 벌린과 비교할 때 독자들이 다소 노력을 기울여 읽어야 하는 스타일로 쓰였지만, 연구 주제의 유의미함과 심원함을 독자에게 전달한다는 점에서 이 글이 최고 수준의 지성사 연구가 보여주는 성취를 이룩했음은 분명하다.[12]

최근에 〔스키너에 대한〕 방법론적 비판은 언어맥락주의에 기대지 않고 역사적인 사상을 설명할 수 있는 가능성에 초점을 맞추고 있으며, 그 예로는 제리 코언의 《카를 마르크스의 역사 이론: 역사유물론 옹호Karl Marx's Theory of History: A Defence》(1978), 《도덕·정치철학 역사 강의Lectures on the History of Moral and Political Philosophy》
(2013)나 제러미 월드론의《신, 로크, 평등God, Locke and Equality》
(2002) 등이 있다. 스키너는 언제나 다음과 같이 답변한다. 철학
사에 대해 비역사적인 주장을 제기하지 않고 자신의 과제를 해
결하는 데에만 집중한다면 분석철학적 방법에는 어떤 문제도
없다고 말이다. 스키너는 1984년 J. B. 슈니윈드 및 리처드 로티
와 함께 이런 주장을 제시한 바 있다. 당시 리처드 로티는 분석
적으로 완전히 타당한 철학적 연구와, 역사나 분석적으로 완전
히 타당한 지성사적 연구는 다르다는 자신의 구분법에 기초하
여 그런 주장을 밀고 나갔다.[13] 하지만 스키너는 한발 더 나아가
철학자들이 지성사 연구에서 언제나 형언할 수 없을 정도로 큰
이득을 얻을 수 있다고 주장한다. 철학자들은 역사적 행위자들
이 문제를 해결해나갈 때 어떤 어려움과 맞닥뜨리는지, 역사적
행위자들이 정치적 결정을 내릴 때 취할 수 있는 다른 선택지들
로 무엇이 있는지를 배울 수 있다. 간략히 말해, 철학자들은 지
성사가가 되면서 단순히 어떤 발화의 의미에 대해서만이 아니
라 그 발화가 역사적으로 어떤 실천적 의미를 지니는지, 그것이
당대인들에게 어떤 가치를 지녔는지, 당대 다른 논변들과 비교
해 얼마 만큼 깊이 있는 것이었는지, 그것이 영향을 끼치고자 했
던 사람들을 얼마나 설득했는지 등을 이해하게 된다.

　　스키너의 이런 주장에 대해 철학자들은 다음과 같이 반문
해왔다. 자신들에게는 지성사가와는 다른 철학자 특유의 관심
사와 열망이 있는데, 과거의 논변을 자신들이 이제껏 해왔듯 시
대착오적으로 읽는다고 해서 도대체 무슨 문제가 있느냐고 말

이다.[14] 아예 '철학사를 거부'하기로 결심한 이들도 있었다.[15] 철학자와 역사가를 연결하려는 시도 중에서 다른 대안을 추구한 경우, 예를 들어 역사적 이론을 설명하면서 철학자라는 페르소나가 어떤 모습을 취했는가에 초점을 맞춘 이언 헌터의 작업은 스키너의 노력보다는 좀 더 성공적이었다고 할 수 있다.[16] 스키너가 철학자와 역사가라는 두 집단을 협력시키는 데 실패했다고 해도, 적어도 철학사 연구를 자극했으며 그 결과가 무척 생산적이었다는 점에는 논란의 여지가 없다.[17] 스키너가 철학자들이 역사적 증거를 그들 자신의 논증에 필요한 방식으로 사용하는 상황을 점차 수용하게 되었다면, 훨씬 호전적인 태도를 취한 지성사 연구자들도 있다. 철학사를 신칸트주의적 관점에서 파악하는 연구에 어떤 문제가 있는지, 그리고 그것이 인문학 연구에 어떤 부정적인 결과를 끼쳤는지에 대한 이언 헌터의 강력한 공격이 그 좋은 예시다. 지성사 연구자라면 그의 연구를 반드시 읽어야 한다.[18]

지성사 연구자들은 철학자들과는 다른 이유에서 스키너의 방법이 역사적인 문제를 해결하는 데 적용될 수 있는 것인지 의문을 제기했다. 자유라는 고정된 '개념'에 관한 스키너의 논의는 스키너 본인이 〈의미와 이해〉에서 비판했던 예기에 기초한 접근법을 닮아가고 있었다. 특히 과거에 전개되었던 학설을 스키너 본인이 지지하는 정치철학과 동일한 것인 양 규정한다는 점에서, 또한 그것이 현대 정치의 문제에 직접적인 연관성을 지닌다고 간주한다는 점에서 그러했다. 그의 연구에서 논의된 저자들 중 어느 누구도 스스로를 '신로마인'이라 부르지 않았으며,

5장. 지성사 연구의 실천적 의의

자기 자신 혹은 동료들을 특정한 자유 개념의 옹호자로 정체화한 적이 없었음 또한 분명하다. 이 때문에 스키너가 제시한 범주가 정작 과거의 행위자들 스스로는 사용하지 않았다는 점에서 비역사적이라거나, 혹은 기껏해야 오해를 불러일으킬 뿐이라는 비판이 제기되었다.

근래에 철학자와 지성사가의 대화를 이끌어내기 위해 가장 많은 노력을 기울인 장본인임에도 불구하고, 스키너는 한편으로 지나치게 역사가의 시각에 묶여 있다고, 다른 한편으로는 지나치게 철학자처럼 굴고 있다고 양측 모두에게 비난받고 있다. 그가 정치의 개념을 엄밀하지만 협소하게 규정한 것은 20세기 중반 이사야 벌린이 제시한 자유론을 비판하기 위한 수단으로서는 납득될 수 있다. 그러나 초기 근대의 정치를 신학 및 정치경제와 함께 연구한 포콕, J. C. D. 클라크, 앤서니 워터먼, 콜린 키드 등등의 성공적인 작업을 고려할 때, 스키너가 규정한 정치 개념이 초기 근대를 역사적으로 분석하는 도구로서는 지나치게 뭉툭한 것도 사실이다.[19] 신로마주의에서 '시민적 자유civil liberty' 개념이 '엄격하게 정치적인 것'이었다는 《자유주의 이전의 자유》의 주장은 설득력이 부족하다. 여기에는 신로마주의자들이 실제로 그들의 저작에서 찾아보기 힘든 협소한 정치 개념을 사용하고 있다는 잘못된 함의가 깔려 있기 때문이다. '신로마주의자'들은 가령 기독교 정체polity의 본성이 어떠해야 하는지라든가, 당시 국가의 안전성 유지에 중요한 쟁점이었던 주제, 즉 국가 간의 경쟁이 어떤 형태를 띠어야 하는가에도 관심을 기울였다. 스키너는 그런 관심사를 배제하고 과거의 정치사상을 설

지성사란 무엇인가?

명하려 하지만, 이는 오류다.

스키너의 주된 목표가 자유 개념의 의미를 둘러싸고 17세기 잉글랜드에서 발생한 논쟁의 복잡성을 설명하고, 동시에 독자들에게 자유주의 또한 그 자체로 역사적 구성물임을 상기시키는 데 있었음이 이해된다면, 앞서와 같은 비판의 일부는 표적을 상실하게 될 것이다. 여전히 스키너는 역사적 논변을 당시의 역사적 맥락에 따라 읽어내는 작업의 대가로 남아 있다. 현재도 진행 중인 국가의 개념에 대한 연구 및 셰익스피어에 관한 새로운 연구는 이를 잘 보여준다.[20]

지금까지 스키너가 근대 정치사상을 해석하면서 핵심적으로 다룬 주제가 비인격적 국가impersonal state 개념✎이 등장하는 과정이었음을 고려해보면, 그가 마주하게 되는 진정한 문제는 다음과 같다. 17세기 후반 이래로, 전쟁 수행을 위해 공적 신용을 활용할 수 있게 된 상업군주국들이 발흥하면서 거대한 변화가 나타나는데, 그런 변화에 당대인들이 대응한 방식을 본질적으로 어떻게 이해할 것인가? 이런 난점을 이전부터 알아차리고 있던 존 던은 스키너가 규정하는 정치적인 것의 범주는 상업과 사치의 문제가 존재하는 근대세계에 제대로 들어맞지 않는 지나치게 협소한 것이라고 지적했다.[21] 던은 스키너가 '근대정치

✎ 스키너가 지목한 근대 정치사상의 핵심 중 하나는 근대적인 국가 개념의 등장이다. 그에 따르면, 정치적 주권의 소재가 군주에게 있다는 절대주의와 그것의 기원이 인민에게 있다는 인민주의populism 사이의 투쟁 속에서 군주와 같은 특정한 개인과 구별되는, 즉 사적인 인격과 구별되는 하나의 (인공적인) '인격으로서의 국가the person of the state' 개념이 등장했다. 스키너는 토머스 홉스가 이런 '인격으로서의 국가' 개념을 제시했으며 그것이 곧 근대적인 국가론의 핵심이라고 주장한다. 관련 참고문헌은 256쪽을 보라.

5장. 지성사 연구의 실천적 의의

의 경제적인 한계', 즉 국가부채 및 국가부채가 국가안보에 어떤 결과를 초래하는지에 대한 문제의식을 진지하게 고려하지 않는 다고 말한다. 이 문제는 18세기 초 이래로 정치적인 논쟁에서 지배적인 주제였던 것이다. 18세기와 함께 개시된 재정혁명financial revolution♪에 따라 정치가 변화해온 양상에 항상 주의를 기울이고 있던 포콕 또한 유사한 문제를 지적한다.[22]

스키너가 18세기를 언급할 때 그가 활용하는 범주들에 문제가 있음은 분명하다. 가령 신홉스주의자 대 신로마주의자 라는 틀로 제러미 벤담 대 리처드 프라이스의 대립 구도를 상정 하는 것은 타당하지 않다. 두 사람은 프라이스의 생전에 자신들 의 의견이 일치한다고 보았으며, 자신들의 후견인이었던 제2대 셸번 백작 윌리엄 페티의 정치적 프로그램에 대해서든 자유 개 념의 본질에 대해서든 서로 의견이 충돌한 적이 없기 때문이다. 신로마주의라는 범주를 벵자맹 콩스탕 같은 프랑스 사상가들이 나 시몽드 드 시스몽디 같은 제네바인에게 적용하려는 시도는 여러 비판을 초래했으며 이로 인해 스키너는 자신의 주장을 수 정하게 되었다.[23] 여기서 결론은 18세기 이후에 대한 스키너의 작업이 무가치하다는 것이 아니라, 18세기에 서구 정치의 성격

♪ 1688년 명예혁명 이후 잉글랜드에서 전개된 일련의 재정적 개혁안을 뜻한다. 앞서 상 비군·민병대 논쟁에서 설명했듯(58쪽 옮긴이 주), 이후 잉글랜드왕의 자리에 오른 윌리 엄 3세는 유럽대륙에서 발발한 여러 전쟁에 뛰어들었다. 1690년대 전반부에 그는 막대한 군비를 충당하기 위해 네덜란드에서 먼저 발달한 방식을 차용하여 잉글랜드은행을 세우 고 국가채무를 도입했는데, 이를 재정혁명이라고 부른다. 잉글랜드는 재정혁명에 힘입어 18세기 유럽의 최강국으로 발돋움하고 상업적인 발전을 이룰 수 있었으나, 막대한 채무 액에 대한 우려는 이후에도 정치적·사회적 불안의 원인으로 남았다.

지성사란 무엇인가?

을 뒤바꾼 어떤 근본적인 변화가 발생했다는 것이다. 오늘날 우리의 정치적 현실이 형성되는 데에도 영향을 끼치고 있는 이데올로기들의 본성을 이해하고자 한다면 바로 이 지점에서, 즉 정치, 정치경제학, 신학의 관계를 성찰하는 작업에서부터 출발할 필요가 있다.

　　존 던은 근대 정치사상의 진정한 토대를 탐구한 사례로 자신의 케임브리지대학 동료였던 고故 이슈트반 혼트의 작업을 꼽는다. 혼트는《무역의 질투The Jealousy of Trade》(2005) 및 다른 저술에서 데이비드 흄이 버나드 맨더빌의 상업사회론을 논박하고자 시도했던 이후 경제를 정치적으로 통제하려는 입장과 정치를 경제에 따라 통제하려는 입장이 서로 투쟁하는 과정을 그려냈다. 지성사 연구에서 혼트가 취한 입장은 적어도 그 야심의 크기에서는 스키너보다 더 멀리 나아갔다. 혼트는 역사적인 분석을 통해 근대의 여러 이데올로기를 평가하고 그것들의 강점과 약점을 파악해낼 수 있다는 점에서 지성사가 핵심적인 연구 분야라고 주장했다.

　　20세기 정치이론의 문제는 그것이 현실주의 또는 자유주의 전통을 뒷받침하기 위한 신념으로서만 존재한다는 데 있었다. 역사에 오직 하나의 출구만이 존재하는 것처럼 이해하는 '터널식 역사' 서술이 바로 그것들을 정당화했다. 이 터널식 역사 서술의 결함은 경제가 그 자체로 중요한 정치적인 쟁점이 되어가는 과정을 다루지 못한다는 것이었다. 경제의 정치화는 17세기의 후반 수십 년을 거치며 지성계를 변화시켰으며, 그 결과 18세기에는 정치적인 영역과 경제적인 영역 사이의 관계를 다루는 일련의 주목할 만한 탐구들이 등장하게 되었다. 혼트는 프랑스대혁명의 종언 이후에 성행한 조악한 이데올로기들 탓에 후대의 연구자들이 18세기 사상을 이해할 능력을 상실했다고 지적했다. 19세기와 20세기가 정치사상이라는 측면에서는 '이류'에 불과하다고 말할 때 그는 농담이 아니라 진심을 표현하고 있었던 것이다. 근대 정치를 제대로 이해하기 위해서는 "정치와 경제의 상호의존적 관계가 처음으로 정치이론의 중심 주제로 떠오른 시기"를 엄격히 살피는 시도가 반드시 필요했다.

《무역의 질투》에서 혼트의 목적은 데이비드 흄과 애덤 스미스에게로 돌아가는 것이었다. 흄과 스미스의 정치학을 오늘날의 이데올로기에 속박되지 않고 복원함으로써 "국제적인 시장경쟁을 고찰한 18세기의 이론들로부터 21세기에도 여전히 유효한 정치적 통찰을 찾아낼" 수 있게 되었다. 바로 그런 작업이 지성사의 과제로, 지성사 연구는 "〔오늘날 처한〕 교착 상태의 진정한 쟁점이 무엇인지를 드러내고 똑같은 논쟁 패턴이 반복되는 일을 피하고자 할" 때 가장 유용하게 쓰일 수 있었다. 《무역의 질투》는 곧 "오늘날 〔우리가 마주하는〕 도전 과제를 굳게 응시하면서 앞에서 말한 방식의 역사 서술을 보여주는 책이다".[24] 혼트와 긴밀한 관계를 맺으며 작업한 마이클 소넌셔 및 벨라 카포시의 저작들 역시 혼트의 렌즈를 통해 바라본 지성사 연구가 어떤 것인지를 잘 보여준다.[25]

혼트가 지성사 연구자들에게 말하는 내용의 밑바탕에는 근대 정치를 이해하기 위해서는 홉스나 마르크스에게 의존해서는 안 된다는 견해가 깔려 있다. 실제로 수 세대에 걸쳐 철학자들과 역사학자들이 두 사상가에게 과도한 영향을 받게 되면서, 근대 정치를 학문적으로 이해하려는 시도는 큰 손실을 입었다. 혼트에게 홉스는 상업과 국가 사이의 관계를 제대로 분석하지 않는다는 점에서 오직 부분적으로만 '근대적'일 따름이었다. 혼트는 "홉스의 정치학에는 경제가 유의미하게 들어설 자리가 전혀 존재하지 않는다"는 점에서 홉스를 최후의 르네상스 인문주의자라고 불렀다. 스키너의 연구에 대한 당시의 비판에 공명하면서, 혼트는 홉스의 사상을 "정말로 순수한 정치학"이라고 평가했다. 마르크스의 저작에서는 정반대의 문제가 발견된다. 마르크스는 정치의 영역을 완전히 폐기하고 그것을 "사적 소유 및 사적 소유를 정치적으로 수호하는 국가에서 비롯되는 왜곡 효과를 깨끗이 세척한 후에 나타나는, 인간의 진정한 효용에 입각한 순수한 교환 경제"로 대체해버리고자 했다. 유토피아적 망상을 향한 마르크스의 열망은 결국 권위주의적 정치 체제의 수립으로 귀결되었다. 공산주의 헝가리에서 자라나 이를 직접 경험한 혼트는 1970년대에 부인 언너 혼트와 함께 영국으로 탈주했다.

혼트는 오늘날의 중요한 질문으로 다음의 두 가지를 꼽는다. 경제를 마치 정치와 분리된 독립적인 영역인 양 검토할 수 있는가? 또는 그럴 수 없다면, "근대 대표제 공화국이 (……) 시장과 선택적 친화력을 지니므로" 경제와 정치를 복잡한 방식으로 연결되어 있는 영역으로 보아야 하는가? 이런 물음과 대면하기 위해서는 그 누구도 뛰어넘지 못한 '분석적 깊이'를 지닌 사상가들에게로 돌아가야만 한다. 흄과 스미스가 바로 그러한 사상가들로서, 그들이 "미래를 서로 경쟁하는 상업적 국가들로 이

루어진 전 지구적 시장으로 전망했다는 사실에 (……) 우리는 여전히 주의를 기울여야 한다".[26]

혼트는 포콕의 《마키아벨리언 모멘트》가 공화주의자들이 시장을 어떤 논리에 기초해 비판했는가를 역사적으로 복원한 작업을 중요하게 받아들였다. 공화주의자들의 비판에 따르면 '무역의 질투 jealousy of trade ♪'는 국제적 경쟁과 전쟁을 유발하는 원인이었다. 이어 혼트는 특히 자연법학자들과 정치경제학자들이 공화주의 사상에서 호전적인 면모를 보았다는 포콕의 지적 또한 받아들였다. 평화를 달성하기 위해서는 '국가의 질투'를 유발하는 공화주의의 호전성을 정치에서 제거할 필요가 있었다. 혼트의 심오한 통찰에 따르면, 르네상스적 공화주의와 상업적 근대성의 사이에서 정치적인 시너지 효과가 발생했다. 이런 현상은 "주로 국가의 위엄을 중요하게 생각하는 공화주의와, 전 지구적 시장에서 배태된 근대 정치 양자 사이에서" 발견된다.[27] 국가의 협소한 자기 이익 추구를 일컫는 개념인 '국가이성'은 국제적인 상업경쟁 같은 국면에서 무역에서의 질투라는 형태로 나타난다. 자국의 방어를 강조하는 공화주의 정치체의 성격 또한 공화주의적 애국심과 결합했다.

결과적으로 공화주의적 애국심과 국가이성은 유럽 외부의 더 약한 나라들을 침범하는 제국주의적 계획을 정당화했으

♪ 초기 근대 국제정치경제 담론에서 타국의 무역이 자국보다 번성하는 것을 경계하는 태도를 지칭하는 말로, 흄의 정치평론에서 사용된 표현이다. 당시 국제정치경제 담론에서는 국가의 상태와 정책을 설명할 때 인간의 심리와 정념을 기술하는 언어를 빌려오는 것이 흔한 일이었다.

　　　　　　　　　　　지성사란 무엇인가?

며, 다수의 약소국은 유럽 제국의 일부로서든 경제적인 지배를 통해서든 속국의 신세로 전락했다. 국가이성과 공화주의적 애국심이 유럽 내 국가들의 교역에 적용될 경우에는 매우 다른 형태의 민족주의적 정치가 나타났다. 혼트의 관점에 따르면, 18세기에는 '독점자'에 대항하는 전쟁을 정당화하는 논변이 널리 퍼져 있었으며, 경제적인 조치를 통해 인접 국가의 교역을 파괴하려는 시도 역시 흔했다. 아일랜드의 경제적 잠재력이 잉글랜드 무역에 위협이 될 수 있으리라는 이유로 아일랜드의 무역을 무너트린 영국의 조치가 고전적인 사례라 할 수 있다. 세계가 불안정한 단계로 진입하면서 경제적인 이득을 위한 전쟁은 일상이 되었다.

혼트의 관점에 따르면, 지금 우리 세계의 지성사, 구체적으로 말해 정치와 정치경제political economy 간의 관계를 다루는 지성사 연구는 이제 막 시작되었을 뿐이었다. 혼트는 국가이성의 개념이 덕성에 기초해 정치를 바라보는 입장들을 어떻게 무너트렸는지에 관심을 가졌다. 국가이성이 덕성의 정치학을 무너트린 결과, 민족주의, 중상주의, 자민족 중심주의가 득세하는 세계가 탄생했다. 이는 또한 인민들이 사실상 정치적인 주체가 될 수 없으며 정치적 의사결정에서 배제되어 있다는 점에서 가짜 민주주의가 득세하는 세계를 낳았다. 이것이 계몽주의의 어두운 면이었다.

이런 역사관에 따라 혼트는 "19세기와 20세기의 짐덩어리 같은 개념들을 폐기"하고, 자유주의와 마르크스주의 사이에 놓인 제3의 길을 거부하며, 근대성이라는 관념을 불신해야 한다

5장. 지성사 연구의 실천적 의의

고 충고했다. 많은 지성사 연구가 여전히 '정치 이데올로기를 옮겨놓은 것에 불과한' 형태로 집필되고 있다고 그는 확신했다.[28] 과거 허버트 버터필드는 휘그주의 역사관이 잉글랜드 민족주의를 뒷받침한다고 지적한 바 있었다. 휘그주의 역사가들은 19세기 이래의 역사를 먼 과거에서부터 이어진 국민적 전통의 연장선상에 두면서 19세기에 새로운 세상이 등장했다는 사실을 감춰버렸다. 물론 그로 인해 만들어진 것은 '거짓된 역사의식'일 뿐이었다. 혼트는 케임브리지 학파의 의의가 버터필드가 수행한 임무를 더욱 진전시키려고 시도했다는 데 있다고 생각했다. 그들의 시도는 두 가지 경로를 통해 전개되었다. 첫째, 마키아벨리가 이후에 끼친 영향이 어떤 것이었는지가 포콕의 작업을 통해 드러났다. 혼트는 잉글랜드의 마키아벨리주의를 "휘그주의 역사관을 실어나르는 담론"이라 불렀으며, 포콕과 버터필드 사이의 연결고리를 강조했다. 실제로 포콕은 1952년 버터필드의 지도 아래 박사논문을 완성했다.

케임브리지가 내놓은 또 하나의 중요한 경로는 던컨 포브스의 연구에서 전개되었다. 1960년대와 1970년대에 진행된 연구를 거쳐 포브스는 왕정에 대한 반란과 프로테스탄트주의를 통해 영국의 자유가 확립되었다는 '속류 휘그주의'의 주장을 흄이 어떻게 논파했는지 매우 상세히 보여주었다.[29] 흄이 대안으로 제시한 '회의주의적 휘그 역사'에 따르면, 시민적 자유는 모든 자유의 토대였다. 시민적 자유는 재산 소유권의 안정성에 기초하며, 상업이 점차 증대하면서 확립되었다. 시민적 자유의 원천으로 지목되는 색슨족의 기원적 자유라는 것은 존재하지 않으며, 그렇다고 시민적 자유가 그보다 앞서 도입된 정치적 자유에서 비롯되는 것도 아니다.[✎] 흄이 보기에 유럽 전역에 시민적 자유를 정착시키는 일은 17세기 잉글랜드 내전 같은 극단적인 사건을 반복하지 않아도 가능했다.

혼트는 자신의 저작이 포브스의 해석을 ("정치경제를 무시한" 그의 오류를 교정하면서) 진전시킨 작업이라고 보았다. 애덤 스미스는 흄의 논리를 따라 근대적 자유의 원천을 상업으로 놓되, 그 역사적 기원을 훨씬 엄밀하게 설명했다. 스미스는 로마제국과 봉건적 유럽의 여러 정치체들이 사치로 인해 무너졌다고 생각했다. 하지만 로마제국이 멸망했을 때, 로마의 몇몇 상업도시들만은 살아남아 오래전부터 이어져온 동방과의 교역로를 유지할 수 있었다. 로마 멸망 이후 거대 군주국들의 봉건적 통치세력은 동방에서 유입된 사치품을 소비하는 데 중독되었으며 이는 그들의 사회적·정치적 권력의 기반이 약화하는 결과로 이어졌다. 혼트가 역사적으로 복원해낸 스미스의 견해에 따르면, 유럽인들의 자유의 원천은 르네상스 공화주의가 아니었다. 이탈리아 도시국가들이 경제적으로 발전할 수 있었던 것, 그리고 결과적으로 자기통치의 원리에 입각한 귀족정 체제를 수립할

[✎] 흄에게 시민적 자유civil liberty가 본문의 언급에서처럼 사회의 안정과 발전을 위해 구성원들이 보장받아야 하는 재산권과 같은 자유를 지칭한다면, 정치적 자유political liberty란 '자유로운 정부free government', 예컨대 모든 사회구성원이 통치에 참여할 수 있는 공화국과 같은 정부 형태를 지칭한다. 흄은 오직 영국 같은 자유로운 정부 형태에서만 상업과 사회 안정이 가능하다고 주장한 당시의 논자들에 대항하여 프랑스 군주정을 예로 들면서, 꼭 자유로운 정부의 통치가 아니라고 해도 시민적 자유와 풍요로운 삶이 보장될 수 있다고 지적했다. 관련 참고문헌은 257쪽을 보라.

수 있었던 까닭은 그저 그들이 십자군 전쟁에서 유럽의 여러 군주국에 물자를 공급하는 역할을 수행했기 때문이었다. 스미스는 유럽이 향유하는 자유가 정치적 자유에서 비롯된 것이 아니라는 슬픈 결론을 내린다. 혼트의 말에 따르면, 스미스는 "정치적·상업적 행위자들은 항상 단기적인 이익을 추구할 뿐 장기적인 결과는 보지 못한다"는 사실을 받아들였다. 상업이 부흥한 것은 그저 전쟁으로 발생한 경제적인 수요 탓에 시민적 자유에 가치를 부여하는 군사적 엘리트집단이 대두했기 때문이었다. 즉 시민적 자유가 유럽 전역으로 확산될 수 있었던 것은 "사치와 전쟁이 함께 작용한 결과였다".

스미스가 보기에 유럽의 경제적 발전에 담긴 핵심적인 메시지는 경제가 (혼트의 표현에 따르면) "앞뒤 순서가 뒤바뀌어" 발전했다는 것이다. 달리 말하면, 유럽의 경제적 발전은 로마 시대에 이미 확립된 원거리 사치품 교역에서부터 시작되었고, 국내 교역은 점진적으로 이를 따라갔으며, 다른 모든 발전이 먼저 이루어진 뒤에야 농업의 상업화가 이루어졌다. 스미스는 1770~1780년대에 성행했던 정치·경제 개혁안, 즉 중농주의적 전략이나 인민주의적 혹은 중상주의적 전략에 반대하는 의견을 제시한 것으로도 잘 알려져 있다. 혼트는 다음과 같이 주장했다. 스미스가 쓴《국부론》의 위대한 성취는 "유럽의 독특한 정치적·경제적 특성을 뒤흔들지 않으면서도 경제를 교정할 수 있는 전략을 고안해낸 데 있다. 이런 의미에서《국부론》은 시민적 자유와 그것을 낳은 유럽의 특수한 경제 조건을 어떤 비판에 맞서서도 옹호해낸 웅대한, 아마도 가장 웅대한 저작이었다". 흄과

지성사란 무엇인가?

마찬가지로 스미스 또한 유럽의 자유를 다루는 기존 역사적 서사의 관점에 대항해, 유럽의 자유를 고대에서 전해져 내려오는 자유 또는 근대적인 형태의 정치적 자유로 바라보는 식의 잘못된 환상을 깨트리고자 했다.

혼트의 시각에 따르면, 역사가들은 스스로 특정한 입장에 복무할 때 목적론에 붙들린 터널식 역사 서술의 오류를 범하게 된다. 여기에는 지성사 연구자들이 스스로 공화주의나 자연법이 유럽의 자유를 발전시킨 가장 중요한 동력이었다는 식의 믿음에 복무하게 될 때 그런 오류를 범하게 된다는 메시지가 깃들어 있었다. 1970년대 케임브리지에서 일어난 일은, 혼트의 생각에는 '반反학파'가 형성되는 과정과도 같았다. 즉 자유주의, 마르크스주의, 스트라우스주의, 포스트모더니즘적 역사 해석 등에 대한 회의적인 입장을 공유하는 다양한 집단의 연구자들이 한데 모이게 된 것이다. 당시의 이데올로기들이 경제와 정치 사이의 관계를 이해하지 못하고 있으며, 정치와 경제 사이의 관계는 지성사 연구를 통해서만 탐구될 수 있음을 깨달은 사람이라면 그 누구든 케임브리지 학파의 구성원으로 불릴 수 있었다.

지성사 연구가 오늘날의 삶에서 발생하는 문제들과는 아무런 관련이 없다는 비난에 대해 포콕은 그답게 독특한 답변을 내놓는다. 지난 수십 년간 그는 정치철학이라는 분과 영역을 최대한 피해왔으며, 정치적 쟁점을 역사적으로 이해하는 것은 이를 정치적으로 판단하는 것과는 다르다는 사실을 계속해서 보여주고 있다. 포콕은 초기 근대의 거대한 역사적 서사들 자체를 하나의 연구 분야로 삼아 그 지형을 그려내는 데 다른 어떤 학자

5장. 지성사 연구의 실천적 의의

보다도 많은 노력을 기울였다. 그의 연구는 그런 서술들이 그 저자들에게, 그리고 좀 더 중요하게는 역사적인 서사를 정치적, 신학적, 경제적 논쟁에 활용했던 당시의 독자들에게 어떤 의미를 지녔는지 이해할 수 있도록 해주었다.

포콕은 여러 역사 서사가 종종 공동체의 기원에 관한 이야기와 그 공동체가 어떻게 지속되고 있는지에 관한 서사를 결합하고 있음을 알아냈다. 이런 역사적 서사들이 도전받고, 수정되고, 다시 도전받는 과정은 끝없이 반복된다.[30] 포콕의 관점에 따르면, 그런 역사적 서사들은 어떤 개체의 인격을 구성하는 하나의 요소로서, 이는 개인의 정체성을 규정해온 다른 전통적인 방식들만큼이나 중요한 것이었다.《마키아벨리언 모멘트》의 중요한 주제는 사회가 상업화됨에 따라 각자가 지닌 하나의 통일된 인격을 잃어버리게 되리라는 두려움이 사람들 사이에서 점차 늘어났다는 것이었다. 시민적 인문주의자들에게든 후대의 공화주의자들에게든, 자유의 개념은 "역사 속에서 행동하기 위해 필요한 인격의 통일성을 유지하는" 과업에서 빼놓을 수 없는 것이었다. 특히 18세기를 거치면서 역사는 "그런 통일성을 위태롭게 만드는" 과정이 되었다. 역사 서술은 역사에서 인격의 문제가 어떻게 나타나는지를 보여주고 또한 인격적 통일성의 상실이라는 문제에 대한 잠재적인 해결책을 탐색하는 장르라는 점에서 중요했다.[31]

최근 수년간 포콕은, 오늘날 유럽 및 기타 지역에서 국가들이 서로 연방제적인 관계를 맺는 사례가 증가하면서 각국의 국민주권이 상실되고 있는 것, 따라서 자신이 계몽주의 시대에서 읽어낸 흐름이 점차 가속화되는 상황을 주시하고 있다. 런던에서 태어났으나 뉴질랜드에서 (4대째 정착해온 가족의 일원으로) 성장해온 포콕의 이력을 감안하면, 그가 정체성의 붕괴 및 그로 인한 결과에 각별한 관심을 갖는다는 사실은 놀랍지 않다. 1973년 영국인들이 유럽 공동시장European Common Market에 가입하면서 뉴질랜드를 포함해 오랫동안 지속되어온 영연방 구성원 국가들과의 특별한 관계를 포기하기로 했을 때, 이는 정확히 그러한 정체성이 붕괴하는 순간이었던 것이다. 이후 지금까지 수십 년간 포콕은 영국의 역사를 더 폭넓은 관점에 입각해 이해해야 한다고 주장해왔다. 좀 더 구체적으로 말해, 과거 하나의 제국이었던 영국의 역사를 이해하기 위해서는 잉글랜드라는 작은 중심부 못지않게 여러 주변부 또한 중요하다는 사실을 받아들여야 한다. 동시에 포콕은 자신이 "대서양 군도Atlantic archipelago"라 명명한 지역 내에서 영국이 지닌 지대한 중요성을 강조했다. 그런 접근법을 통해 우리는 역사와 국민적 정체성을 성찰하면서, 〔대영제국〕신민의 지위subject status와 지배, 주권에 관해 언제나 새로운 서사들을 만들어낼 수 있게 된다. 이 같은 여정을 통해 포콕은 (콜린 키드의 표현에 따르면) "자유주의적이면서 유럽연합에 회의적인 지성인"이라는 극히 드문 포지션에 도달하게 되었다.[32]

포콕의 관심사는 유럽 전체를 아우르는 정치 구조가 형성됨에 따라 각국의 국민주권이 상실되는 문제에만 국한되지는 않는다. 그런 정치적 변화로 인해 영국이 마치 언제나 유럽사 및 유럽적 정체성의 일부분이었던 것처럼 여겨지면서 등장하는 역사 서술 역시 그가 깊이 우려하는 주제다. 물론 영국과 유럽이 언제나 연결되어 있었다는 것은 주지의 사실이다. 그러나 포콕은 전통적으로 영국을 거부해온 유럽 대륙의 여러 역사적 서사에 영국사가 손쉽게 녹아들 수 있으리라는 믿음은 틀렸다고 주장한다.《야만과 종교》를 정점으로 하는 포콕의 역사 연구는 유럽을 하나의 단일한 대륙으로 간주하는 시각을 계속해서 비판해왔다. 그는 유럽이 하나의 대륙이 아니라 거대한 유라시아 대지에 속한 하나의 아대륙亞大陸 혹은 반도에 불과하다고 주장한다.

동시대의 역사관 중에서 포콕이 특히 비판하는 대상은 그 자신이 "포스트역사적 문화post-historical culture"라고 부르는 것이다. 이는 특히 저자의 죽음이나, 과거 혹은 현재의 지식에 대한 접근 불가능성 등과 같은 포스트모던적 서사에 영향을 받아 역사적 서사 자체를 폐기해야 한다는 입장을 가리킨다. 포콕은 자신이 "포스트역사적 이데올로기post-historical ideology"라 부르는 것, 즉 모든 역사는 저자가 존재하는 창작물에 불과하다는 시각이 역사적 인격의 최종적인 해체 지점을 보여주는 게 아닌가 질문한다.[33] 동시에 그는 자신의 독자들에게 "〔역사를 둘러싼〕 투쟁은 아직 끝나지 않은 채 계속되고 있다"는 사실을 상기시킨다.[34] 포콕은 다양한 정체성들이 함께 뒤섞여 존중받는 자유주의 체제를 이상적인 정치체로 생각한다. 자유주의 체제를 지탱하는 것은 항상 논박되고 또 수정되는 과정 속에 있는 역사적 서사들이다. 의사소통과 정보 제공의 수단이 급변하면서 정체성 또한 더욱 크게 변화하는 시기에 그런 정치체를 확립하려는 과제는 더욱더 어려워지기 마련이라고 포콕은 말한다. 자아가 사라지는 일도, 역사가 종결되는 일도 없으리라는 그의 믿음을 따른다면,

지성사란 무엇인가?

역사적 서사를 창조하는 과정은 앞으로도 계속될 것이다. 포콕은 자유주의적 정치가 바로 그 과정을 용이하게 만든다고 생각한다.

비교적 단순하게 이야기해보면, 지성사 연구의 현실 연관성을 판가름하는 중요한 기준으로 과거의 사상에 대한 지식을 확충하는 데 기여하는 연구 성과가 지난 수십 년간 얼마나 많이 출간되었느냐를 꼽을 수 있을 것이다. 여기에 답하자면, 오늘날 과거에 비해 연구가 진척되지 않은 저자 또는 사상을 떠올리기란 쉽지 않다. 덧붙여, 여러 텍스트 분석 기술에 힘입은 오늘날의 지성사 연구자들은 과거 저자들이 남긴 저작의 현대적 판본들을 독자들에게 온라인 및 종이 출판물 형태로 제공하고 있으며, 그 판본의 수는 과거 어느 때보다도 많다. 가장 잘 알려진 사례들 중 하나는 J. H. 번스, 필립 스코필드 및 다수의 지성사 연구자들이 런던대학교에서 발족하여 진행해온 '벤담 프로젝트Bentham Project'로, 이 프로젝트는 벤담의 저서 및 수고본을 선도적인 수준으로 편집된 판본으로 만들어 제시하고 있다. 또 다른 일급의 지성사가 크누트 하콘센은 엄청난 수의 역사 연구서를 편집했다는 점에서 분명 평범하다고는 부르기 힘든 인물이지만, 지성사 연구자라면 현재 세대의 독자들을 위해 과거의 사상을 설명하는 일뿐 아니라 미래 세대들의 연구와 재해석을 위해 과거의 저작들을 최고 수준의 비평판으로 내놓는 역할도 해야 한다고 생각한다는 점에서는 전형적인 지성사가라고 할 수 있다. 하콘센의 《에딘버러판 토머스 리드 저작집Edinburgh Edition of the Works of Thomas Reid》은 그 모범 사례다. 지성사 연구자들이 과거 저자의 저작을 편집하는 노고와 해당 저자의 사상을 재해석하는 과제를 결합하는 경우도 드물지 않다. 막스 베버에 대한 우리의 통념을 깨트리려는 피터 고시의 시도는 이를 잘 보여준다.[35]

지성사 연구의 최전선에 있는 출판사들, 가령 '맥락 속의 사상Ideas in Context' 연구 총서 및 좀 더 오랜 전통을 가진 '케임브리지 정치사상사 고전 총서Cambridge Texts in the History of Political Thought' 시리즈를 내고 있는 케임브리지대학 출판부, 그리고 '온라인 자유 도서관Online Library of Liberty'과 '자연법과 계몽주의 고전선Enlightenment and Natural Law Classics'을 출간하고 있는 리버티 펀드Liberty Fund 등이 보여주는 활력을 고려하면 지성사 연구가 우리의 지식장에 얼마나 많이 기여하고 있는지는 분명하다. 지성사 분야가 독서대중을 위해 저작들을 내놓고 있다는 사실로 보든, 지성사 연구자들이 위계와 고하를 가리지 않고 다양한 저작들을 분석한다는 점으로 보든, 지성사가 태생적으로 엘리트주의적이며 반反대중적이라는 오래된 비난은 논박을 피할 수 없다.

물론 오늘날에도 그런 식의 비난은 여전히 존재하며 공격의 주 대상은 언제나 케임브리지 학파다.[36] 하지만 실제로 지성사 연구자가 '급이 떨어진다'고 평가받는 저자가 쓴 저작을 일부러 회피하는 예는 찾아보기 힘들다. E. P. 톰슨은《평민의 관습Customs in Common》(1991)에서 지성사 연구자들을 위와 같이 비난하면서 그 근거로 이런 예를 들었다. 과거의 수많은 자료를 모아 검토해보면 당시 평범한 사람들이 톰슨 자신이 "도덕경제moral economy"라 명명한 사고방식을 지지하고 있음이 드러나지만, (그의 주장에 따르면) 18세기 후반부 애덤 스미스와 여러 정치경제

　　　　　　　　　　　지성사란 무엇인가?

학자들은 이런 사고방식을 폄하했다는 것이다. 그러나 혼트와 이그나티에프는 자신들이 편집한 학술논문집 《부와 덕Wealth and Virtue》(1983)에서, 18세기의 (정치경제학적) 논쟁을 자본가 대 노동자라는 구도로 보는 것은 20세기의 입장을 과거의 역사에 투사하는 것이며, 이는 역사를 단순하게 도식화하는 결과로 이어지게 된다는 사실을 지적했다.[37] 톰슨은 (해당 저작에 참여한) 케임브리지대학 킹스칼리지의 연구원fellow들이 태생적으로 (자신이 두 세기 전의 과거에서 찾아낸 바 있는) 빈민을 경멸하는 족속들의 후손이니만큼 거기서 무엇을 더 기대할 수 있겠느냐는 식의 악담으로 응수했다.[38]

애덤 스미스가 소유라는 개념을 통해 무엇을 이야기하고자 했는지, 그리고 계몽주의 시대에 재산 소유권이 무엇을 의미했는지를 좀 더 섬세하게 들여다보면, 지성사 연구자들의 관점이 정당하다는 것에는 의심의 여지가 없다. 만약 우리의 목적이 스미스와 그가 살았던 세계를 이해하는 것이라면, 스미스와 동료 정치경제학자들을 노동자 집단의 천적으로 바라보는 시각은 얼토당토않다. 이런 사실은 오늘날 지성사 연구가 성공한 덕에

✒ 경제적 교환을 단지 물질적 이해관계만이 아니라 공정함, 정의 같은 기준에 입각해 도덕적으로 타당하게 수행하려는 태도를 지칭한다. 톰슨은 18세기 말 곡물난으로 인한 폭동에서 농민들이 (곡물과 식료품에서 폭리를 취하려는) 가게를 습격하여 물품을 약탈하면서도 '적절한' 금액을 대금으로 남겨두었다는 기록을 바탕으로 이런 관념이 존재한다고 주장했다. 실제로 과거 영국에서 이것이 과연 일반적인 태도였는지, 톰슨이 상정한 것처럼 합리적인 이윤 추구만을 따지는 냉정한 정치경제학과 농민들의 도덕경제 사이에 대립 구도가 성립하는지 등은 논쟁의 여지가 큰 사안이다. 그러나 도덕경제의 개념 자체는 이후 경제사 외의 다양한 분야에서 사용되고 있으며, 오늘날 커피·초콜릿 등의 '공정무역'에서처럼 이를 현실에서 실현하려는 시도도 존재한다.

5장. 지성사 연구의 실천적 의의

받아들여질 수 있게 되었다. 정확히 말해 지성사 연구자들이 수행하는 가장 중요한 역할 중 하나는 톰슨이 저지른 것처럼 역사적 기록에서 후대에나 만들어진 관념을 투사해 읽어내는 오류를 찾아 판별하는 일이다. 도널드 윈치는 지성사 연구에 관심이 있는 사람이라면 누구라도 이상적인 출발점으로 삼을 만한 한 논문에서 19세기 영국에 관한 연구에서도 유사한 예기적 해석을 찾아낼 수 있다고 지적한 바 있다. F. R. 리비스, E. P. 톰슨, 레이먼드 윌리엄스 등은 19세기에 벌어진 여러 논쟁을 이런 식으로 (착한) 낭만주의자들 대 (나쁜) 공리주의자들의 대립이라는 틀로 그려냈다.[39] 시장과 물질만능주의를 추방함으로써 현세에 새로운 예루살렘을 창조해내고자 하는 열망에 물든 탓에 이들의 역사 연구는 과거의 사상을 과장된 형태로 희화화하게 되었다.

　　지성사에는 현실 연관성이 없다는 주장에 설득력이 없음을 보여주는 또 다른 신호도 있다. 지성사 연구가 지금껏 자리 잡지 못했던 나라들에서조차 이제 뿌리를 내리고 있는 것이다. 예를 들어 프랑스는 페르낭 브로델의 '장기지속longue durée' 연구를 필두로 하는 아날 학파Annales School나, 에르네스트 라브루스(대표작으로는 1932년의 《18세기 프랑스에서 가격과 소득 변동에 대한 소묘Esquisse du mouvement des prix et des revenus en France au XVIIIe siècle》) 등 아날 학파에 가까운 경제사가들의 연구가 지배하는 곳이었다. 그러나 대표적으로 프랑수아 퓌레, 장-클로드 페로, 마르셀 고셰, 피에르 로장발롱, 필립 슈타이너 등의 노력에 힘입어 프랑스에서도 이제 지성사 연구가 굳건히 자리를 잡았다고 말할 수 있게 되었다.[40] 프랑스 지성사가들은 특히 경제사상사 및 법사상사 영역에서 현 지성사 연구 분야의 가장 중요한 저작들을 내놓고 있다.[41] 대린 맥마흔과 새뮤얼 모인은 이렇게 말한다. "지금처럼 지성사가 거대한 역사학적 연구 기획 및 전체 인문학 연구에서 중심적인 위치를 차지한 때를 떠올리기 어렵다."[42]

6장

지성사 연구의
현재와 미래

. . .

Intellectual History
Present and Future

지성사 연구자들은 (자연과학을 제외한다면) 지식이 진보하거나 발전했다는 식의 주장에 회의적인 편이다. 과거 어느 시점에서든 사상의 역사가 지금과는 다른 방향으로 흘러갈 수 있었다는 전제가 널리 받아들여지고 있는 지금, 특히 지성사 연구가 앞으로 어떤 방향으로 전개될지 추측해본다는 건 그다지 현명한 일은 아니다. 대신 이번 장에서는 지성사 연구자들이 지성사 분야 자체에 대해 어떻게 생각하고 있는지 그 일부를 보여주고자 한다. 첫째, 지성사 연구자들은 앞으로 더 많은 논쟁이 있을 것이며, 또 그럴 때에만 지성사 연구가 활력을 유지할 수 있다는 점에 동의한다. 포콕이 특히 마이클 오크숏으로부터 받아들인 견해, 즉 인문학 연구가 추구하는 바는 '계속해서 이어지는 한 편의 대화'로 가장 적절히 묘사될 수 있다는 시각은 여전히 영향력을 발휘하고 있다. [예컨대] 우리가 과거의 이데올로기를 서술하면서 '중세', '르네상스', '종교개혁', '계몽', '근대성' 같은 일반적인 용어를 지금껏 그래왔듯 그대로 사용할 수 있는지에 관해서는 여전히 논쟁이 이어지고 있다.

구체적으로 들어가면, 고대인과 근대인들 사이의 관계를 어떻게 설정할 것인지는 연구자들에게 여전히 중요한 주제다. 혼트의 작업은 여기서도 좋은 참고 사례가 된다. (과거) R. G. 콜링우드는 고전 시대가 남긴 유산이 무엇인지 해명하기 위해서는 (인류학적, 인구학적, 고고학적 접근과 구별되는) 사상 연구가 필요하다고 주장한 바 있다. 콜링우드의 요구에 응답하는 입장들이 만들어낸 스펙트럼의 한쪽 끝에 서 있는 혼트는 고대부터 이어져온 정치학이 18세기에 완전히 새롭게 형성된다고 보았다. 스키너를 포함해 스펙트럼의 다른 쪽 끝에 있는 연구자들은 근대세계를 여전히 고대 그리스·로마인들이 사용하던 범주들에 기초할 때 가장 잘 이해할 수 있다고 생각했다. 포콕이나 앤서니 그래프턴 같은 학자들은 그와 대조적으로 고전기라는 개념 대신 여러 계보를 포함하는 더욱 폭넓은 범주를 도입해야 한다고 주장한다. 이들은 17~18세기의 저자들 및 이후의 세대들이 계승했던 지적 유산의 범위를 (그리스·로마적인 고전기만이 아니라) 근동, 중동, 극동의 고대와 중세철학으로까지 넓혀야 한다고 본다.[1]

신학적 전통이 끼친 영향을 평가하는 데서도 학자들의 견해는 갈린다. 스키너와 같은 편에 선 연구자들은 신학적 논변이 지적 논쟁의 중요한 구도를 형성하던 시절이 끝난 때(이는 종종 세속화 과정이 정점에 달한 시기로 규정된다)가 유럽사의 전환점이라고 주장한다. 그런 주장에 따르면, (그들이 보기에) 세속화secularization✒의 경향이 분명해지는 계몽주의 시대 정도에서부터는 신학의 문제에 지나치게 얽매일 필요가 없다.[2] 그러나 여러 역사가들은 종교적인 텍스트로 인해 논쟁이 벌어지는 흐름이 종종 세속화의 양상으로 오인될 수 있다는 아이러니를 놓치지 않았다. 가령 종교개혁 시기에는 성서 비평biblical criticism이 폭발적으로 번성했다. 당시 가톨릭 학자들이 성경 텍스트의 권위를 문제 삼은 이유는 성경에 기록된 신의 말씀에 신성성이 깃들어 있다고 주장하는 프로테스탄트의 교리가 성서 비평으로 인해 직접적인 타격을 받을 수 있었기 때문이었다. 반대로 프로테스탄트들은 교황과 공의회의 권위를 공격했다. 한편 이 시기에는 프로테스탄트와 가톨릭 양측 모두에서 기독교를 갱신하는 과정이 다양한 형태로 나타났다.

여러 지성사 연구자들은 16세기의 종교전쟁이 끝나면서 사람들의 사고가 근본적인 전환을 맞이했으며, 이것이 이후 근대의 형성이라 불리게 될 이행기를 앞서 보여주는 전조라고 주장했다. 그러나 신학이 정치를 결정하는 시대가 끝나는 때는 그

✒ 세속화는 문맥에 따라 여러 가지 의미를 뜻할 수 있으나, 여기서는 사람들의 사고에서 신학·종교의 영향력이 축소되는 흐름을 뜻한다. 이하 왓모어의 설명에서도 암시되듯, 세속화의 개념은 통상적으로 '근대화'에 따라 사람들이 (미신적인) 종교의 지배에서 벗어나 과학적 합리성을 획득해간다는 목적론적 진보의 역사관과 결합한다. 그러나 1990년대 이래 종교의 영향력이 여전히 강력함을 보여주는 근거가 계속해서 제시되면서, 오늘날 '세속화 연구'는 우리가 근대적이라고 간주하던 것이 실상은 종교적인 토대에 기초하고 있음을 드러내는 거대한 연구 경향을 지칭하게 되었다. 저자가 지적하듯, 초기 근대 지성사 연구 또한 세속화 연구의 흐름과 함께 지금까지 무시되어온 당대의 종교적이고 신학적인 담론의 중요성을 새롭게 밝혀내고 있다. 관련 참고문헌은 257쪽을 보라.

6장. 지성사 연구의 현재와 미래

보다 더 이후라고 보는 연구자들도 있다. 심지어 〔종종 근대 정치 사상의 출발점으로 간주되곤 하는〕 로크조차도 자신의 신학적 저술들이 다른 저작들보다 더 중요하다고 믿었으며, 기독교적인 미래를 구상하는 일을 만사에 우선시했다.

로크에서 데이비드 흄으로의 전환에 중요성이 부여되는 것은 이런 이유에서다. 일부 연구자들은 기번이 "기독교 천년기"라 불렀던 시기의 종결이 18세기에 이르러서야 비로소 이야기될 수 있다고 주장한다. 잘 알려져 있듯, 흄은 자신이 평생 이단자와 무신론자라는 비난에 포위되어 있었다고 생각했다. 후일 스미스는 무신론자 흄이 평화로운 죽음을 맞이했다고 쓴 짧은 글이 자신이 쓴 그 어떤 글보다도 훨씬 더 격렬한 비난을 불러일으켰다고 언급한 바 있다.³ 따라서 많은 학자들은, 18세기 영국이 (프랑스적인 의미에서) '구체제ancien régime'였다고 설명한 J. C. D. 클라크의 널리 알려진 연구를 따라, 18~19세기에 종교 및 신학적 논쟁이 중요했다는 사실을 우리가 인정해야 한다고 결론을 내렸다.⁴ 바야흐로 지성사 연구는 신학적 전회를 맞이하게 되었다.⁴ 그리하여 지성사 연구에서 가장 흥미로운 논쟁이 등장하게 된다. 계몽주의를 이해하고자 할 때, 우리는 그것을 가톨릭적 계몽주의, 아르미니우스주의Arminianism적 ✦ 계몽주의, 잉글랜드 국교회적 계몽주의 ✦✦ 등과 같이 국가적 계보 및 기타 계보에 따라 구별될 수 있는 여러 운동으로 보아야 하는가? 아니면, 전통적인 관점에 따라 특정한 시기 유럽 각지에서 찾아볼 수 있는 단일한 역사적 현상으로 보아야 하는가?⁵

존 로버트슨은 후자의 관점에 입각한 새로운 주장을 내

놓으면서 1680년부터 1760년까지의 나폴리와 스코틀랜드에서 유럽 계몽주의의 전형을 찾아 제시했다.[6] 나폴리와 스코틀랜드는 매우 상이한 지역으로, 전자는 남부 이탈리아의 스페인 합스부르크가의 속령으로 가톨릭교를 믿는 곳이었고, 후자는 잉글랜드의 속국으로 장로교파가 지배하고 있었다. 그러나 두 지역에 공통적으로 해당되는 사항들도 있다. 나폴리와 스코틀랜드모두 통치권의 계승을 둘러싸고 갈등이 벌어지는 곳으로, 경제적인 어려움을 겪고 있었으며, 해외 교역에 참여하고, 통치자들이 해당 지역에 거주하지 않으면서 구성원들의 지역적 정체성은 예외적일 정도로 강력한 땅이었다. 로버트슨의 관점에 따르면, 계몽주의란 상업이 시민의 공적 참여에 관한 기존의 관념을 새롭게 형성할 만큼 발전하면서 초래되는 새로운 사회적·정치

🖋 네덜란드의 신학자 야코부스 아르미니우스Jacobus Arminius(1560~1609)가 주창한 프로테스탄트 종파를 지칭한다. 칼뱅주의의 예정설을 비판하고 인간이 스스로의 자유의지에 따라 구원받을 수 있다고 주장했으며, 다수의 프로테스탄트 종파에게 강력한 영향을 끼쳤다. 포콕은 아르미니우스주의 내에서 인간의 사회성과 합리성을 강조하고 세속통치자의 권한을 존중하며, 종파 간 관용을 주장하는 온건한 계몽주의가 나타났다고 보며 이를 (여러 프로테스탄트 계몽주의 중에서도) '아르미니우스주의적 계몽주의Arminian Enlightenment'로 구별하여 지칭한다. 왓모어의 서술에서 암시되듯, 포콕은 우리가 하나의 계몽주의가 아닌 지역, 종교 등에 따른 다양한 계몽주의'들'이 존재했음을 인정하고 이들을 구별해야 한다고 주장한다. 관련 참고문헌은 257쪽을 보라.

🖋🖋 1980년대 이래 포콕을 위시한 일단의 영국사가들은 전통적인 독일·프랑스 중심의 계몽주의와는 물론, 스코틀랜드 계몽주의와도 구별되는 '잉글랜드 계몽주의'가 존재한다고 주장해왔다. 특히 이들은 같은 시기부터 본격적으로 확장된 18세기 잉글랜드 국교회사 연구를 활용, 잉글랜드 계몽주의가 (다양한 정치적·종교적 입장을 지닌 문인들 및 성직자들이 공존했던) 잉글랜드 국교회 구성원들의 논쟁을 중심으로 진행되었으며, 따라서 좀 더 보수적이고 기독교 중심적인 면모를 띤다는 테제를 제출했다. 《야만과 종교》 5권에서 포콕은 에드워드 기번의 저작을 둘러싼 논쟁이 바로 그런 잉글랜드 계몽주의 혹은 잉글랜드 국교회적 계몽주의의 맥락에서 제대로 이해될 수 있다고 주장한다. 관련 참고문헌은 257쪽을 보라.

적 상황에 대응하고자 했던 노력이었다. 특정한 형태의 에피쿠로스주의적 철학이 아우구스티누스주의Augustinianism*와 결합하면서 '정치경제'라 명명되는 혁신적인 분야가 나타났다. 계몽주의를 이끈 것은 바로 그런 정치경제에 대한 성찰이었다. 이 같은 주장은 논쟁적이긴 하지만, 그럼에도 로버트슨의 작업은 오늘날의 지성사 연구가 실천하고 있는 모든 미덕을 보여준다는 점에서 좋은 모범이 된다. 그의 작업은 학문들 간의 경계선을 자유롭게 넘나들며, 앤드루 플레처와 애덤 퍼거슨에서부터 잠바티스타 비코, 파올로 마티아 도리아, 안토니오 제노베시, 가에타노 필란제리에 이르기까지 함께 연구된 일이 거의 없는 여러 저자에 대한 좀 더 깊은 지식으로 우리를 인도한다.

이것이 지성사 연구가 매우 굳건한 단계에 도달했다는 뜻은 아니다. 비록 이제는 지성사 연구가 과거처럼 다른 영역의 역사가들과 적대하지는 않는다 해도 여전히 모든 사람에게 설득력을 발휘하는 것은 아니라는 사실을 기억하자. 지성사를 거부

---

*초기 기독교의 대표적인 교부 성 아우구스티누스의 입장, 특히 원죄 이후의 타락한 세계에서 인간이 정념과 (이기심과 같은) 악덕에서 자유로울 수 없다는 관점을 가리킨다. 이와 함께 언급된 "특정한 형태의 에피쿠로스주의"란, 초기 근대 유럽의 도덕철학에서 인간이 정념과 쾌를 완전히 부인하는 대신 이를 적절하게 다스리고 활용하며 살아야 한다는 입장을 지칭하며, 이들은 인간이 모든 정념과 악덕을 극복해야만 한다는 '스토아주의적' 입장의 반대편에 있었다('스토아주의'와 '에피쿠로스주의' 모두 초기 근대인들이 고대 그리스철학을 자신들의 관점에서 받아들여 사용한 명칭이다). 로버트슨에 따르면 초기 근대에 아우구스티누스주의와 에피쿠로스주의, 데카르트주의가 결합하는 논리가 나타났으며(대표적으로 17세기 후반 프랑스의 사상가들이 그러했다), 이는 인간의 이기적인 본성을 전제하고 그 타락한 본성에서 어떻게 사회성sociability이 출현할 수 있었는지를 설명하려 했다. 이러한 논리에 입각한 사상가들은 인간이 각자의 이기심을 만족시키기 위해 서로 협력하여 사회의 풍요와 번영을 창출해내는 과정을 인정해야 한다고 주장함으로써 당대의 정치경제론에 철학적 토대를 제공했다. 관련 참고문헌은 257쪽을 보라.

한 가장 주요한 사례로는, 흥미롭게도 R. G. 콜링우드와 함께 지성사 연구의 창건자에 가장 가깝다고 할 수 있는 인물, 즉 피터 래슬릿이 있다. 1960년대에 들어 래슬릿은 (1957년에 시작된) 자신의《철학, 정치, 사회Philosophy, Politics and Society》시리즈에서 좀 더 분석철학적인 형태의 연구를 통해 사회문제를 조사하고자 했다. 그는 가족과 국가에서의 가부장적 사회구조를 옹호한 로버트 필머의 논의가 16세기의 현실을 어느 정도나 반영하고 있는지에 관심을 갖게 되었다. 그의 결론은, 역사적 인구통계학의 기법들을 활용해 사회구조를 조사하는 쪽이 맥락주의적 분석을 통해 개별 사상가들의 저작을 연구하는 일보다 중요하다는 것이었다. 산업화 전후의 인구 및 가구를 엄밀하게 검토한 래슬릿은 가장 널리 알려진 저작《우리가 잃어버린 세계: 산업화시대 이전의 잉글랜드The World We Have Lost: England Before the Industrial Age》(1965)를 출간했다. 비록 2001년 래슬릿의 죽음 이후 그가 남긴 사적인 문서들이 아직 공공문서고에 들어와 있지는 않지만, 그가 지성사 연구를 통해서는 자신이 역사에 던지고자 했던 질문에 대한 답변을 찾기 어렵다고 생각했음은 분명하다. 대신 그는 동시대의 사회과학들, 특히 사회학의 조력을 필요로 했다. 래슬릿이 생각한 이상적인 역사가는 아날 학파의 역사가들 중 가장 위대하면서도 동시에 사상과 관념에 가장 무관심했던 페르낭 브로델이었다. 만년의 래슬릿은 브로델의 서명이 담긴 엽서를 지니고 다녔으며, 그 엽서를 자신의 진정성을 보여주는 징표로 주머니에서 꺼내 보여주곤 했다.[7]

지성사 연구가 지지자를 찾는 데 실패했다고 말할 수 있는 또 다른 분야로는 경제사상사가 있다. 도널드 윈치가 썼듯, 경제학의 역사는 경제학자들을 위해, 또 경제학자들에 의해 집필되곤 했다.

사상사 중에서 섬처럼 남아 있는 영역의 특징이 해당 학문의 종사자들만이 직접 자신들의 역사를 기록하는 것이라고 할 때, 경제학사는 그 대표적인 예에 해당한다. 경제학사는 경제학의 전문성에 대한 자부심, 경제학만의 교수법, 그리고 같은 경제학자들만이 제대로 이해할 수 있다고들 하는 경제학의 비판적 목적 등등을 근거로, 학제 간 연구를 거부하며 오직 그들만이 집필할 수 있는 자격을 보유하는 분야로 여겨진다. 경제학이 전문지식으로서 지닌 위상이 굳건하고, 경제학이 이룩해온 진전을 아무도 의심하지 않던 시기, 경제학자들은 경제학의 역사를 시간이 지남에 따라 우월한 학문적 기예가 꽃을 피우는 이야기처럼 서술하곤 했다. 이런 서술 방식을 같은 부대의 사기를 고취시키려는 허세에 찬 행위로 보아도 틀리지 않을 것이다. 역사 서술이 자신들의 족보를 편찬하는 데 필요한 물음(가령 누가 무엇을 언제 낳았는가?)에 목적론적으로 (오늘날 유효한 지식의 범위에 포함되어 살아남았는가를 기준으로 판단할 때, 어떠한 주장이 성공적이었으며, 또 그 이유는 무엇이었는가?) 답변하는 식으로 이루어졌다고 할 만큼 이 시기 경제학사의 역사관은 너무나 휘그주의적이었다.[8]

지성사란 무엇인가?

경제학의 역사는 과거 마르크스주의자, 신리카도주의자neo-Ricardian, 혹은 케인스주의자처럼 자신들이 옹호하는 이론과 정책의 계보를 제시하는 데 관심을 가졌던 당대의 경제학자들에게 중요한 문제였다. 하지만 오늘날 경제학사의 영역은 경제학과 학부 및 대학원 교과과정 모두에서 사실상 열외로 취급된다. 수학적 모델이나 대규모 데이터의 통계적 검증에 집착하는 다수의 경제학자들은 경제학의 역사와 경제사를 혼동하거나, 경제학사와 경제사 모두 자신들의 분과에는 아무런 쓸모가 없는 분야라는 듯 무시하곤 한다.⁹ 경제학자들이 과거의 선행 저자들을 다루는 방식은 지성사 연구자들의 연구 방법론과 상상할 수 있는 한도 내에서 가장 멀리 떨어져 있다 해도 과언이 아니다. 특히 윈치 본인을 포함해 지성사가들이 지난 수 세대에 걸쳐 경제학사 연구에 중요한 기여를 했음에도 이런 상황은 여전히 변하지 않고 있다.¹⁰ 잉글랜드의 주요한 경제사상사 연구자가 교원 소개 웹페이지에서 "이 분야의 박사학위 소지자는 (적어도 북미와 유럽) 학계에서 경력을 쌓을 가능성이 (아예 없는 것은 아니라 해도) 극히 낮은 편"이라는 사실을 학생들이 염두에 두어야 한다고 경고할 정도로 경제학사의 학문적 풍경은 황량하다.

경제학사가 여전히 연구되는 경우에도 마찬가지로 문제가 있는데, 경제사상사를 서술하는 연구자들의 일부 학술 작업 또한 목적론과 예기적 시대착오로 가득하다. 새뮤얼 홀랜더의 연구가 그런 상황을 잘 보여주는 예로, 데이비드 리카도가 레옹 발라스와 앨프리드 마셜의 선구자로 간주되어야 한다는 주장은 〔역사〕 연구가 〔학문적 진리의〕 '발견'에 초점을 맞춰야 한다는 잘못된 태도의 전형이라 할 수 있다. 이러한 방식으로 계보를 만들어내려는 시도는 과거 마셜이 준민족주의적인 노선을 따라 경제학의 계보를 정립하려 했던 예를 되풀이하는 것과 별반 다르지 않다.[11]

휘그 사관이 여전히 번창하고 있음을 고려할 때, 아직까지는 지성사 연구가 완전한 성공을 거두었다고 보기는 어렵다. 실제로 어떤 면에서 휘그 사관은 과거 어느 때보다도 널리 퍼져 있다. 대중적인 역사 잡지나 어느 도시 책방의 '역사' 코너, 또는 라디오나 TV에 출연하는 인기 있는 역사가가 말하는 내용을 훑어보면, 예기적 해석, 즉 과거가 미래의 관심사를 앞질러 말해준다는 식의 독해가 지금까지 이를 비판해온 연구자들의 낯이 뜨거워질 만큼 여전히 지배적으로 유통되고 있음을 알게 된다. 이런 식의 잘못된 역사서 쓰기는 과거를 오늘날의 도덕적 관점에서 판단하는 단계에서부터 시작된다. 그다음으로 과거에서 오늘날까지 역사적인 매개를 거치지 않고 곧바로 이어지는 무언가의 기원을 찾아내는 것이 두 번째 단계라면, 역사 속의 행위자들에게서 단순명료한 교훈을 이끌어내는 것이 세 번째 단계다. 그런 교훈의 예로는, 과거란 얼마나 별나고 흥미로운 때였는지, 또는 종종 되풀이되듯 과거에 비해 우리가 더 합리적이고, 더 윤택한 생활 수준을 누리고, 더 커다란 부를 누리게 된 것이 얼마나 다행인지 등등의 뻔한 내용이 있다. 조금 다른 버전으로는, 과거의 행위자들이 우리가 사는 세계를 창조했다거나, 혹은 과거인들이 정말로 선하거나 강해서 우리가 모범으로 삼을만 하다는 것 등등의 이유를 들어 우리가 그들로부터 배워야 한다는

　　　　　　　　　　　　　지성사란 무엇인가?

교훈이 제시된다. 후자의 논리를 잘 보여주는 최근의 사례로는 앤드루 로버츠의 제목부터 노골적인 《나폴레옹 대제Napoleon the Great》(2014)이 있다.

또 다른 예로 지금 가장 성공적인 역사 잡지 《BBC 역사 BBC History》의 2012년 크리스마스호 표지를 보자. 앵글로색슨족이 "시골의 목가적인 낙원에서 살았는지 또는 역경과 불평등으

역사 잡지 《BBC 역사》의 2012년 크리스마스호 표지. 역사가들이 과거에 대해 가지고 있는 잘못된 믿음을 보여주는 사례 중 하나다.

로 가득한 곳에서 살았는지" 묻는 질문이 실려 있고, 우리는 "로마인과 함께 쇼핑"하며, "튜더 시대의 위험한 장난감들"로부터 오늘날과 마찬가지로 "16세기에 놀이는 비극적인 결과를 낳을 수 있었다"는 메시지를 배우고, 덧붙여 "나폴레옹의 언론 담당관"에 대해서도 알 수 있다는 식이다. 좀 더 최근인 2015년 1월 호를 보면 "위험할 정도의 성적 강박"을 지녔던 찰스 2세가 "왕국을 통치하기에는 과도하게 성에 탐닉했던" 것이 아닌지를 묻는 내용이 나온다. 이런 출판물에 실리는 글을 몇 편 읽어보면, 수많은 현직 역사가들이 여전히 다음과 같은 잘못된 믿음들을 지니고 있다는 사실이 여실히 드러난다. 우리들은 과거의 연구에서 오늘날의 선행 사례를 찾아내야 하고, 과거는 우리 자신이

6장. 지성사 연구의 현재와 미래

살고 있는 세계와 연결되어 있을 때에만 흥미로우며, 우리에게 알려져 있는 범주들을 활용해 과거의 쟁점들을 캐물어야 하고, 우리가 과거의 행위자들 및 그들이 살던 시대를 반드시 도덕적으로 판단해야 한다는 것이 바로 그런 믿음들이다.

이러한 믿음을 정당화하기 위한 근거로, 사람들의 관심을 끌려면 과거가 현재와 지극히 밀접한 관계에 있는 것처럼, 혹은 과거가 지금과 너무나 다르다는 점에서 신기하게 보이도록 역사를 제시해야 한다는 논리가 나오곤 한다. 그 부정적인 결과 중 하나는 이렇다. 점점 더 많은 수의 정치가들 혹은 공인들이 역사책을 적어도 한 권 정도 쓰는 일을 통과의례처럼 생각하기 시작하면서, 우리들의 책장은 스스로가 다른 이들의 작업을 적절히 각색했으며 1차 자료를 거의 또는 완전히 무시했다고 고백하는 책들로 채워지고 있는 중이다.

그런 저작들이 수없이 쏟아져 나오는 현실에서 어느 한 권을 콕 집어 이야기하는 게 공정하지 않게 보일 수 있지만, 영국 보수당 하원의원 제시 노먼의 《보수주의의 창시자 에드먼드 버크Edmund Burke: Philosopher, Politician, Prophet》(2013)는 여러 도서상의 최종 후보로 올랐고 호평도 수없이 받았으니 좋은 사례가 되겠다. 물론 노먼의 준수한 필력과 그가 버크의 출판 저작을 상세하게 알고 있다는 사실을 고려할 때 책이 호평을 받은 것은 이해할 만한 일이다. 그러나 지성사적 저술이라고 보기에는 이 책에 몇 가지 문제가 있는 것도 사실이다. 버크의 삶과 사상을 구별해 다루는 노먼의 저작에서 문제가 되는 지점은 후자, 즉 사상을 다루는 부분이다. 그는 버크를 "근대 정치를 발명한 인물"이며 "정치적 근대성의 중심 기둥"일 뿐 아니라, "최초의 포스트모던한 정치사상가이자, 근대세계 그리고 오늘날 자유주의적 개인주의라 지칭되는 것을 처음으로 겨냥한 위대한 비평가"로 그려낸다. 나아가 그는 권력을 제한해야 하고, 그렇지만 그런 제한에 얽매이지 않고 독립적으로 사고할 수 있는 지도자가 있어야 하며, 추상적 원리에 따라 판단하는 것을 피해야 하지만, 그럼에도 소위 '사회적 가치'를 회복해야 한다는 등 오늘날의 정치학이 참고할 수 있는 여러 교훈을 버크에게서 찾아낼 수 있다고 말한다.

문제는 노먼이 버크가 살아가던 세계에서 벌어지던 지적인 논쟁들에 대해 아는 것이 거의 없다는 사실이다. 이른바 '계몽주의'는 완전히 우스꽝스럽게 그려진다. 사상가들은 이론과 추상적 사고를 신봉하는 진영 대 현실성과 정확성을 지지하는 진영으로 분류된다. 당시 버크는 프랑스혁명정부를 무너트리기 위한 전쟁을 개시해야 한다고 주장하고 있었는데, 노먼 같은 저자들은 전혀 고려하지 않고 있지만 이 사실은 1790년대를 살던 모든 이들에게 너무나 명확했던 사항이다. 버크는 혁명의 지지자들을 세상에서 완전히 쓸어내지 않는 한 어느 누구도 안전할 수 없을 것이라고 주장했다. 그런 위기의 순간에 희생될 수밖에 없는 자유가 누구의 자유인지의 문제, 그리고 전쟁을 치르면서 영국이 파산하게 될 수도 있다는 점은 버크에게는 중요한 일이 아니었다. 버크는 후대에 계승될 체계적이고 일관된 보수주의 이데올로기를 만들지 못했다. 그는 자신이 속한 시대의 이데올로기들이 파리의 혁명적 공화주의와의 대결에서 패배했고, 따라서 그것들이 파산이나 다름없는, 철저히 쇄신되어야 하는 상황으로 전락해버렸다고 믿는 채로 죽음을 맞이했다.

어떤 비평가는 〔나의 지적에 대해〕 일반적인 독자들이 학술적인 지성사 연구를 모르는 것은 당연하며 따라서 노먼의 책과 같은 저작들은 이렇게 어려운 분야를 독자들에게 소개한다는 점에서 높은 평가를 받아야 한다고 응수할지도 모른다. 그 말이 타당할 수도 있겠으나, 루스 스커가《치명적인 순수성: 로베스피에르와 프랑스혁명Fatal Purity: Robespierre and the French Revolution》(2006)이라는 저작을 아름답게 집필했듯, 넓은 범위의 독자들에게 어필하면서도 역사적으로 타당성 있는 책을 쓰는 지성사가들은 분명 존재한다.[12]

모든 지성사가들은 글을 쓸 때 스스로가 다루려는 역사적 행위자들이 쓴 저술을 반드시 실제로 읽어봐야 한다는 생각에 동의한다. 1차 문헌을 무시하고 타인의 해석에 기대기만 하는 태도는 상상조차 할 수 없는 일인 것이다. 마찬가지로, 지성사가들이 과거를 목적론적으로 바라보는 일 또한 드물다. 물론 그런 사례들은 여전히 발견되며, 실제로 글을 쓰고 있는 지금 특히 북미에서는 현재 우리에게 중요한 관념들의 기원을 탐색하겠다거나 현대 사상의 진정한 토대를 보여주겠다는 식의 과장된 약속을 제시하며 지성사 연구에 실천적 의의가 있는 것처럼 보이게 하려는 경향이 두드러지게 나타난다. 당연히 북미에도 (근 수십 년간의 지성사 연구의 중요한 특징이기도 한) 회의주의에 입각한 조심스러운 태도를 고수하는 학자들이 많이 있기는 하다. 그럼에도 북미의 지성사가들은 근대성의 의미를 논하는 거대한 논쟁에 뛰어드는 경향을 보인다.

이런 연구 경향은 근대적인 관념의 기원을 목적론적으로 탐색하려는 작업에서 잘 드러난다. 그 결과물로 최초의 총력전이라든가 전 지구적 혁명, 헌정, 법적 평등의 체제, 계급 없는 사회 등등의 기원을 찾는 책들이 출판되곤 한다.[13] 물론 그중에는 상당히 깊은 지식을 보여주는 책도 있다. 하지만 한 가지 예를 들어보면, 스티브 핑커스는《1688: 최초의 근대적 혁명1688: The First Modern Revolution》(2009)에서 네덜란드군의 잉글랜드 침공을 명예혁명의 핵심 사건으로 규정하는데, 어째서 이를 '최초의 근대적 혁명'으로 기술해야 하는지 납득하기란 쉽지 않다. 이 책은 1688년의 혁명과 혁명의 직접적인 결과들에 집중할 뿐 다른 혁명들과의 비교연구 같은 작업은 수행하고 있지 않으며, 혁명이라는 관념 자체를 다루지도 않는다. 결국 독자는 최초의 근대적 혁명을 탄생시킨 것이 1688년/1689년의 사건인지 아닌지를 묻는 질문이 그저 그 이후 시대에 관심을 가진 독자들의 눈길을 끌기 위한 마케팅 전략에 불과하다는 인상을 받게 된다.

아마도 (종종 러브조이의 관념사와 잘못 엮이곤 하는) 휘그주의적 역사를 되풀이하는 가장 좋은 예로는 조녀선 이즈리얼의 저작을 꼽을 수 있을 것이다. 본래 에스파냐 및 네덜란드 제국을 연구하는 경제사가였던 이즈리얼은 프린스턴대학으로 옮겨간 뒤 계몽주의를 다루는 벽돌처럼 두꺼운 책들을 출간하기 시작했다. 그는 계몽주의의 여러 조류 중에서 특히 급진주의와 민주주의의 원형을 찾아내는 데 초점을 맞췄다. 이즈리얼의 주장은, 관용, 시민적 자유, 민주주의, 성 평등, 인종 평등, 사상과 표현의 자유 등과 같은 '기본적 가치들의 꾸러미'가 명료해진 것은 18세기 철학의 비판자들을 통해서였으며, 그들 중 다수는 암스테르담의 위대한 학자 바뤼흐 스피노자의 우상파괴적인 작업을 이어갔던 스피노자 추종자들과 스피노자주의 네트워크의 구성원들이었다는 것이다.[14] 이즈리얼은 자신이 스피노자에게서 사회의 여러 위계를 철폐하고 사회적 평등을 추구하려는 비전에 기초한 민주주의 옹호론을 발견해냈으며, 그것이 드니 디드로와 돌바크 남작 같은 프랑스 계몽주의자들 그리고 프랑스대혁명의 혁명가들을 거쳐 우리에게까지 닿게 되었다고 주장한다.

근대적 관념의 토대를 17세기 후반에서부터 찾아내려고 시도하면서 이즈리얼이 묻는 것은 가령 마라나 로베스피에르 같은 특정한 개인들이 얼마나 진정으로 민주주의자였으며 급진적 이데올로기를 충분히 받아들였는가이다. 토머스 페인 혹은 조지프 프리스틀리처럼 민주주의와 시민적 자유라는 대의에 전적으로 헌신한 이들에겐 찬사가 주어진다. 이즈리얼이 보기에는 바로 그런 대의에 헌신하는 삶이야말로 급진민주주의 기획을 성공시키고 또한 정치를 신학적으로 이해하는 사고를 합리적으로 거부할 수 있도록 한 핵심 요소였다. 이즈리얼에게 있어 후자는 급진계몽주의가 낳은 또 다른 사상자로서, 그것을 합리적으로 거부하는 태도야말로 세계가 근대성으로 이행하고 있음을 보여주는 징표였다. 이즈리얼 저작의 매력은 그것이 1970년대의 스키너와 포콕처럼 매우 거대한 역사적 질문을 제기한다는 데 있으며, 이것이 이즈리얼의 책이 출판 시장에서 성공한 이유 중 하나다. 그러나 지성사 연구자의 좀 더 회의주의적인 관점

지성사란 무엇인가?

에서 볼 때, 이즈리얼처럼 계몽주의 시대의 관념들을 설명하고 그런 관념들이 프랑스대혁명 및 이후 어떤 과정을 통해 근대화되었다고 주장하는 일은 명백한 오류라고 할 수 있다.♪

18세기에 민주주의 혹은 민주정을 정당화하기 위해서는 민주정이 상업사회와 공존할 수 있음을 보여주는 사상적 노력이 필요했다. 전통적으로 민주정은 내전과 국제전을 초래하고, 무지한 자들과 군중이 통치하고 지배하며, 선동가들이 득세하고, 최종적으로는 정치체 자체가 붕괴해 (주로 군사 지도자의 형상을 한) 독재자가 다스리는 나라로 전락하는 모습으로 그려져왔기 때문이다. 민주정을 주창하는 이들은 있었으나, 그들은 오직 시민들이 덕성과 애국심이 충만하며 정치체의 생존에 헌신하고 (공동체적 관계를 갈라버리기 쉬운) 사치와 상업의 유혹에 면역되었다고 확신할 수 있는 정치적 공동체에서만 민주국가가 보전될 수 있다고 주장했다.

그렇기에 유럽의 소국에서, 그리고 특히 거대한 상업군주국들의 지배에 점점 더 포섭되고 있는 세계에서 간신히 생존하고 있는 공화국에서 다수의 민주정 지지자들이 나타나는 것은 놀라운 일이 아니다. 스피노자가 살았던 곳 또한 초기 근대 시기에 새로 탄생한 공화국이라는 무척 희소한 예, 즉 1568년부터 1648년까지 에스파냐에 대항하는 애국주의적 전쟁에서 파생된 네덜란드 공화국이었다. 네덜란드 연방국가를 만들어낸 소국들

♪ 조금 더 상세한 서평으로는 Minchul Kim, "Book review, Revolutionary Ideas," *History of European Ideas*, 41.6(2015), pp.825-830를 참고.

6장. 지성사 연구의 현재와 미래

이나 그와 유사하게 조직된 스위스의 칸톤州, canton들, 또는 베네치아와 제노바처럼 르네상스 시대 이후로 생존을 이어온 독립된 도시공화국 같은 공화정 국가들은 다양한 생존 전략을 발전시켰다. 성곽 건설, 지역 내 세력 균형을 보장하기 위한 능동적인 외교술, 강력한 인접국과의 동맹, 동일한 종교를 믿는 강대국과의 교분, 경제적인 전문화뿐 아니라, 무엇보다도 전시에 인민들로 하여금 직접 무기를 들고 침입자에 대항해 용맹하게 맞서 싸울 수 있도록 하는 남자다움virtus과 이와 결합된 애국심의 함양이 바로 그런 전략들이다.

스피노자처럼 이런 전략을 옹호한 이들이 마주한 난제는 18세기에 상업의 힘이 계속 커지면서 시대가 바뀌었다는 데 있었다. 상업은 큰 시장이 나타날 수 있는 곳일수록 더욱 큰 규모로 존재했다. 이로 인해 대국大國은 경제적 발전이라는 측면에서 압도적인 이점을 보유했다. 대국은 상업에서 얻는 세입과 미래의 세입을 담보로 융통한 자금을 군비로 전환시킬 수 있었다. 이렇게 발생한 소국과 대국 간 힘의 차이는 국제관계를 뒤바꿔놓았다. 많은 관찰자들의 눈에 소국과 공화국 그리고 이들을 통해 유지되고 있던 민주정의 이념은 이른바 근대성을 활발하게 싹틔우기는커녕 명백히 역사의 뒤안길로 사라져가고 있었다.

공화주의자들과 민주주의자들이 찾아낸 해법 하나는 (잉글랜드와 통합한) 스코틀랜드의 사례에서처럼 더 큰 국가와 합병하거나 대국의 군사적 보호를 받되 독립을 유지하는 길을 목표로 더욱 강건한 동맹 체제를 발전시키는 것이었다. 18세기 후반 많은 소국들은 영국을 자신들의 주권을 잠재적으로 보호해줄

세력으로 여기고 의지하게 되었다. 이때 문제는 상업 세력이었던 영국이 소국들을 자신의 경제적 제국 일부로 병합하면서 각국의 경제를 무너트리고 명목상의 독립만을 보장해주는 방향으로 나아갈 위험이 있다는 것이었다.

또 다른 선택지는 프랑스대혁명이 발발하면서 주어졌다. 프랑스혁명국가가 전쟁과 제국 모두를 단념하고 전 세계의 자유를 보호하겠다고 약속하면서 작은 주권국, 공화국, 민주정들을 위한 새로운 세계가 곧 떠오를 듯 보였던 것이다. 그러나 유서 깊은 공화국의 민주주의자들은 프랑스 같은 대국이 공화정 또는 민주정을 이룰 역량을 지녔다고 믿지 않았다. 1780년대 초 제네바 내전에 참여한 이들을 포함해 18세기의 가장 급진적인 혁명가들 일부는 소국의 민주정에는 찬성했으나 프랑스라는 강대국의 모습으로 등장한 민주정에는 철저히 반대했다. 이 책 1장에서 언급했듯, 급진 계몽주의적 견해의 전형이라 할 수 있는 루소가 자신의 사후 프랑스에서 벌어진 사건들을 지지했을 것이라 생각한다면 이는 오류다. 역으로 프랑스가 인민이 지배하는 나라 모두가 겪을 것으로 예정된 역사적 경로를 되풀이하는 또 하나의 사례가 되었을 때, 즉 민주정에 민중 선동가들이 득세하게 되고, 내전을 겪으며 군부 지배로 넘어가고, 마지막으로 다시금 독재자의 제국이 세워지는 결과에 도달했을 때 이는 동시대인들에게는 전혀 놀랍지 않은 전개였다. 이제 공화주의자들은 수많은 급진적 철학자들이 증오하던 국가인 영국에 기대게 되었다.

혁명에 참여했던 이들을 포함해 여러 정치 행위자들과 관찰자들이 영국에 의지했던 까닭은, 그들의 눈에 프랑스대혁명의 실패가 명확히 보였기 때문이었다. 민중혁명이라는 수단을 통해 시민적이고 정치적인 자유를 얻어내는 일은 언제나 재앙과 같은 결과로 이어진다는 것이 바로 동시대인들이 생각한 대혁명의 교훈이었다. 다시 조너선 이즈리얼의 주장을 염두에 두고 말해보면, 우리는 지금껏 설명한 모든 내용들에서 다음과 같은 사실을 확인하게 된다. 계몽주의에서 곧바로 근대성으로 이행하는 길은 없었다는 것, 자유에 관한 관념으로부터 전쟁과 경제에 관한 관념을 분리하여 생각해서는 안 된다는 것, 프랑스대혁명은 19세기에 민주주의라는 바통을 넘겨주기는커녕 정확히 그 반대의 결과를 초래했다는 것 말이다.

한때 지성사 연구자였으나 휘그주의적 역사 쓰기로 되돌아간 사례도 있는데, 데이비드 우튼이 그러했다.[15] 초기 근대 유럽의 이단, 불신앙과 정치사상에 관해 일련의 저작을 내놓았던 우튼은 이후 과학사 연구로 옮겨갔다. 과학사라는 영역의 특수한 성격은 상황을 좀 더 복잡하게 만든다. 과학자들이 이룩한 진보와 거기서 비롯된 기술적 변화가 매우 명백하다는 점에서 과학은 역사 연구에서도 독특한 영역처럼 보일 수 있다. 만약 과거의 관념 중 무엇이 옳고 그른지 언제든 명확하게 가려낼 수 있는 분야가 있다면, 그건 바로 자연철학 및 자연과학의 역사여야 할 것이다. (역사학의 다른 영역에서 나타나는 휘그주의적 이론에 관해 어떻게 생각했던) 허버트 버터필드 본인조차 자신의 저작《과학의 역사The Origins of Modern Science: 1300-1800》(1949)에서 과학이 완전히 휘그주의적인 역사관에 입각해 얼마나 큰 진보를 이룩했는지 그려내고 〔새로운〕 발명의 승리를 찬양했다. 과학 중에서도 우리의 사고가 진전했음이 가장 명백히 드러나는 분야가 있는데, 바로 의학이다. 그러나 의학사가들은 (다른 과학사가들이 일반적으로 그러하듯) 토머스 쿤의 관점에 따라 과거인들이 속한 시대에 입각해, 또한 당시의 과학적 실천을 지배했던 전제와 관습에 기초해 과거의 관념을 이해하고자 했다. 그런 과학사적 접근법의 고전적인 사례로는 스티븐 샤핀과 사이먼 셰퍼의《리바이어던과 진공펌프: 홉스, 보일, 그리고 실험적인 삶Leviathan and the Air-Pump: Hobbes, Boyle, and the Experimental Life》(1985)을 꼽을 수 있다. 이 저작은 로버트 보일의 실험 방법에 대한 홉스의 공격을 진리 대 거짓의 구도로 이해해서는 안 되며(동시대인들에게는 보일의 실험 방법이 과학적으로 얼마나 정확한지가 그리 분명한 문제는 아니었다), 그것이 사회철학들 간의 충돌에서 비롯된 산물이라고 주장했다.

우튼의《의학의 진실: 의사들은 얼마나 많은 해악을 끼쳤는가?Bad Medicine: Doctors Doing Harm Since Hippocrates》(2006)는 그와 대조적으로 의학의 역사에서 좋은 역사와 나쁜 역사를 가려낸다. 2300년간 의사들은 환자들을 구하기보다는 더욱 다치게 했으며, 조지프 리스터가 수술에 소독제를 사용한 1865년 이후에야 좋은 의학을 찾아낼 수 있게 된다는 것이다. 우튼은 역사를 통해 과학자들의 등급을 매겼으며 의학에서 진보를 이끌어내는 데 실패한 일부의 사례들이 순전히 무지에서 비롯되었다고 평가한다. 피터 래슬릿의 후기작이 그러했듯, 우튼은 텍스트 분석에도 관심을 기울이며, 자신의 주장을 뒷받침하기 위해 지성사 연구의 모든 테크닉을 활용한다. 하지만 그는 《의학의 진실》의 목표가 19세기 말까지도 의학적 실천을 뒷받침했던 '공상적인 기술'을 드러냄으로써 역사학 저술이 넓은 범위의 독서대중에게도 의미를 가질 수 있도록 만드는 데 있다고 주장했다. 지성사가와 다른 역사학자들이 자신들이 다루는 분야에 가치판단을 적용하지 못할 경우, 그들의 노력은 사회적인 연관성과 의의를 잃게 된다는 것이다.

그러나 지성사 연구가 〔회의주의적 자세를 견지한다고 해서〕 상대주의를 설교하는 것은 아니다. 지성사 연구가 목표하는 바는 과거 사상의 복잡성을 인식하고 이를 더 섬세하게 파악할 수 있는 능력을 제공하는 것, 그리고 그런 사상들이 어떻게 나났는지, 어째서 역사적인 문제를 풀고자 하는 서로 다른 해결 방법들이 각기 나름대로 타당할 수 있는지, 사람들이 삶에서 마주하는 이데올로기적 체계가 역사 속의 인간 행위에 어떤 한계를 부여하는지 등을 이해할 수 있도록 해주는 것이다. 역사 속 행위자에게 공감하는 태도는 반드시 필요하지만, 그렇다고 해서 이런 자세가 꼭 역사가가 과거의 사상과 행동을 정당화하는 결과로 이어질 필요는 없다. 지성사 연구자는 인간과 사회가 완전한 상태에 도달할 수 있다고 약속하는 기획에 회의적인 견해를 가질 확률이 높으며, 마찬가지로 혁명가로 살아가게 될 가능성도 적다. 이는 그들이 의도하지 않은 결과들이 역사에 작용하곤 한다는 사실을, 그리고 어느 저자가 개진한 관념이 그 저작을 곧바로 대면한 청중들에 의해 수정되고 또 시간이 흘러 그때와는 달라진 지적 맥락 속에서 살아가는 미래의 세대들에 의해 어느 정

지성사란 무엇인가?

도 재발명되기도 한다는 사실을 받아들이기 때문이다. 이런 사실을 인정하는 일은 다음과 같은 의미를 지닌다. 지성사 연구자들은 한편으로는 과거 혹은 현재와 연관된 주제들을 다루는 일이 얼마나 어려운지 충분히 수긍한다. 동시에 그들은 과거에 또 현재도 계속해서 사람들의 지적인 삶을 형성하고 있는 역사의 여러 층위들을 알고 있기에, 과거 어떤 관념이 중요했던 이유와, 역사 속 행위자들 혹은 우리에게 열려 있는 가능성들을 더욱 깊이 이해할 수 있게 된다.

존 던은, 가령 민주주의나 자유주의 같은 역사 속 관념들이 어떻게 작용하는지 알게 될 때 정치적 행위에 어떤 한계가 주어지는지를 명징하게 이해하게 되며, 또한 근대의 정치적 교리들이 스스로 약속한 바를 실현하는 데 계속해서 실패했으며, 무엇보다도 평화를 지속시키는 데 실패했다는 사실 역시 받아들일 수 있게 된다고 쓴 바 있다.[16] 물론 그런 결론이 정치적이거나 지적인 삶을 포기해야 한다는 교훈으로 수렴되는 것은 아니다. 그 대신 과거 혹은 현재의 이데올로기를 엄격하게 검토하기 위해 더 날카로운 지적 도구들을 준비할 필요가 있다. 오늘날 참고할 만한 좋은 사례로는 콜린 키드의 저작이 있다. 그는 하나로 통합된 영국을 지지하는 입장이 스코틀랜드 민족주의의 천적이기는커녕 두 입장이 서로 긴밀하게 연결되어 있음을 보여줌으로써 스코틀랜드의 연합주의자들이 활용할 수 있는 사상적인 무기를 제공하는 데 성공했다. 이는 수많은 정치가들이 우리에게 들려주는 바와는 다른 것이다.[17] 또 다른 예로 스테판 콜리니는 인문학적 연구가 경제성장에 기여하는 바가 없으며 따라서 국고로부터 대학에 주어지는 예산 지원을 받을 필요가 없다는 비난에 맞서 인문학 분야에서 수행되는 연구들을 옹호했다.[18] ✐

지성사 연구자들은 과거의 저자들이 저술 과정에서 염두에 둔 의도가 무엇이었는지를 재구성해왔으며, 해당 저자의 주요 출판 저작과 덜 알려진 출판 저작, 그리고 전체 수고본 자료를 대상으로 종합적인 연구를 수행해왔다. 그들은 역사 속 저자들이 그들 자신이 속한 시대의 사상에 개입하면서 무엇을 행하고 있었는지 정확하게 추론하기 위해 저자들의 저작과 그들이 속한 이데올로기적 맥락을 연결시켰다. 오늘날 지성사를 연구하는 학자들은 과거의 저자와 대면하며 더 많은 작업을 수행해야 하는데, 이제는 역사적 인물을 탐구할 때 가장 잘 알려진 저작뿐 아니라 훨씬 넓은 범위의 저술들까지 읽어야만 하기 때문이다. 정확히 말해, 학자들은 (이상적으로는) 어느 저자의 작업을 해당 시기에 존재하던 다른 저작들과 연관시켜야만 하며, 주요 저작을 읽는다 해도 해당 저자의 다른 저술을 좀 더 넓게 살펴보고 또 과거에서부터 이어져온 이데올로기적 맥락까지 배경으로 참고해야 한다. 이런 작업을 통해 학자들은 어떤 저자 혹은 관념을 더욱 깊이 이해하게 된다. 이는 특히 죽은 지 오랜 시간이 지난 저자들이 생각했으리라고 간주되는 관념을 그저 평가하고 심판하는 일과는 다르다. 지성사 연구는 우리로 하여금 오늘날 더 이상은 손쉽게 설명할 수 없는 낯선 지적 세계에서 각자의 난제와 마주하고 있었던 저자들과 과거의 시대를 존중하는 태도를 익히도록 한다.

가장 뛰어난 지성사 연구자들 다수는 학문적 연구와 가치 평가 작업이 병행될 수 없다고 주장한다. 혹시 지성사가 스스로 과거의 저자에게서 혐오스러운 주장 혹은 관념을 발견한다고 해도 그것들을 비난할 필요는 없다. 요점은 왜 저자가 그런 관념을 세계에 내놓았는지, 그리고 당시의 맥락에 입각할 때 어떻게 그런 논변이 받아들여질 수 있었는지 이해하는 데 있다. 이런 것들을 이해함으로써 우리는 과거의 상황을 좀 더 복합적으로 사고할 수 있게 되며, 더불어 당시에 해당 논변이 (설령 지금 우리들에게 매우 끔찍하다 할지라도) 어떤 이유에서 유효했는지 통찰할 수 있게 된다. 물론, 적어도 한 가지 측면에서는 텍스트를 평가하는 작업을 피할 수 없다. 지성사 연구자들이 역사적인 텍스트를 두고 피상적인 비평을 내놓을 뿐인 접근법을 공격하는 것은 타당하다. 우리는 기존의 역사 서술에 담겨 있는 수많은 평가와 의견들에 둘러싸여 있으며, 그것들에 맞서 싸워야 한다. 여기서 늘 얻게 되는 교훈이 있다면, 역사 속 행위자들을 우리 시대의 도덕적 가치라는 장벽을 따라 정렬시켜놓고 그들이 우리와 다

지성사란 무엇인가?

르다는 이유로 총살하는 일은 아무런 쓸모도 없다는 사실이다. 다시금 존 버로우의 비유들로 돌아가자면, 지성사가들은 그런 무익한 행위 대신 낯선 과거의 대화를 엿듣고, 이제는 잊힌 관점들을 탐색하며, 때로는 과거 사유의 의미를 복원하기 위해 지성사가의 조력을 필요로 하는 독자들을 돕고자 어려운 관념들을 번역한다.

오늘날 지성사 연구는 매우 강성한 면모를 보이고 있다. 모든 학계, 모든 나라의 수많은 인문학과에서 지성사가들이 연구하고 있는 광경을 볼 수 있다. 그 덕에 글로벌한 시대에 지성사 연구자가 무엇을 할 수 있는지, 좀 더 구체적으로는 지성사 연구와 지구사global history를 어떤 방식으로 관계 지을 수 있는지를 두고 여러 논의가 제기되었다. 데이비드 아미티지는 오랜 기간 여러 문화에서 가장 광범위하게 나타나는 관념들을 다룰 때 지성사 연구가 매우 적합한 위치에 있다고 주장했으며, 그런 작업을 칭하기 위해 '관념**에서의** 역사history in ideas'라는 용어를 새로 창안했다. 아미티지의 논점은 이렇다. 지성사가들은 언제나 장기간에 걸친 변화에 관심을 가져왔으며, 이를 고려하지 않고 지성사가들이 좁은 범위의 엄밀한 맥락에 속한 구체적인 이데올로기적 사건들만 다룰 수 있다고 전제한다면 이는 잘못이라는 것이다.[1]

그러나 어떤 면에서 글로벌한 것이라는 개념은 지성사 연구에 잘 부합하지 않는다. 오늘날의 지성사 연구자들은 대체로 특정한 지역적 맥락을 복원하는 데 관심을 두며, 민족국가적 관점의 지배에 따라 망각된 자료를 다시 들춰내고자 하기 때문이다. 지역적이고 특수한 대상이 필연적으로 훨씬 먼 역사적 거리에서 인식될 수밖에 없다는 사실을 감안할 때, 글로벌한 관점을 강조하는 일은 그런 맥락을 덮어버린다는 점에서 더 나쁜 잘못을 범하는 것일 수 있다. 다른 각도에서 이렇게 말할 수도 있다. 지성사 연구의 관점에 따르면 모든 것은 다른 것들만큼이나 잠재적으로 글로벌하므로 특정 주제만을 지구사의 연구 대상으로 삼는 태도는 의구심을 자아낸다는 것이다. 글로벌한 관점을 주장한다는 것은 곧 어떤 주제가 다른 주제보다 글로벌한 관점에서 중요하다고 말하는 것이기 때문이다. 새뮤얼 모인과 앤드루 사르토리가 주장했듯, 우리는 지구사적 관점을 통해 서구 자유주의적 관념의 지배를 재승인하고 이를 그와 다른 외국의 토양에 잘못 이식하게 될 위험이 있다.[2]

그럼에도 불구하고, 모인과 사르토리가 편집한 논문집 《글로벌 지성사 연구Global Intellectual History》(2013)가 강조하듯, 지성사 연구자들은 관념들이 이동하고, 확산하며, 경계선들과 문화들을 횡단하는 과정에서 필연적으로 변모하는 과정을 추적하는 데 기여할 수 있다. 그 결과가 세계적으로 잘 알려진 (이 말이 어떤 의미를 담고 있든 간에) 인물들에만 초점을 맞춰 산봉우리만을 들여다보고 작은 언덕들을 무시하는 식의 연구 방식으로 돌아가는 것이어서는 안 된다. 글로벌한 관념을 연구하는 데 흥미를 가진 지성사 연구자들이 참고할 만한 모범적인 연구를 집필했으면서도 그런 잘못을 범하지 않은 역사가가 바로 J. G. A. 포콕이다. 그의 《야만과 종교》 연작은 로마제국 시기에 걸쳐 특정한 관념들이 전파된 과정과 또 제국의 붕괴 이후 그것이 변모해간 과정의 역사를 다룬다. 포콕의 연작은 다양한 논의가 광대한 유라시아 대륙 전반을 오가며 어떻게 번역되었는지 살피며, 그것들이 대서양 세계와 18세기 말 대영제국을 포함한 모든 지역에 끼친 영향을 연구한다.

좀 더 큰 쟁점은 지성사 연구가 미래의 연구자들을 계속해서 자극할 수 있는지 여부다. 흔히 지역적이고 개별적인 주제들을, 가끔은 편협하거나 종종은 망상에 가까운 이들을, 종교적인 영감이나 발랄한 회의주의에 기댄 대상을 다루게 되는 지성사 연구가 과연 정치가들이나 학계의 예산 담당자들의 투자 지원을 받아낼 만큼 중요한 결과들을 내놓을 수 있을 것인가? 지성사가들의 관점에 따르면, 사건들은 장기간에 걸쳐 점진적으로 전개되며 또 각기 다른 경로로 움직이고, 많은 경우 그 미래는 예측하기 어렵고 거의 항상 의도하지 않은 결과를 맞이하게 된다. 우리는 역사적 변화를 이렇게 이해하는 자세가 그저 언론인들과 정치가들이 좋아하는 거대한 답변들을 제공하지 못한다는 이유로 비난받아서는 안 되며, 오히려 더욱 권장되어야 한다고 재정 담당자들을 설득해야 한다. 이 책에 언급된 수많은 지성사가들의 작업은 정확히 바로 그 일을 해내고 있다.

더 읽어보기

고전적인 저작들
Some Classic Works

Isaiah Berlin, *The Power of Ideas*, ed. Henry Hardy (London: Pimlico, 2001).

John W. Burrow, *A History of Histories. Epics, Chronicles, Romances and Inquiries from Herodotus and Thucydides to the Twentieth Century* (Harmondsworth: Penguin, 2009).

John W. Burrow, *A Liberal Descent. Victorian Historians and the English Past* (Cambridge: Cambridge University Press, 1981).

Stefan Collini, *Absent Minds: Intellectuals in Britain* (Oxford: Oxford University Press, 2006).

John Dunn, *The Cunning of Unreason: Making Sense of Politics* (New York: Basic Books, 2005).

Duncan Forbes, *Hume's Philosophical Politics* (Cambridge: Cambridge University Press, 1975).

Knud Haakonssen, *Natural Law and Moral Philosophy. From Grotius to the Scottish Enlightenment* (Cambridge: Cambridge University Press, 1996).

Albert O. Hirschmann, *The Passions and the Interests. Political Arguments for Capitalism before Its Triumph* (Princeton, NJ: Princeton University Press, 1977)〔앨버트 허쉬먼, 《열정과 이해관계: 고전적 자본주의 옹호론》, 김승현 옮김, 나남출판, 1994〕.

István Hont, *The Jealousy of Trade: International Competition and the Nation-State in Historical Perspective* (Cambridge, MA: Harvard University Press, 2006).

Ian Hunter, 'The Mythos, Ethos, and Pathos of the Humanities', *History of European Ideas*, 40 (2014), pp.11-36.

Colin Kidd, *The Forging of Races: Race and Scripture in the Protestant Atlantic World, 1600-2000* (Cambridge: Cambridge University

Press, 2006).

Arthur O. Lovejoy, *The Great Chain of Being: A Study of the History of an Idea* (Cambridge, MA: Harvard University Press, 1936)〔아서 O. 러브죠이, 《존재의 대연쇄: 한 관념의 역사에 대한 연구》, 차하순 옮김, 탐구당, 1984〕.

Samuel Moyn, *The Last Utopia: Human Rights in History* (Cambridge, MA: Harvard University Press, 2010)〔새뮤얼 모인, 《인권이란 무엇인가》, 공민희 옮김, 21세기북스, 2011. 다만 신뢰하기는 어려운 번역이다〕.

Jean-Claude Perrot, *Une histoire intellectuelle de l' économie politique, XVIIe–XVIIIe siècles* (Paris: Éditions de l' EHESS, 1992).

J. G. A. Pocock, *The Machiavellian Moment: Florentine Political Thought and the Atlantic Republican Tradition* (Princeton NJ: Princeton University Press, 1975)〔J. G. A. 포칵, 《마키아벨리언 모멘트: 피렌체 정치사상과 대서양의 공화주의 전통》 전2권, 곽차섭 옮김, 나남, 2011〕.

J. G. A. Pocock, *Virtue, Commerce, and History: Essays on Political Thought and History, Chiefly in the Eighteenth Century* (Cambridge: Cambridge University Press, 1985).

John Robertson, *The Case for the Enlightenment. Scotland and Naples 1680–1760* (Cambridge: Cambridge University Press, 2005).

Philip Schofield, *Utility and Democracy: The Political Thought of Jeremy Bentham* (Oxford: Oxford University Press, 2006).

Steven Shapin and Simon Schaffer, *Leviathan and the Air-Pump: Hobbes, Boyle, and the Experimental Life* (Princeton, NJ: Princeton University Press, 1985).

Quentin Skinner, *The Foundations of Modern Political Thought*, 2 vols (Cambridge: Cambridge University Press, 1978)〔퀜틴 스키너, 《근대 정치사상의 토대》 전2권, 박동천 옮김, 1권은 한길사(2004), 2권은 한국문화사(2012)〕.

Quentin Skinner, 'Meaning and Understanding in the History of Ideas', *History and Theory*, 8/1 (1969), pp.3-53.

Michael Sonenscher, *Before the Deluge: Public Debt, Inequality, and the Intellectual Origins of the French Revolution* (Princeton, NJ: Princeton University Press, 2007).

Donald Winch, *Adam Smith's Politics. An Essay in Historiographic Revision* (Cambridge: Cambridge University Press, 1978).

지성사의 역사
The History of Intellectual History

Michael Bentley, *The Life and Thought of Herbert Butterfield: history, science, and God* (Cambridge: Cambridge University Press, 2011).

Michael Bentley, *Modernizing England's Past: English Historians in the Age of Modernism, 1870–1970* (Cambridge: Cambridge University Press, 2005).

Herbert Butterfield, *Christianity and History* (London: Bell, 1949)〔허버트 버터필드, 《크리스천과 역사해석》, 김상신 옮김, 대한기독교출판사, 1995〕.

Herbert Butterfield, *The Englishman and History* (Cambridge: Cambridge University Press, 1944).

Herbert Butterfield, *The Whig Interpretation of History* (London: G. Bell and Sons, 1931).

Owen Chadwick, *Acton and History* (Cambridge: Cambridge University Press, 1998).

John Clive, *Macaulay: the shaping of the historian* (New York: Alfred Knopf, 1973).

Duncan Forbes, 'Historismus in England', *Cambridge Journal*, 4 (1951), pp.387-400.

Duncan Forbes, *The Liberal Anglican Idea of History* (Cambridge: Cambridge University Press, 1952).

Felix Gilbert, *History: Politics or Culture? Reflections on Ranke and Burckhardt* (Princeton: Princeton University Press, 1990).

Mark Goldie, 'J. N. Figgis and the History of Political Thought in Cambridge', in Richard Mason, ed., *Cambridge Minds* (Cambridge : Cambridge University Press, 1994), pp.177-192.

Peter Gordon, 'Contextualism and Criticism in the History of Ideas', in Darrin M. McMahon and Samuel Moyn, eds., *Rethinking Modern European Intellectual History* (New York: Oxford University Press, 2014), pp.32-55.

Lionel Gossman, *Basel in the Age of Burckhardt: A Study in Unseasonable Ideas* (Chicago: Chicago University Press, 2000).

Anthony Grafton, 'Momigliano's Method and the Warburg Institute: Studies in his Middle Period', in Peter Miller, ed., *Momigliano and Antiquarianism: Foundations of the Modern Cultural Sciences* (Toronto: University of Toronto Press, 2007), pp.97-126.

Eric Hobsbawm, *On History* (London: Weidenfi eld & Nicolson, 1997)〔에릭 홉스봄,《역사론》, 강성호 옮김, 민음사, 2002〕.

Friedrich Meinecke, *Historism: The Rise of a New Historical Outlook*, trans. J. E. Anderson (London: Routledge & Kegan Paul, 1972).

Arnaldo Momigliano, *Studies in Ancient and Modern Historiography* (Oxford: Basil Blackwell, 1977).

Michael Oakeshott, 'The Activity of Being an Historian', in *Rationalism in Politics and Other Essays* (London: Methuen , 1962), pp.137-167.

J. G. A. Pocock, *Political Thought and History: Essays on Theory and Method* (Cambridge: Cambridge University Press, 2009).

Stephen B. Smith, ed., *The Cambridge Companion to Leo Strauss* (Cambridge: Cambridge University Press, 2009).

Stephen B. Smith, *Reading Leo Strauss: Politics, Philosophy, Judaism* (Chicago: University of Chicago Press, 2006).

Hugh Trevor-Roper, *History and the Enlightenment*, ed. John Robertson (New Haven and London: Yale University Press, 2010).

지성사의 방법
The Method of Intellectual History

F. Azouvi, 'Pour une Histoire Philosophique des Idées', *Le Débat*, 72 (1992), pp.16-26.

Mark Bevir, 'The Errors of Linguistic Contextualism', *History and Theory*, 31 (1992), pp.276-298.

Mark Bevir, *The Logic of the History of Ideas* (Cambridge: Cambridge University Press, 1999).

David Boucher, *Texts in Contexts: Revisionist Methods for Studying the History of Ideas* (Dordrecht: Martinus Nijhoff, 1985).

Roger Chartier, 'Intellectual History or Sociocultural History? The French Trajectories', in Dominic Lacapra and Steven L. Kaplan, eds., *Modern European Intellectual History. Reappraisals and New Perspectives* (Ithaca, NY: Cornell University Press, 1982)〔로제르 샤르티에, 〈지성사냐 사회문화사냐: 프랑스의 궤적〉, 도미니크

라카프라·스티븐 카플란 엮음, 《현대유럽지성사》, 이광래·이종흡 옮김,
　　강원대학교 출판부, 1986〕.

Dario Castiglione and Iain Hampsher-Monk, eds., *The History of Political
　　Thought in National Context* (Cambridge: Cambridge University
　　Press, 2001).

Conal Condren, *The Status and Appraisal of Classic Texts* (Princeton, NJ:
　　Princeton University Press, 1985).

François Dosse, *La Marche des idées. Histoire des intellectuels – histoire
　　intellectuelle* (Paris: La Découverte, 2003).

John Dunn, 'The Identity of the History of Ideas', *Philosophy*, 43 (1968),
　　pp.85-104.

Anthony T. Grafton, 'The History of Ideas: Precept and Practice, 1950-
　　2000 and Beyond', *Journal of the History of Ideas*, 76/1 (2006),
　　pp.1-32.

John Gunnell, *Political Theory: Tradition and Interpretation* (Cambridge,
　　MA: Harvard University Press, 1979).

John Gunnell, 'Time and Interpretation: Understanding Concepts and
　　Conceptual Change', *History of Political Thought*, 19 (1998),
　　pp.641-658.

Iain Hampsher-Monk, 'Political Languages in Time: The Work of J. G.
　　A. Pocock', *The British Journal of Political Science*, 14 (1984),
　　pp.89-116.

David Harlan, 'Intellectual History and the Return of Literature',
　　American Historical Review, 94 (1989), pp.581-609.

Peter L. Janssen, 'Political Thought as Traditionary Action: The Critical
　　Response to Skinner and Pocock', *History and Theory*, 24 (1985),
　　pp.115-146.

Donald R. Kelley, *The Descent of Ideas. The History of Intellectual
　　History* (Aldershot: Ashgate, 2002).

Donald R. Kelley, 'What Is Happening to the History of Ideas?', *Journal
　　of the History of Ideas*, 51 (1990), pp.3-25.

Reinhart Koselleck, *Futures Past: On the Semantics of Historical Time*,
　　trans. Keith Tribe (Cambridge, MA: MIT Press, 1985)〔라인하르트
　　코젤렉, 《지나간 미래》, 한철 옮김, 문학동네, 1996〕.

Reinhart Koselleck, 'Linguistic Change and the History of Events', *The
　　Journal of Modern History*, 61/4 (1989), pp.649-666.

Dominic LaCapra, *Rethinking Intellectual History: Texts, Contexts, Languages* (Ithaca, NY: Cornell University Press, 1983).

Robert Lamb, 'Quentin Skinner's Revised Historical Contextualism: A Critique', *History of the Human Sciences*, 22/3 (2009), pp.51-73.

Kari Palonen, *Quentin Skinner: History, Politics, Rhetoric* (Cambridge: Cambridge University Pres , 2003).

J. G. A. Pocock, 'The Concept of a Language and the Métier d'Historien: Some Considerations on Practice', in Anthony Pagden, ed., *The Languages of Political Theory in Early-Modern Europe* (Cambridge: Cambridge University Press, 1987), pp.19-38.

J. G. A. Pocock, 'The History of Political Thought: A Methodological Enquiry' in Peter Laslett and W. G. Runciman, eds., *Philosophy, Politics, and Society*, 2nd ver. (Oxford: Basil Blackwell, 1962), pp.183-202.

J. G. A. Pocock, *Political Thought and History: Essays on Theory and Method* (Cambridge: Cambridge University Press, 2009).

J. G. A. Pocock, *Politics, Language, and Time: Essays on Political Thought and History* (New York: Atheneum, 1971).

J. G. A. Pocock, 'Present at the Creation: With Laslett to the Lost Worlds', *International Journal of Public Affairs*, 2 (2006), pp.7-17.

J. G. A. Pocock, 'Quentin Skinner. The History of Politics and the Politics of History', *Common Knowledge*, 10 (2004), pp.532-550.

John Herman Randall, Jr., 'Arthur O. Lovejoy and the History of Ideas', *Philosophy and Phenomenological Research*, 23/4 (1963), pp.475-479.

Melvin Richter, 'Begriffsgeschichte and the History of Ideas', *Journal of the History of Ideas*, 48 (1987), pp.247-263.

Melvin Richter, 'Reconstructing the History of Political Languages: Pocock, Skinner and the Geschichtliche Grundbegriffe', *History and Theory*, 29 (1990), pp.38-70.

Quentin Skinner, *Visions of Politics: Volume 1. Regarding Method* (Cambridge: Cambridge University Press, 2002)〔퀜틴 스키너, 《역사를 읽는 방법: 텍스트를 어떻게 읽고 해석할 것인가》, 황정아·김용수 옮김, 돌베개, 2012〕.

James Tully, ed., *Meaning and Context: Quentin Skinner and his Critics* (Cambridge: Cambridge University Press, 1988)〔제임스 탈리 엮음,

《의미와 콘텍스트: 퀜틴 스키너의 정치사상사 방법론과 비판》, 유종선 옮김, 아르케, 1999).

Richard Whatmore and Brian Young, eds., *Palgrave Advances in Intellectual History* (Basingstoke and New York: Palgrave, 2006).

Hayden White, *The Content of the Form: Narrative Discourse and Historical Representation* (Baltimore, MD: Johns Hopkins University Press, 1987).

지성사와 정치사상사
Intellectual History and the History of Political Thought

David Armitage, *Foundations of Modern International Thought* (Cambridge: Cambridge University Press, 2013).

David Armitage, *The Ideological Origins of the British Empire* (Cambridge: Cambridge University Press, 2000).

Bernard Bailyn, *The Ideological Origins of the American Revolution* (Cambridge, MA: Harvard University Press, 1967)(버나드 베일린, 《미국 혁명의 이데올로기적 기원》, 배영수 옮김, 새물결, 1999).

Keith Michael Baker, *Inventing the French Revolution. Essays on French Political Culture in the eighteenth century* (Cambridge: Cambridge University Press, 1990).

John Dunn, ed., *The Economic Limits to Modern Politics* (Cambridge: Cambridge University Press, 1990).

Knud Haakonssen, *The Science of the Legislator: The Natural Jurisprudence of David Hume and Adam Smith* (Cambridge: Cambridge University Press, 1981).

Colin Kidd, *British Identities before Nationalism: Ethnicity and Nationhood in the Atlantic World, 1600–1800* (Cambridge: Cambridge University Press, 1999).

J. G. A. Pocock, *The Ancient Constitution and the Feudal Law: A Study of English Historical Thought in the Seventeenth Century* (Cambridge: Cambridge University Press, 1957, 1987).

J. G. A. Pocock, *Barbarism and Religion, 6 vols* (Cambridge: Cambridge University Press, 1999, 2003, 2005, 2010, 2015).

John Robertson, *A Union for Empire: Political Thought and the British*

Union of 1707 (Cambridge: Cambridge University Press, 1995).

Judith Shklar, *Men and Citizens. A Study of Rousseau's Social Theory* (Cambridge: Cambridge University Press, 1969).

Quentin Skinner, *Hobbes and Republican Liberty* (Cambridge: Cambridge University Press, 2007).

Quentin Skinner, *Liberty before Liberalism* (Cambridge: Cambridge University Press, 1998)〔퀜틴 스키너, 《퀜틴 스키너의 자유주의 이전의 자유》, 조승래 옮김, 푸른역사, 2007〕.

Michael Sonenscher, *Sans-Culottes: An Eighteenth-Century Emblem in the French Revolution* (Princeton, NJ: Princeton University Press, 2008).

Donald Winch, *Riches and Poverty. An Intellectual History of Political Economy in Britain, 1750–1834* (Cambridge: Cambridge University Press, 1996).

Donald Winch, *Wealth and Life: Essays on the Intellectual History of Political Economy in Britain, 1848–1914* (Cambridge: Cambridge University Press, 2009).

지성사와 철학사
Intellectual History and the History of Philosophy

Leo Catana, 'The Concept "System of Philosophy": The Case of Jacob Brucker's Historiography of Philosophy', *History and Theory*, 44 (2005), pp.72-90.

Conal Condren, Stephen Gaukroger and Ian Hunter, eds., *The Philosopher in Early Modern Europe. The Nature of a Contested Identity* (Cambridge: Cambridge University Press, 2006).

Aaron Garrett, 'Francis Hutcheson and the Origin of Animal Rights', *Journal of the History of Philosophy*, 45 (2007).

Knud Haakonssen, 'German Natural Law', in M. Goldie and R. Wokler, eds., *The Cambridge History of Eighteenth-Century Political Thought* (Cambridge: Cambridge University Press, 2006), pp.251-290, 특히 pp.255-267.

Knud Haakonssen, 'The History of Eighteenth-Century Philosophy: History or Philosophy?' in K. Haakonssen, ed., *The Cambridge*

History of Eighteenth-Century Philosophy (Cambridge:
Cambridge University Press, 2006), pp.3-25.

Knud Haakonssen, 'The Moral Conservatism of Natural Rights', in
Ian Hunter and David Saunders, eds., *Natural Law and Civil
Sovereignty. Moral Right and State Authority in Early Modern
Political Thought* (Basingstoke: Palgrave, 2002), pp.27-42.

Knud Haakonssen, 'Protestant Natural Law Theory: A General
Interpretation', in N. Brender and L. Krasnoff, eds., *New Essays
on the History of Autonomy. A Collection Honoring J. B.
Schneewind* (Cambridge: Cambridge University Press, 2004),
pp.92-109.

Ian Hunter, 'The Morals of Metaphysics: Kant's Groundwork as
Intellectual Paideia', *Critical Inquiry*, 28 (2002), pp.909-929.

Jonathan Rée, Michael Ayers and Adam Westoby, *Philosophy and Its Past*
(Brighton, 1978).

Richard Rorty, 'The Historiography of Philosophy: Four Genres', in
R. Rorty, J. B. Schneewind and Q. Skinner, eds., *Philosophy in
History* (Cambridge: Cambridge University Press, 1984), pp.49-75.

J. B. Schneewind, 'The Divine Corporation and the History of Ethics', in
R. Rorty, J. B. Schneewind and Q. Skinner, eds., *Philosophy in
History* (Cambridge: Cambridge University Press, 1984), pp.173-
191.

M. A. Stewart, 'Two Species of Philosophy: The Historical Significance of
the First Inquiry', in P. Millican, ed., *Reading Hume on Human
Understanding* (Oxford: Oxford University Press, 2002).

Martin Stone, 'Scholastic Schools and Early Modern Philosophy', in D.
Rutherford, ed., *The Cambridge Companion to Early Modern
Philosophy* (Cambridge: Cambridge University Press, 2006),
pp.299-327.

포스트구조주의와 지성사
Poststructuralism and Intellectual History

Edward Baring, *The Young Derrida and French Philosophy, 1945–1968*
(Cambridge: Cambridge University Press, 2011).

François Cusset, *French Theory: How Foucault, Derrida, Deleuze, &
Co. Transformed the Intellectual Life of the United States*, trans.
Josephine Berganza and Marlon Jones (Minneapolis: University
of Minnesota Press, 2008)〔프랑수아 퀴세, 《루이비퉁이 된 푸코?:
위기의 미국 대학, 프랑스 이론을 발명하다》, 문강형준·박소영·유충현
옮김, 난장, 2012〕.

Jacques Derrida, *Of Grammatology*, trans. Gayatri Spivak (Baltimore,
MD: Johns Hopkins University Press, 1976)〔자크 데리다,
《그라마톨로지》, 김성도 옮김, 전면개정판, 민음사, 2010〕.

Jacques Derrida, 'Signature, Event, Context', in *Margins of Philosophy*,
trans. Alan Bass (Chicago: Chicago University Press, 1982).

Victor Farias, *Heidegger et le nazisme* (Paris : Verdier, 1987).

Stefanos Geroulanos, *An Atheism That Is Not Humanist Emerges in
French Thought* (Stanford: Stanford University Press, 2010).

Sarah Hammerschlag, *The Figural Jew* (Chicago: Chicago University Press,
2010).

David Harlan, *The Degradation of American History* (Chicago: Chicago
University Press, 1997).

David Hollinger, 'The Return of the Prodigal', *The American Historical
Review*, 94 (1989), p.3.

Donald R. Kelley, 'What is Happening to the History of Ideas?', *The
Journal of the History of Ideas*, 51/1 (1990), pp.3-25.

Ethan Kleinberg, 'Haunting History: Deconstruction and the Spirit of
Revision', *History and Theory*, 46/4 (2007), pp.113-143.

Dominick LaCapra, *Émile Durkheim: Sociologist and Philosopher* (Ithaca:
Cornell University Press, 1972).

Dominick LaCapra, 'History, Language, and Reading: Waiting for
Crillon', *American Historical Review*, 100 (1994), p.3.

Dominick LaCapra, *A Preface to Sartre* (Ithaca: Cornell University Press,
1978).

Dominick LaCapra, *Representing the Holocaust: History, Theory, Trauma*
(Ithaca: Cornell University Press, 1994).

Dominick LaCapra, 'Rethinking Intellectual History and Reading Texts',
in Steven L. Kaplan and Dominick LaCapra, eds., *Modern
European Intellectual History: Reappraisals and New Perspectives*
(Ithaca: Cornell University Press, 1983).

Dominick LaCapra, 'Tropisms of Intellectual History', *Rethinking History*, 8 (2004), p.4.

J. G. A. Pocock , 'A New Bark up an Old Tree', *Intellectual History Newsletter*, 8 (1986), pp.3-9.

Paul Ricoeur, *Freud and Philosophy: An Essay on Interpretation, trans. Denis Savage* (New Haven, CT: Yale University Press, 1970)〔폴 리쾨르,《해석에 대하여: 프로이트에 관한 시론》, 김동규·박준영 옮김, 인간사랑, 2013〕.

Joan W. Scott, 'Gender: A Useful Category of Historical Analysis', *The American Historical Review*, 91 (1986), p.5.

Gabrielle Spiegel, 'The Task of the Historian', *The American Historical Review*, 114 (2009), p.1.

Judith Surkis, 'When was the Linguistic Turn? A Genealogy', *American Historical Review*, 117/3 (2012), pp.700-722.

Judith Surkis, *Sexing the Citizen* (Ithaca: Cornell University Press, 2007).

John Toews, 'Intellectual History after the Linguistic Turn', *American Historical Review*, 92 (1987), p.4.

Hayden White, *Metahistory: The Historical Imagination in Nineteenth-Century Europe* (Baltimore, MD: Johns Hopkins University Press, 1973)〔헤이든 화이트,《메타 역사: 19세기 유럽의 역사적 상상력》 전2권, 천형균 옮김, 지식을만드는지식, 2011〕.

Hayden White, *Tropics of Discourse: Essays in Cultural Criticism* (Baltimore, MD: Johns Hopkins University Press, 1978).

개념사로서의 지성사

Intellectual History as Begriffsgeschichte

Andreas Anter, *Max Weber's Theory of the Modern State. Origins, Structure and Significance* (Basingstoke: Palgrave, 2014).

Dietrich Hilger, 'Begriffsgeschichte und Semiotik', in R. Koselleck, ed., *Historische Semantik und Begriffsgeschichte* (Stuttgart: Klett-Cotta, 1978), pp.120-135.

Dietrich Hilger, 'Industrie, Gewerbe', (with Lucian Hölscher) in O. Brunner, W. Conze and R. Koselleck, eds., *Geschichtliche Grundbegriffe. Historisches Lexikon zur politisch-sozialen Sprache in Deutschland*, vol.3 (Stuttgart: Klett-Cotta, 1982), pp.237-304.

Franz-Ludwig Knemeyer, 'Polizei', *Economy and Society*, 9 (1980), pp.172-196.

Reinhart Koselleck, 'Begriffsgeschichte and Social History', in *Futures Past. On the Semantics of Historical Time* (New York: Columbia University Press, (1978) 2004), pp.75-92(라인하르트 코젤렉, 〈개념사와 사회사〉, 《지나간 미래》, 한철 옮김, 문학동네, 1996, 121~144쪽).

Reinhart Koselleck, *Begriffsgeschichten. Studien zur Semantik und Pragmatik der politischen und sozialen Sprache* (Frankfurt a.M.: Suhrkamp, 2006).

Reinhart Koselleck, 'Einleitung', in O. Brunner, W. Conze, R. Koselleck, eds., *Geschichtliche Grundbegriffe. Historisches Lexikon zur politisch-sozialen Sprache in Deutschland*, vol.I (Stuttgart: Klett-Cotta, 1972), pp.xiii-xxvii.

Reinhart Koselleck, *Preußen zwischen Reform und Revolution. Allgemeines Landrecht, Verwaltung und soziale Bewegung von 1791 bis 1848* (Stuttgart: Ernst Klett Verlag, 1967).

Reinhart Koselleck, *Zeitschichten. Studien zur Historik* (Frankfurt a.M.: Suhrkamp, 2000).

Giulio C. Lepschy, 'European Linguistics in the Twentieth Century', in T. Bynon and F. R. Palmer, eds., *Studies in the History of Western Linguistics* (Cambridge: Cambridge University Press, 1986), pp.189-201.

Peter N. Miller, 'Nazis and Neo-Stoics: Otto Brunner and Gerhard Oestreich before and after the Second World War', *Past and Present*, 176 (2002), pp.144-186.

Haruko Momma, *From Philology to English Studies. Language and Culture in the Nineteenth Century* (Cambridge: Cambridge University Press, 2013).

J. G. A. Pocock, 'Concepts and Discourses: A Difference in Culture? Comment on a Paper by Melvin Richter', in H. Lehmann and M. Richter, eds., *The Meaning of Historical Terms and Concepts. New Studies on Begriffsgeschichte, Occasional Paper No. 15* (Washington DC: German Historical Institute, 1996).

Rolf Reichardt, 'Historische Semantik zwischen lexicométrie und New

Cultural History', in Reichardt, ed., *Aufklärung und Historische Semantik. Interdisziplinäre Beiträge zur westeuropäischen Kulturgeschichte*, (Berlin: Duncker und Humblot, 1998), pp.7-27.

Melvin Richter, 'A German Version of the "Linguistic Turn"; Reinhart Koselleck and the History of Political and Social Concepts (Begriffsgeschichte)', in D. Castiglione and I. Hampsher-Monk, eds., *The History of Political Thought in National Context* (Cambridge: Cambridge University Press, 2001), pp.58-79.

Melvin Richter, *The History of Political and Social Concepts. A Critical Introduction* (New York: Oxford University Press, 1995)〔멜빈 릭터, 《정치·사회적 개념의 역사: 비판적 소개》, 송승철·김용수 옮김, 소화, 2010〕.

Melvin Richter, 'Towards a Lexicon of European Political and Legal Concepts: A Comparison of Begriffsgeschichte and the "Cambridge School"', *Critical Review of International Political and Social Philosophy*, 6/2 (2003), pp.91-120.

Manfred Riedel, 'Gesellschaft, bürgerliche', in O. Brunner, W. Conze, R. Koselleck, eds., *Geschichtliche Grundbegriffe. Historisches Lexikon zur politisch-sozialen Sprache in Deutschland, vol.2* (Stuttgart: Klett-Cotta, 1975), pp.719-800.

Stephan Schlak, *Wilhelm Hennis. Szenen einer Ideengeschichte der Bundesrepublik* (Munich: C. H. Beck, 2008).

지성사와 과학사
Intellectual History and the History of Science

John Agar, 'What Happened in the Sixties?', *British Journal for the History of Science*, 41/4 (2008), pp.567-600.

Joseph Agassi, 'Towards an Historiography of Science', History and Theory, *Studies in the Philosophy of History*, suppl.2 (The Hague, 1963).

Peter Alter, *The Reluctant Patron: Science and the State in Britain, 1850–1920* (Oxford: Berg, 1986).

David Alvargonzález, 'Is the History of Science Essentially Whiggish?', *History of Science*, 51 (2013), pp.85-99.

지성사란 무엇인가?

Peter Bowler, *The Invention of Progress: Victorians and the Past* (Oxford: Wiley-Blackwell, 1989).

G. Cantor, 'Charles Singer and the Founding of the British Society for the History of Science', *British Journal for the History of Science*, 30 (1977), pp.5-23.

Hasok Chang, 'We have Never Been Whiggish (About Phlogiston)', *Centaurus*, 51 (2009), pp.239-264.

John R. R. Christie, 'The Development of the Historiography of Science', in R. C. Olby et al., eds., *Companion to the History of Modern Science* (London: Routledge, 1996 [1990]), pp.5-22.

Michael Aaron Dennis, 'Historiography of Science: An American Perspective', in John Krige and Dominique Pestre, eds., *Companion to Science in the Twentieth Century* (London: Routledge, 2003 [1997]), pp.1-26.

Tore Frangsmyr, 'Science or History: George Sarton and the Positivist Tradition in the History of Science', *Lychnos* (1973/74), pp.104-144.

Jan Golinski, *Making Natural Knowledge: Constructivism and the History of Science* (Cambridge: Cambridge University Press, 1998).

A. Rupert Hall, 'Can the History of Science Be History?', *British Journal for the History of Science*, 4:15 (1969), pp.207-220.

A. Rupert Hall, 'Merton Revisited or Science and Society in the Seventeenth Century', *History of Science*, 2 (1963), pp.1-16.

A. Rupert Hall, 'On Whiggism', *History of Science*, 21 (1983), pp.45-59.

Edward Harrison, 'Whigs, Prigs and Historians of Science', *Nature*, 329 (17 September 1987), pp.213-214.

Ian Hesketh, *The Science of History in Victorian Britain: Making the Past Speak* (London: Pickering & Chatto, 2011).

Margaret Jacobs, 'Science Studies after Social Construction: The Turn Towards the Comparative and the Global', in V. E. Bonnell, L. A. Hunt and R. Biernacki, eds., *Beyond the Cultural Turn: New Directions in the Study of Society and Culture* (Oakland: University of California Press, 1999), pp.95-120.

Nick Jardine, 'Whigs and Stories: Herbert Butterfield and the Historiography of Science', *History of Science*, 41 (2003), pp.125-140.

더 읽어보기

Thomas S. Kuhn, *The Essential Tension: Selected Studies in Scientific Tradition and Change* (Chicago: The University of Chicago Press, 1977).

Thomas S. Kuhn, *The Structure of Scientific Revolutions, 2nd edn* (Chicago: University of Chicago Press, 1970 [1962])[토머스 S. 쿤, 《과학혁명의 구조》, 김명자·홍성욱 옮김, 까치, 2013].

Peter Mandler, 'The Problem with Cultural History', *Cultural and Social History*, 1 (2004), pp.94-112.

Ernst Mayr, 'When is Historiography Whiggish?', *Journal of the History of Ideas*, 51/2 (1980), pp.301-309.

Robert K. Merton, *Science, Technology and Society in Seventeenth-Century England* (New York: Harper Torchbooks, 1970 [1938]).

Roy Porter, 'The Scientific Revolution: A Spoke in the Wheel?', in R. Porter and M. Teich, eds., *Revolution in History* (Cambridge: Cambridge University Press, 1986), pp.290-316.

Steven Shapin, 'Discipline and Bounding: The History and Sociology of Science as Seen Through the Externalism-Internalism Debate', *History of Science*, 30 (1992), pp.333-369.

Steven Shapin, *The Scientific Revolution* (Chicago: The University of Chicago Press, 1996)[스티븐 샤핀, 《과학혁명》, 한영덕 옮김, 영림카디널, 2002].

Steven Shapin and Simon Schaffer, *Leviathan and the Air Pump: Hobbes, Boyle and the Experimental Life* (Princeton: Princeton University Press, 1985).

Richard Yeo, *Defining Science: William Whewell, Natural Knowledge, and the Public Debate in Early Victorian Britain* (Cambridge: Cambridge University Press, 1993).

주

서론

1 Blake Tyson, 'Quarry Floor Inscriptions at Ecclerigg Crag, Windermere', *Transactions of the Ancient Monuments Society*, 25 (1981), pp.87-101.

2 Joel Mokyr, *The Enlightened Economy: An Economic History of Britain 1700-1850* (New Haven, CT: Yale University Press, 2009).

3 Elisabeth Labrousse, *Bayle*, tr. Denys Potts (Oxford: Oxford University Press, 1983), p.90.

4 Clifford Geertz, 'Thick Description: Toward an Interpretive Theory of Culture', in *The Interpretation of Cultures: Selected Essays* (New York: Basic Books, 1973), pp.3-30〔클리퍼드 기어츠, 〈중층 기술: 해석적 문화이론을 향하여〉, 《문화의 해석》, 문옥표 옮김, 까치, 1998〕.

5 Geertz, 'Thick Description', p.7.

6 'Jeremy Bentham to the National Convention of France' (1793), 이후 'Emancipate your Colonies'로 출간됨.

7 Antonio Gramsci, *Quaderni del carcere, vol.1: Il materialismo storico e la filosofia di Benedetto Croce* (Turin: Giulio Einaudi, 1966), pp.174-175.

8 비디오 프로젝트 '지성사란 무엇인가?'(What is Intellectual History?, At: http://www.st-andrews.ac.uk/iih/〔해당 링크는 더 이상 유효하지 않으며, 지금은 https://intellectualhistory.net/1-research-resource-centre로 접속할 수 있다〕)를 보면 지성사가들이 서로 얼마나 다른 의견을 품고 살아가는지 명확히 깨달을 수 있다.

9 Stefan Collini, 'The Identity of Intellectual History', in Richard Whatmore and Brian Young, eds, *Companion to Intellectual History* (Oxford: Wiley-Blackwell, 2015)에서 인용.

10 Darrin M. McMahon and Samuel Moyn, 'Introduction: Interim Intellectual History', in *Rethinking Modern European Intellectual History* (Oxford: Oxford University Press, 2014), pp.3-12.

11 'Five Questions to Mark Bevir', in Morten Haugaard Jeppesen, Frederik

Stjernfelt and Mikkel Thorup, eds, *Intellectual History. 5 Questions*
(Copenhagen: Automatic Press, 2013), p.30.

12 John Burrow의 미출간 원고 'Intellectual History: The Poverty of
Methodology' (https://www.sussex.ac.uk/webteam/gateway/
file.php?name=intellectual-history---the-poverty-of-methodolgy-
ii.pdf&site=68에서 접속 가능).

1장. 지성사의 정체성

1 'Five Questions to John Pocock', in Morten Haugaard Jeppesen, Frederik
   Stjernfelt and Mikkel Thorup, eds, *Intellectual History. 5 Questions*
   (Copenhagen: Automatic Press, 2013), p.143.

2 Robert Darnton, 'Intellectual and Cultural History', in M. Kammen,
   ed., *The Past Before Us: Contemporary Historical Writing in the United
   States* (Ithaca, NY: Cornell University Press, 1980), p.337.

3 Robert Darnton, 'In Search of the Enlightenment: Recent Attempts to
   Create a Social History of Ideas', *The Journal of Modern History*, 43/1
   (March 1971), pp.113-132; *The Kiss of Lamourette: Reflections in
   Cultural History* (New York: W. W. Norton, 1990).

4 Arnaldo Momigliano, *Studies in Ancient and Modern Historiography*
   (Oxford : Basil Blackwell, 1977); Anthony Grafton and Lisa Jardine,
   'Studied for Action: How Gabriel Harvey Read his Livy', *Past and
   Present*, 129 (1991), pp.30-78; Anthony Grafton, 'Momigliano's Method
   and the Warburg Institute: Studies in his Middle Period', in Peter Miller
   ed., *Momigliano and Antiquarianism: Foundations of the Modern
   Cultural Sciences* (Toronto: University of Toronto Press, 2007), pp.97-
   126; Jacob Soll, 'Intellectual History and the History of the Book', in
   Richard Whatmore and Brian Young, eds, *Companion to Intellectual
   History* (Oxford: Wiley-Blackwell, 2015).

5 John Burrow, letter to Anthony D. Nuttall, 3 February 1978, Burrow
   Papers, Special Collections, University of Sussex Library, Box 11,
   'Correspondence T-Z', Cesare Cuttica, 'Eavesdropper on the Past: *John
   W. Burrow* (1935-2009), Intellectual History and Its Future', *History of
   European Ideas*, 40/7 (2014), pp.905-924에서 인용.

6 John W. Burrow, 'Intellectual History in English Academic Life:

Reflections on a Revolution', in Richard Whatmore and Brian Young, eds, *Advances in Intellectual History* (London: Palgrave Macmillan, 2006), pp.8-24.

7 Friedrich Meinecke, *Historicism: The Rise of a New Historical Outlook*, trans. J. E. Anderson (London: Routledge&Kegan Paul, 1972), 〔원 독일어판은 《역사주의의 형성 Die Entstehung des Historismus》(1936)으로 출간〕; *Cosmopolitanism and the National State* (Princeton, NJ: Princeton University Press, 1970), 〔원 독일어판은 《근대사에서 국가이성의 이념 Die Idee der Staatsräson in der neueren Geschichte》(1924)으로 출간(한국어판은 《국가권력의 이념사》, 이광주 옮김, 한길사, 2010. 왓모어의 표기와 달리, 《근대사에서 국가이성의 이념》 영역본은 *Machiavellism: the doctrine of raison d'état and its place in modern history* (New Haven, Yale University Press, 1957)이며, 현재 언급된 영어판은 마이네케의 다른 저작인 《세계시민주의와 민족국가》인 듯하다. 문맥상 《근대사에서 국가이성의 이념》이 더 적절해 보인다〕

8 Leslie Stephen, *The History of English Thought in the Eighteenth Century* (Cambridge: Cambridge University Press, 1876), p.3.

9 이러한 주장에 대한 미묘한 응답으로는, Silvia Sebastiani, *The Scottish Enlightenment: Race, Gender, and the Limits of Progress* (London: Palgrave Macmillan, 2013)를 참고.

10 Richard Tuck, *Philosophy and Government, 1572-1651* (Cambridge: Cambridge University Press, 1993); Quentin Skinner, *Reason and Rhetoric in the Philosophy of Hobbes* (Cambridge: Cambridge University Press, 1996); Noel Malcolm, *Aspects of Hobbes* (Oxford: Oxford University Press, 2004).

11 Knud Haakonssen, *The Science of a Legislator: the Natural Jurisprudence of David Hume and Adam Smith* (Cambridge: Cambridge University Press, 1989); *Natural Law and Moral Philosophy: From Grotius to the Scottish Enlightenment* (Cambridge: Cambridge University Press, 1996); István Hont, *Jealousy of Trade: International Competition and the Nation-State in Historical Perspective* (Cambridge, MA: Harvard University Press, 2005); Nicholas Philippson, *Adam Smith: An Enlightened Life* (Harmondsworth: Penguin, 2010); Donald Winch, *Adam Smith's Politics* (Cambridge: Cambridge University Press, 1978); *Riches and Poverty: An Intellectual History of Political Economy in Britain, 1750-1834* (Cambridge: Cambridge University Press, 1996).

2장. 지성사의 역사

1 R. G. Collingwood, *The Idea of History* (Cambridge: Cambridge University Press, 1946), p.317[R. G. 콜링우드, 《서양사학사: 역사에 대한 위대한 생각들》, 김봉호 옮김, 탐구당, 2017].

2 Collingwood, *The Idea of History*, p.318.

3 Anthony Grafton, *What Was History? The Art of History in Early and Modern Europe* (Cambridge: Cambridge University Press, 2007).

4 Thomas Reid, *Essays on the Intellectual Powers of Man* (Edinburgh, 1785), p.23; 익명의 저자가 쓴 *The History of the Works of the Learned*, Issue 2, Article 12 (London, 1740), 179에서 "로크 씨가 쓴 《인간지성론》은 관념의 역사를 서술하기 위한 방식에 적확하게 들어맞는 글이라 할 수 있다"는 평가도 참조.

5 Knud Haakonssen, ed., *The Cambridge History of Eighteenth-Century Philosophy*, 2 vols (Cambridge: Cambridge University Press, 2006).

6 Donald R. Kelley, *Foundations of Modern Historical Scholarship* (New York: Columbia University Press, 1970); *Versions of History: From Antiquity to the Enlightenment* (New Haven, CT: Yale University Press, 1990); D. R. Kelley, ed., *History and the Disciplines: The Reclassification of Knowledge in Early Modern Europe* (New York: University of Rochester Press, 1997).

7 Donald R. Kelley, 'Horizons of Intellectual History: Retrospect, Circumspect, Prospect', *Journal of the History of Ideas*, p.48 (1987), pp.143-169; 'What Is Happening to the History of Ideas?', *Journal of the History of Ideas*, 51 (1990), p.3-25; *The Descent of Ideas. The History of Intellectual History* (London: Aldershot, 2002).

8 *Essays and Treatises on Several Subjects*, 2 vols (London: T. Cadell, 1772)에 실린 David Hume의 'A Dialogue' 및 'An Enquiry Concerning the Principles of Morals' (II, 392) 참조.

9 Felix Gilbert, 'Intellectual History: Its Aims and Methods', *Daedalus*, 100/1 (1971), pp.80-97.

10 Philip P. Weiner, 'Preface', in *Dictionary of the History of Ideas: Studies of Selected Pivotal Ideas*, 4 vols (New York: Charles Scribner's Sons, 1973-4), I, p.vii.

11 Darrin M. McMahon and Samuel Moyn, eds, *Rethinking Modern European Intellectual History* (New York: Oxford University Press,

2014)에 실린 Darrin M. McMahon, 'The Return of the History of Ideas' (pp.13-31) 및 Peter E. Gordon, 'Contextualism and Criticism in the History of Ideas'(pp.32-55) 참고.

12 Arthur O. Lovejoy, 'The Thirteen Pragmatisms', *The Journal of Philosophy, Psychology, and Scientific Methods*, Part I (2 January 1908), pp.5-12; Part II (16 January 1908), pp.29-39.

13 Arthur O. Lovejoy, 'The Historiography of Ideas', *Proceedings of the American Philosophical Society*, 78/4 (1938), pp.529-543; 'Reflections on the History of Ideas', *Journal of the History of Ideas*, 1/1 (1940), pp.3-23.

14 Arthur O. Lovejoy, *The Great Chain of Being. A Study of the History of an Idea* (Cambridge, MA and London: Harvard University Press, 1936)〔아서 O. 러브죠이, 《존재의 대연쇄: 한 관념의 역사에 대한 연구》, 차하순 옮김, 탐구당, 1984〕; Daniel J. Wilson, 'Lovejoy's The Great Chain of Being after Fifty Years', *Journal of the History of Ideas*, 48/2 (1987), pp.187-205.

15 Lovejoy, 'Reflections on the History of Ideas', p.21.

16 Daniel J. Wilson, *Arthur O. Lovejoy and the Quest for Intelligibility* (Chapel Hill: University of North Carolina Press, 1980); John Patrick Diggins, 'Arthur O. Lovejoy and the Challenge of Intellectual History', *Journal of the History of Ideas*, 67/1 (2006), pp.181-208.

17 John W. Burrow, *A Liberal Descent: Victorian Historians and the English Past* (Cambridge: Cambridge University Press, 1981); Stefan Collini, *Public Moralists: Political Thought and Intellectual Life in Britain, 1850-1930* (Oxford: Oxford University Press, 1993).

18 Lovejoy, 'Reflections on the History of Ideas'.

19 James Van Horn Melton, 'Otto Brunner and the Ideological Origins of *Begriffsgeschichte*', in Hartmut Lehmann and Melvin Richter, eds, *The Meaning of Historical Terms and Concepts: New Studies on Begriffsgeschichte* (Washington, DC: German Historical Institute, 1996), pp.21-33; Keith Tribe, 'The *Geschichtliche Grundbegriffe* Project: From History of Ideas to Conceptual History. A Review Article', *Comparative Studies in Society and History*, 31/1 (1989), pp.180-184.

20 Kari Palonen, 'An Application of Conceptual History to Itself. From Method to Theory in Reinhart Koselleck's *Begriffsgeschichte*', *Finnish Yearbook of Political Thought*, 1 (1997), pp.39-69.

21 Reinhart Koselleck, 'A Response to Comments on the Geschichtliche Grundbegriffe', in Hartmut Lehmann and Melvin Richter, eds, *The Meaning of Historical Terms and Concepts: New Studies on Begriffsgeschichte* (Washington, DC: German Historical Institute, 1996), p.xv, pp.60-71.

22 Reinhart Koselleck, *Futures Past: On the Semantics of Historical Time*, trans. Keith Tribe (New York: Columbia University Press, 2004)〔라인하르트 코젤렉, 《지나간 미래》, 한철 옮김, 문학동네, 1996〕.

23 Javier Fernández Sebastián and Juan Francisco Fuentes, eds, *Diccionario político y social del siglo XIX español* (Madrid: Alianza Editorial, 2002); Javier Fernández Sebastián and Juan Francisco Fuentes, eds, *Diccionario político y social del siglo XX español* (Madrid: Alianza Editorial, 2008).

24 Javier Fernández Sebastián, ed., *Diccionario político y social del mundo iberoamericano, 1750-1850*, 10 vols (Madrid: Centro de Estudios Políticos y Constitucionales, 2009-).

25 Kari Palonen, 'Towards a History of Parliamentary Concepts', *Parliaments, Estates and Representation*, 32/2 (2012), pp.123-138.

26 'The European Conceptual History Project (ECHP): Mission Statement', *Contributions to the History of Concepts*, 6 (2011), pp.111-116. 함께 참고할 자료로는 Matti Hyvärinen, Jussi Kurunmäki, Kari Palonen, Tuija Pulkkinen and Henrik Stenius, eds, *Käsitteet liikkeessä. Suomen poliittisen kulttuurin käsitehistoria* 〔《운동하는 개념들: 핀란드 정치문화의 개념사》〕(Tampere: Vastapaino, 2003); Iain Hampsher-Monk, Karin Tilmans, Frank van Vre, *History of Concepts: Comparative Perspectives* (Amsterdam, Amsterdam University Press, 1998).

27 특히 멜빈 릭터의 작업을 참고하라: *The History of Political and Social Concepts. A Critical Introduction* (New York and Oxford, 1995)〔멜빈 릭터, 《정치·사회적 개념의 역사: 비판적 소개》, 송승철·김용수 옮김, 소화, 2010〕; 'A German Version of the "Linguistic Turn"; Reinhart Koselleck and the History of Political and Social Concepts (Begriffsgeschichte)', in D. Castiglione and I. Hampsher-Monk, eds, *The History of Political Thought in National Context* (Cambridge: Cambridge University Press, 2001), pp.58-79; 'Towards a Lexicon of European Political and Legal Concepts: A Comparison of Begriffsgeschichte and the "Cambridge School"', *Critical Review of International Political and Social*

Philosophy, 6/2 (2003), pp.91-120.

28 Hayden White, *The Fiction of Narrative: Essays on History, Literature, and Theory, 1957-2007*, ed. Robert Doran (Baltimore, MD: Johns Hopkins University Press, 2010); Dominick LaCapra, 'Tropisms of Intellectual History', *Rethinking History*, 8/4 (2004), pp.499-529; Roger Chartier, 'Intellectual History or Sociocultural History? The French Trajectories', in Dominic LaCapra and Steven L. Kaplan, eds, *Modern European Intellectual History. Reappraisals and New Perspectives* (Ithaca, NY: Cornell University Press, 1982)〔로제르 샤르티에, 〈지성사냐 사회문화사냐: 프랑스의 궤적〉, 도미니크 라카프라·스티븐 카플란 엮음, 《현대유럽지성사》, 이광래·이종흡 옮김, 강원대학교 출판부, 1986〕.

29 Jeremy Bentham to Jacques Pierre Brissot de Warville, 25 November 1791: *The Correspondence of Jeremy Bentham: October 1788 to December 1793*, 12 vols, ed. Alexander Taylor Milne (London: Athlone Press, 1968-2006), p.IV, pp.341-342 (Letter 821).

30 Herbert L. Dreyfus and Paul Rabinow, *Michel Foucault: Beyond Structuralism and Hermeneutics* (Chicago: University of Chicago Press, 1983)〔허버트 L. 드레피스·폴 라비노우, 《미셸 푸코: 구조주의와 해석학을 넘어서》, 서우석 옮김, 나남, 1989〕; Alasdair MacIntyre, *Three Rival Versions of Moral Enquiry: Encyclopaedia, Genealogy, and Tradition* (Notre Dame, IN: University of Notre Dame Press, 1990).

31 Michel Foucault, *Security, Territory, Population: Lectures at the Collège de France, 1977-1978* (London: Palgrave MacMillan, 2007)〔미셸 푸코, 《안전, 영토, 인구 : 콜레주드프랑스 강의 1977~78년》, 오트르망 옮김, 난장, 2012〕.

32 Jürgen Habermas, 'Modernity versus Postmodernity', *New German Critique*, 22 (1981), pp.3-14; Biddy Martin, 'Feminism, Criticism and Foucault', *New German Critique*, 27 (1982), pp.3-30; J. G. Merquior, *Foucault* (London: Fontana, 1985)〔J. G. 메르키오르, 《푸코》, 이종인 옮김, 시공사, 1999〕; David Macey, *The Lives of Michel Foucault* (London: Hutchinson, 1993); James Miller, *The Passion of Michel Foucault* (London: Harper Collins, 1993)〔제임스 밀러, 《미셸 푸꼬의 수난》 전2권, 김부용 옮김, 인간사랑, 1995〕; Mark Lilla, *The Reckless Mind: Intellectuals in Politics* (New York Review of Books, 2003)〔마크 릴라, 《분별없는 열정: 20세기 정치 참여 지식인들의 초상》, 서유경 옮김, 필로소픽, 2018〕.

33 David A. Hollinger, 'The Disciplines and the Identity Debates, 1970-1995', *Daedalus*, 126 (1997), pp.333-351.

34 James F. Ward, 'Political Philosophy and History: The Links between Strauss and Heidegger', *Polity*, 20/2 (1987), pp.273-295.

35 Leo Strauss, *What is Political Philosophy and Other Studies* (Chicago: University of Chicago Press, 1988〔원 출간은 1959년〕), p.74〔레오 스트라우스, 《정치철학이란 무엇인가》, 양승태 옮김, 아카넷, 2002〕.

36 Lawrence Lampert, *The Enduring Importance of Leo Strauss* (Chicago: University of Chicago Press, 2013).

37 Shadia B. Drury, *Leo Strauss and the American Right* (New York: St Martin's Press, 1997); Anne Norton, *Leo Strauss and the Politics of American Empire* (New Haven, CT: Yale University Press, 2004).

38 J. G. A. Pocock, 'Prophet and Inquisitor: Or, a Church Built upon Bayonets Cannot Stand: A Comment on Mansfield's "Strauss's Machiavelli"', *Political Theory*, 3/4 (1975), pp.385-401; Robert L. Howse, 'Reading Between the Lines: Exotericism, Esotericism, and the Philosophical Rhetoric of Leo Strauss', *Philosophy and Rhetoric*, 32 (1999), pp.60-77; Adrian Blau, 'Anti-Strauss', *The Journal of Politics*, 74/1 (2012), pp.142-155.

39 Heinrich Meier, *Carl Schmitt and Leo Strauss: The Hidden Dialogue*, trans. J. Harvey Lomax (Chicago: University of Chicago Press, 1995); Robert L. Howse, 'From Legitimacy to Dictatorship and Back Again: Leo Strauss's Critique of the Anti-Liberalism of Carl Schmitt', in David Dyzenhaus, ed., *Law as Politics: Carl Schmitt's Critique of Liberalism* (Durham, NC: Duke University Press, 1998), pp.56-90.

40 Leo Strauss, *Thoughts on Machiavelli* (Chicago: University of Chicago Press, 1958), pp.54-84〔레오 스트라우스, 《마키아벨리》, 함규진 옮김, 구운몽, 2006〕.

41 Catherine Zuckert and Michael Zuckert, *The Truth About Leo Strauss. Political Philosophy and American Democracy* (Chicago: University of Chicago Press, 2006).

42 Thomas L. Pangle, *Leo Strauss. An Introduction to his Thought and Intellectual Legacy* (Baltimore, MD: Johns Hopkins University Press, 2006); Daniel Tanguay, *Leo Strauss: An Intellectual Biography* (New Haven, CT: Yale University Press, 2007).

43 Quentin Skinner, 'A Reply to My Critics', in James Tully, ed., *Meaning*

and Context: Quentin Skinner and his Critics (Cambridge: Polity, 1983), p.234〔퀜틴 스키너, 〈나의 비판자들에 대한 답변〉, 제임스 탈리 엮음, 《의미와 콘텍스트: 퀜틴 스키너의 정치사상사 방법론과 비판》, 유종선 옮김, 아르케, 1999〕.

44 J. G. A. Pocock, *The Ancient Constitution and the Feudal Law: A Study of English Historical Thought in the Seventeenth Century: A Reissue with a Retrospect* (Cambridge: Cambridge University Press, 1959; repr. 1987).

45 J. H. Elliott, *History in the Making* (New Haven, CT: Yale University Press, 2012), p.64.

46 Quentin Skinner, 'Quentin Skinner on Meaning and Method', *The Art of Theory: Conversations in Political Philosophy*: (http://www.artoftheory.com/quentin-skinner-on-meaning-and-method/ 참조〔현재 이 링크는 유효하지 않음〕) "그때 내가 가장 중요하다고 생각했던 지점, 혹은 적어도 내가 말하려던 내용에서 가장 새로웠던 지점은 당시 만연했던 마르크스주의 이데올로기 이론을 비판하는 작업이었다. 이 지점을 충분히 짚어낸 사람이 없다는 사실에 나는 실망했었다."

47 벤투리 및 그의 영향에 관해서는 Manuela Albertone, ed., *L'idea di repubblica nella riflessione storica di Franco Venturi* (Naples: Bibliopolis, 2006)를 보라〔본문에 언급된 벤투리의 책 한국어판으로는 프랑코 벤투리, 《계몽사상의 유토피아와 개혁》, 김민철 옮김, 글항아리, 2018. 참조〕.

48 Giuseppe Giarrizzo, *David Hume politico e storico* (Turin: Einaudi, 1962); Furio Diaz, *Dal movimento dei lumi al movimento dei popoli. L'Europa tra illuminismo e rivoluzione* (Bologna: Il Mulino, 1986); Girolamo Imbruglia, *L'invenzione del Paraguay: Studio sull'idea di comunità tra Seicento e Settecento* (Naples: Bibliopolis, 1987); Edoardo Tortarolo, *Philip Mazzei: An Italian in the Creation of the United States* (Boston, MA: Pirandello Lyceum Press, 1988); Manuela Albertone, *National Identity and the Agrarian Republic: The Transatlantic Commerce of Ideas between America and France (1750-1830)* (Farnham: Ashgate, 2014).

49 Franco Venturi, *Comunismo e Socialismo. Storia di un'idea*, eds. M. Albertone, D. Steila, E. Tortarolo and A. Venturi (Turin: University of Turin Press, 2015).

50 J. G. A. Pocock, 'The History of Political Thought: A Methodological

Enquiry', in Peter Laslett and W. G. Runciman, eds, *Philosophy, Politics and Society*, 2nd ver. (New York: Barnes and Noble, 1962), pp.183-202; John Dunn, 'The Identity of the History of Ideas', *Philosophy*, 43 (1968), pp.85-104; Quentin Skinner, 'Meaning and Understanding in the History of Ideas', *History and Theory*, 8 (1969), pp.3-53[퀜틴 스키너, 〈사상사에서의 의미와 이해〉, 제임스 탈리 엮음, 《의미와 콘텍스트: 퀜틴 스키너의 정치사상사 방법론과 비판》, 유종선 옮김, 아르케, 1999].

51 Quentin Skinner의 *Liberty before Liberalism*의 서평인 Blair Worden, 'Factory of the Revolution': *London Review of Books*, 20/3 (1998): pp.13-15를 보라.

52 J. G. A. Pocock, *Politics, Language and Time: Essays on Political Thought and History* (Chicago, IL: University of Chicago Press, 1971), p.25.

53 Petri Koikkalainen and Sami Syrjämäki, 'Quentin Skinner. On Encountering the Past', *Finnish Yearbook of Political Thought*, 6 (2002), pp.34-63.

54 J. G. A. Pocock, *Political Thought and History: Essays on Theory and Method* (Cambridge: Cambridge University Press, 2009)에 수록된 'The History of Political Thought: A Methodological Inquiry' 및 'The Reconstruction of Discourse: Towards the Historiography of Political Thought', p.13을 참고.

55 J. G. A. Pocock, *Politics, Language and Time: Essays on Political Thought and History*, repr. edn (Chicago, IL: Chicago University Press, 1989)에 수록된 'Languages and Their Implications: The Transformation of the Study of Political Thought' (pp.3-41) 및 'On the Non-Revolutionary Character of Paradigms: A Self-Criticism and Afterpiece' (pp.273-291) 참고.

56 J. G. A. Pocock, *The Machiavellian Moment: Florentine Political Thought and the Atlantic Republican Tradition* (Princeton, NJ: Princeton University Press, 1975; repr. 2003)[J. G. A. 포칵, 《마키아벨리언 모멘트: 피렌체 정치사상과 대서양의 공화주의 전통》 전2권, 곽차섭 옮김, 나남, 2011]; *Barbarism and Religion Volume Two: Narratives of Civil Government* (Cambridge: Cambridge University Press, 1999); *Barbarism and Religion Volume Three: The First Decline and Fall* (Cambridge: Cambridge University Press, 2003).

57 J. G. A. Pocock, 'The State of the Art', in *Virtue, Commerce, and*

History: Essays on Political Thought and History, Chiefly in the Eighteenth Century (Cambridge: Cambridge University Press, 1985), pp.1-33; 'The Concept of a Language and the Métier d'Historien: Some Considerations on Practice', in Anthony Pagden, ed., *The Languages of Political Theory in Early-Modern Europe* (Cambridge: Cambridge University Press), pp.19-38.

3장. 지성사의 방법

1 Quentin Skinner, 'On the Liberty of the Ancients and the Moderns: A Reply to My Critics', *Journal of the History of Ideas*, 73/1 (2012), p.146〔퀜틴 스키너, 〈나의 비판자들에 대한 답변〉, 제임스 탈리 엮음, 《의미와 콘텍스트: 퀜틴 스키너의 정치사상사 방법론과 비판》, 유종선 옮김, 아르케, 1999〕.

2 J. G. A. Pocock, 'Foundations and Moments', in Annabel Brett and James Tully, eds, *Rethinking the Foundations of Modern Political Thought* (Cambridge: Cambridge University Press, 2006), p.39.

3 Quentin Skinner, 'A Reply to My Critics', in James Tully, ed., *Meaning and Context: Quentin Skinner and his Critics* (Cambridge: Polity, 1983), p.233.

4 스키너의 입장이 수정된 지점은 Quentin Skinner 'Seeing Things Their Way', in *Visions of Politics. Volume 1. Regarding Method* (Cambridge: Cambridge University Press, 2002), pp.1-7〔퀜틴 스키너, 〈서론: 그들의 방식으로 바라보기〉, 《역사를 읽는 방법: 텍스트를 어떻게 읽고 해석할 것인가》, 황정아·김용수 옮김, 돌베개, 2012〕을 보라. 스키너의 입장 변화에 대한 비판으로는 David Wootton, 'The Hard Look Back', *Times Literary Supplement* (4 March 2003)를 참고.

5 Alan Gewirth, *Marsilius of Padua, the Defender of Peace. Marsilius of Padua and Medieval Political Philosophy, Volume I* (New York: Columbia University Press, 1951).

6 Skinner, 'Meaning and Understanding', p. 24〔퀜틴 스키너, 〈사상사에서의 의미와 이해〉, 제임스 탈리 엮음, 《의미와 콘텍스트: 퀜틴 스키너의 정치사상사 방법론과 비판》, 유종선 옮김, 아르케, 1999〕.

7 Henry Noel Brailsford, *The Levellers and the English Revolution*, ed. Christopher Hill (London: Cresset Press, 1961).

8 John Dunn, 'Consent in the Political Theory of John Locke', *Historical Journal* 10/2 (1967), pp.153-182.

9 P. F. Strawson, 'Intention and Convention in Speech Acts', *The Philosophical Review* 73/4 (1964), pp.439-460.

10 Quentin Skinner, '"Social Meaning" and the Explanation of Social Action', in Peter Laslett, W. G. Runciman and Quentin Skinner, eds., *Philosophy, Politics and Society*. Fourth Series (Oxford: Oxford University Press, 1972), pp.136-157; 해당 논문의 개정본은 Skinner, *Visions of Politics*, Volume 1, pp.128-144〔퀜틴 스키너, 〈'사회적 의미'와 사회적 행동에 대한 설명〉, 《역사를 읽는 방법: 텍스트를 어떻게 읽고 해석할 것인가》, 황정아·김용수 옮김, 돌베개, 2012〕.

11 Skinner, 'Meaning and Understanding', p.47〔퀜틴 스키너, 〈사상사에서의 의미와 이해〉, 제임스 탈리 엮음, 《의미와 콘텍스트: 퀜틴 스키너의 정치사상사 방법론과 비판》, 유종선 옮김, 아르케, 1999〕.

12 Martin J. Burke et al., 'Symposium: On Quentin Skinner, from Method to Politics', *Journal of the History of Ideas*, 73/1 (2012).

13 James Tully, 'The Pen is a Mighty Sword: Quentin Skinner's Analysis of Politics', in *Meaning and Context: Quentin Skinner and his Critics*, pp.7-8〔제임스 탈리, 〈펜은 힘센 칼이다: 퀜틴 스키너의 정치분석〉, 제임스 탈리 엮음, 《의미와 콘텍스트: 퀜틴 스키너의 정치사상사 방법론과 비판》, 유종선 옮김, 아르케, 1999〕.

14 예를 들면, Margaret Leslie, 'In Defence of Anachronism', *Political Studies*, 18/4 (1970), pp.433-470; C. D. Tarlton, 'Historicity, Meaning, and Revisionism in the Study of Political Thought', *History and Theory*, 12 (1973), pp.307-328; Bhikhu Parekh and R. N. Berki, 'The History of Political Ideas: A Critique of Q. Skinner's Methodology', *Journal of the History of Ideas*, 34/2 (1973), pp.163-184; John Keane, 'On the "New" History: Quentin Skinner's Proposal for a New History of Political Ideology', *Telos*, 47 (1981), pp.174-183. 이에 관한 전반적인 개괄로는 Conal Condren, *The Status and Appraisal of Classic Texts* (Princeton, NJ: Princeton University Press, 1985).

15 Mark Bevir, *The Logic of the History of Ideas* (Cambridge: Cambridge University Press, 1999), pp.48-52.

16 John G. Gunnell, 'Interpretation and the History of Political Theory: Apology and Epistemology', *American Political Science Review*, 76 (1982), pp.317-327; Kenneth Minogue, 'Method in Intellectual History:

Quentin Skinner's *Foundations*', in Tully, ed., *Meaning and Context: Quentin Skinner and his Critics*, pp.176-193〔케네스 미노그, 〈지식사 연구의 방법에 대하여: 퀜틴 스키너의 《근대 정치사상의 기초》〉, 제임스 탈리 엮음, 《의미와 콘텍스트: 퀜틴 스키너의 정치사상사 방법론과 비판》, 유종선 옮김, 아르케, 1999〕; Robert Wokler, 'The Professoriate of Political Thought in England since 1914: A Tale of Three Chairs', in Dario Castiglione and Iain Hampsher-Monk, eds, *The History of Political Thought in National Context* (Cambridge: Cambridge University Press, 2001), pp.134-158.

17 Isaiah Berlin, *Political Ideas in the Romantic Age. Their Rise and Influence on Modern Thought*, ed. Henry Hardy (Princeton, NJ: Princeton University Press, 2006)에 수록된 William A. Galston, Foreword, 'Ambivalent Fascination: Isaiah Berlin and Political Romanticism' (pp.ix-xxii) 및 Joshua L. Cherniss, 'Isaiah Berlin's Political Ideas: From the Twentieth Century to the Romantic Age' (pp.xliii-lxxxiv)를 참조.

18 Isaiah Berlin, *The Sense of Reality. Studies in Ideas and Their History* (London: Chatto and Windus, 1996), p.25.

19 Quentin Skinner의 *Hobbes and Republican Liberty*에 대한 서평인 Ellen Meiksins Wood, 'Why It Matters', *London Review of Books* 30/18 (2008), pp.3-6.

20 예컨대 Richard B. Sher, *The Enlightenment and the Book: Scottish Authors and Their Publishers in Eighteenth-Century Britain, Ireland, and America* (Chicago and London: University of Chicago Press, 2006) 및 Andrew Pettegree, *The Invention of News: How the World Came to Know About Itself* (New Haven, CT: Yale University Press, 2014)를 보라.

21 Quentin Skinner, 'Retrospect: Studying Rhetoric and Conceptual Change', in *Visions of Politics*, Volume One, pp.175-187〔퀜틴 스키너, 〈회고: 수사 연구와 개념의 변화〉, 《역사를 읽는 방법: 텍스트를 어떻게 읽고 해석할 것인가》, 황정아·김용수 옮김, 돌베개, 2012〕.

4장. 지성사 연구의 실제

1 Quentin Skinner, 'Meaning and Understanding in the History of Ideas', *History and Theory*, 8/1 (1969), 45, n.192.

2 Mark Goldie, 'The Context of the Foundations', in Annabel Brett and James Tully, eds, *Rethinking The Foundations of Modern Political Thought* (Cambridge: Cambridge University Press, 2006), pp.3-19.

3 'Five Questions to Quentin Skinner', in Morten Haugaard Jeppesen, Frederik Stjernfelt and Mikkel Thorup, eds., *Intellectual History. 5 Questions* (Copenhagen: Automatic Press, 2013), p.156.

4 Hans Baron, *The Crisis of the Early Italian Renaissance: Civic Humanism and Republican Liberty in an Age of Classicism and Tyranny* (Princeton, NJ: Princeton University Press, 1955)〔한스 바론, 《초기 이탈리아 르네상스의 위기: 고전주의와 전제주의 시대의 시민적 휴머니즘과 공화주의적 자유》, 임병철 옮김, 도서출판 길, 2020〕.

5 J. G. A. Pocock, 'Afterword', in *The Machiavellian Moment: Florentine Political Thought and the Atlantic Republican Tradition* (Princeton NJ: Princeton University Press, 1975), p.554〔J. G. A. 포칵, 〈제2판(2003년) 저자 후기〉, 《마키아벨리언 모멘트: 피렌체 정치사상과 대서양의 공화주의 전통》 제2권, 곽차섭 옮김, 나남, 2011〕.

6 Joyce Appleby, 'Republicanism and Ideology', *American Quarterly*, 37/4 (Autumn 1985); 'Republicanism in Old and New Contexts', *William and Mary Quarterly*, 43/1 (January 1986); 'Recovering America's Historic Diversity: Beyond Exceptionalism', *Journal of American History*, 79/2 (September 1992); *Liberalism and Republicanism in the Historical Imagination* (Cambridge, MA: Harvard University Press, 1992).

7 Pocock, 'Afterword', in *The Machiavellian Moment*, pp.559-560〔J. G. A. 포칵, 〈제2판(2003년) 저자 후기〉, 《마키아벨리언 모멘트: 피렌체 정치사상과 대서양의 공화주의 전통》 제2권, 곽차섭 옮김, 나남, 2011〕; Pocock, *Barbarism and Religion. Vol. III: The First Decline and Fall* (Cambridge: Cambridge University Press, 2003), pp.154-156.

8 Quentin Skinner, 'Surveying *The Foundations*: A Retrospect and Reassessment', in Brett and Tully, eds, *Rethinking the Foundations of Modern Political Thought*, p.261.

5장. 지성사 연구의 실천적 의의

1 G. Bock, Q. Skinner and M. Viroli, eds, *Machiavelli and Republicanism* (Cambridge: Cambridge University Press, 1990)에 수록된 Quentin

Skinner의 'Machiavelli's Discorsi and the Pre-humanist Origins of Republican Ideas'(pp.121-141) 및 'The Republican Ideal of Political Liberty'(pp.293-309)을 참조.

2 Quentin Skinner, 'The Idea of Negative Liberty: Philosophical and Historical Perspectives', in R. Rorty, J. B. Schneewind and Q. Skinner, eds, *Philosophy in History: Essays in the Historiography of Philosophy* (Cambridge: Cambridge University Press, 1984), pp.193-221; 'The Paradoxes of Political Liberty' in S. M. McMurrin, ed., *The Tanner Lectures on Human Values*, vol. VII (Cambridge: Cambridge University Press, 1986), pp.225-250; 'A Third Concept of Liberty', *Proceedings of the British Academy*, 117 (2002), pp.237-268.

3 Quentin Skinner, *Liberty before Liberalism* (Cambridge: Cambridge University Press, 1998), p.12, 21〔퀜틴 스키너, 《퀜틴 스키너의 자유주의 이전의 자유》, 조승래 옮김, 푸른역사, 2007〕; *The Foundations of Modern Political Thought* (Cambridge: Cambridge University Press, 1978), vol. II, pp.302-348〔퀜틴 스키너, 〈9장 저항의 권리〉, 《근대 정치사상의 토대》 제2권, 박동천 옮김, 한국문화사, 2012〕.

4 Skinner, *Liberty before Liberalism*, pp.17-23, 84-87〔퀜틴 스키너, 《퀜틴 스키너의 자유주의 이전의 자유》, 조승래 옮김, 푸른역사, 2007〕.

5 Philip Pettit, *Republicanism: A Theory of Freedom and Government* (Oxford: Oxford University Press, 1997)〔필립 페팃, 《신공화주의: 비지배 자유와 공화주의 정부》, 곽준혁 옮김, 나남, 2012〕.

6 Isaiah Berlin, 'Two Concepts of Liberty', in *Four Essays on Liberty* (Oxford: Oxford University Press, 1969)〔이사야 벌린, 〈자유의 두 개념〉, 헨리 하디 엮음, 《이사야 벌린의 자유론》, 개정판, 박동천 옮김, 아카넷, 2014〕.

7 Quentin Skinner, 'A Third Concept of Liberty', in *Proceedings of the British Academy*, vol. 117 (Oxford: Oxford University Press, 2003); *Liberty before Liberalism*, pp.84-85.

8 Quentin Skinner, *Hobbes and Republican Liberty* (Cambridge: Cambridge University Press, 2007); 'On the Liberty of the Ancients and the Moderns: A Reply to My Critics', *Journal of the History of Ideas*, 73/1 (2012), pp.127-146.

9 Skinner, *Liberty before Liberalism*, pp.116-117〔퀜틴 스키너, 《퀜틴 스키너의 자유주의 이전의 자유》, 조승래 옮김, 푸른역사, 2007〕.

10 1990년대부터 지금까지 이어진 비판들로는 다음을 보라. Mark Bevir, 'The Errors of Linguistic Contextualism', in *History and Theory*, 31 (1992),

pp.276-298 및 같은 저자의 'Mind and Method in the History of Ideas', *History and Theory*, 36 (1997), pp.167-189; François Dosse, *La Marche des idées. Histoire des intellectuels-histoire intellectuelle* (Paris: La Découverte, 2003); Joseph M. Levine, 'Intellectual History as History', *Journal of the History of Ideas*, 66/2 (2005), pp.189-200; Emile Perreau-Saussine, 'Quentin Skinner in Context', *The Review of Politics*, 69/1 (2007), pp.106-122; Robert Lamb, 'Quentin Skinner's Revised Historical Contextualism: A Critique', *History of the Human Sciences*, 22/3 (2009), pp.51-73.

11 Isaiah Berlin, *The Hedgehog and the Fox: An Essay on Tolstoy's View of History* (London: Weidenfeld & Nicolson, 1953)[이사야 벌린, 《고슴도치와 여우》, 강주헌 옮김, 애플북스, 2010].

12 Quentin Skinner, 'Ambrogio Lorenzetti's Buon Governo Frescoes: Two Old Questions, Two New Answers', *Journal of the Warburg and Courtauld Institutes*, 62/3 (1999), pp.1-28.

13 Rorty, Schneewind and Skinner, eds, *Philosophy in History*, pp.1-14; Richard Rorty, 'The Historiography of Philosophy: Four Genres', in Rorty, Schneewind and Skinner, eds, *Philosophy in History*, pp.49-75.

14 Jonathan Rée, 'The Vanity of Historicism', *New Literary History*, 22 (1991), pp.961-983.

15 Leo Catana, 'Intellectual History and the History of Philosophy', in Richard Whatmore and Brian Young, eds, *Companion to Intellectual History* (Oxford: Wiley-Blackwell, 2015).

16 Ian Hunter, 'The History of Philosophy and the Persona of the Philosopher', *Modern Intellectual History*, 4 (2007), pp.571-600; Ian Hunter and Conal Condren, 'The Persona of the Philosopher in the Eighteenth Century', *Intellectual History Review*, 18 (2008) pp.315-317; Ian Hunter, Conal Condren and Stephen Gaukroger, eds, *The Philosopher in Early Modern Europe: The Nature of a Contested Identity* (Cambridge: Cambridge University Press, 2006).

17 Knud Haakonssen, 'The History of Eighteenth-Century Philosophy: History or Philosophy?' in Haakonssen, ed., *The Cambridge History of Eighteenth-Century Philosophy* (Cambridge: Cambridge University Press, 2006), pp.3-25; Leo Catana, *The Historiographical Concept 'System of Philosophy': Its Origin, Nature, Influence and Legitimacy* (Leiden and Boston: Brill, 2008) 및 'Philosophical Problems in the

History of Philosophy: What are They?', in Mogens Lærke, Justin E. H. Smith and Eric Schliesser, eds, *Philosophy and Its History: New Essays on the Methods and Aims of Research in the History of Philosophy* (Oxford: Oxford University Press, 2013), pp.115-133.

18 Ian Hunter, 'The Mythos, Ethos, and Pathos of the Humanities', *History of European Ideas*, 40 (2014), pp.11-36.

19 J. C. D. Clark, *English Society, 1688-1832: Ideology, Social Structure, and Political Practice During the Ancien Regime* (Cambridge: Cambridge University Press, 1985) 및 그 개정판인 *English Society 1660-1832: Religion, Ideology and Politics During the Ancien Regime* (Cambridge: Cambridge University Press, 2000); Colin Kidd, *The Forging of Races: Race and Scripture in the Protestant Atlantic World, 1600-2000* (Cambridge: Cambridge University Press, 2006).

20 Quentin Skinner, 'A Genealogy of the Modern State', *Proceedings of the British Academy*, vol. 162 (Oxford: Oxford University Press, 2008), pp.325-370; *Forensic Shakespeare* (Oxford: Oxford University Press, 2014).

21 John Dunn, 'The Identity of the Bourgeois Liberal Republic', in Bianca Fontana, ed., *The Invention of the Modern Republic* (Cambridge: Cambridge University Press, 1994), pp.209-210.

22 J. G. A. Pocock, 'Quentin Skinner. The History of Politics and the Politics of History', *Common Knowledge*, 10 (2004), pp.532-550.

23 Bryan Garsten, 'Liberalism and the Rhetorical Vision of Politics', *Journal of the History of Ideas*, 73/1 (2012), pp.83-93; Nadia Urbinati, 'Republicanism after the French Revolution: The Case of Simonde de Sismondi', *Journal of the History of Ideas*, 73/1 (2012), pp.95-109.

24 István Hont, *Jealousy of Trade: International Competition and the Nation-State in Historical Perspective* (Cambridge, MA: Harvard University Press, 2006), pp.2-5.

25 Béla Kapossy, *Iselin contra Rousseau: Sociable Patriotism and the History of Mankind* (Basel: Schwabe, 2006); Michael Sonenscher, *Before the Deluge: Public Debt, Inequality, and the Intellectual Origins of the French Revolution* (Princeton, NJ: Princeton University Press, 2007); *Sans-Culottes: An Eighteenth-Century Emblem in the French Revolution* (Princeton, NJ: Princeton University Press, 2008).

26 Hont, *Jealousy of Trade*, p.4.

27 Hont, *Jealousy of Trade*, p.11.

28 István Hont, 'The Cambridge Moment: Virtue, History and Public Philosophy', 미출간 강연원고, December 2005, Chiba University: István Hont Archive, St Andrews Institute of Intellectual History, pp.11-13.

29 Duncan Forbes, *Hume's Philosophical Politics* (Cambridge: Cambridge University Press, 1975).

30 John Pocock, 'The Politics of Historiography', in *Political Thought and History. Essays on Theory and Method* (Cambridge: Cambridge University Press, 2009).

31 J. G. A. Pocock, *The Machiavellian Moment: Florentine Political Thought and the Atlantic Republican Tradition* (Princeton NJ: Princeton University Press, 1975), p.572(J. G. A. 포칵, 《마키아벨리언 모멘트: 피렌체 정치사상과 대서양의 공화주의 전통》 제2권, 곽차섭 옮김, 나남, 2011).

32 Colin Kidd, 'Europe, What Europe?', *London Review of Books* 30/21 (2008): pp.16-17(J. G. A. Pocock, *The Discovery of Islands: Essays in British History, Barbarism and Religion*. Vol. III: *The First Decline and Fall* 및 *Barbarism and Religion*. Vol. IV: *Barbarians, Savages and Empires*를 다룬 서평).

33 J. G. A. Pocock, 'Conclusion: History, Sovereignty, Identity', *The Discovery of Islands: Essays in British History* (Cambridge: Cambridge University Press, 2005), p.293.

34 J. G. A. Pocock, 'Gaberlunzie's Return', *New Left Review*, 5 (2000), pp.41-52.

35 Peter Ghosh, *A Historian Reads Max Weber* (Wiesbaden: Harrassowitz, 2008); *Max Weber and 'The Protestant Ethic'. Twin Histories* (Oxford: Oxford University Press, 2014).

36 Darrin McMahon, 'The Return of the History of Ideas', in McMahon and Moyn, eds., *Rethinking Modern European Intellectual History* (New York: Oxford University Press), p.26.

37 István Hont and Michael Ignatieff, *Wealth and Virtue: The Shaping of Political Economy in the Scottish Enlightenment* (Cambridge: Cambridge University Press, 1981), pp.14-15.

38 E. P. Thompson, *Customs in Common: Studies in Traditional Popular Culture* (London: Merlin Press, 1991), pp.274-285, 350-351.

39 Donald Winch, 'Mr Gradgrind and Jerusalem', in *Wealth and Life. Essays on the Intellectual History of Political Economy in Britain, 1848-*

1914 (Cambridge: Cambridge University Press, 2009), pp.367-398.

40 François Furet, *Penser la révolution française* (Paris: Gallimard, 1978)〔프랑스와 퓌레,《프랑스혁명의 해부》, 정경희 옮김, 법문사, 1987〕; Jean-Claude Perrot, *Une Histoire intellectuelle de l'économie politique, XVIIe-XVIIIe siècles* (Paris: Edition de l' École des Hautes Études en Sciences Sociales, 1992); Marcel Gauchet, La Révolution des droits de l'homme (Paris: Gallimard, 1989); Pierre Rosanvallon의 *Le Moment Guizot* (Paris: Gallimard, 1985) 및 *Le Sacre du citoyen. Histoire du suffrage universel en France* (Paris: Gallimard, 1992); Caroline Oudin-Bastide and Philippe Steiner, *Calcul et morale. Coût de l'esclavage et valeur de l'émancipation (XVIIIe-XIXe siècles)* (Paris: Albin Michel, 2015).

41 Philippe Steiner and François Vatin, *Traité de sociologie économique* (Paris: Presses Universitaires de France, 2009); Emmanuelle de Champs and Jean-Pierre Cléro, *Bentham et la France: fortune et infortunes de l'utilitarisme* (Oxford: Voltaire Foundation, 2009); Loïc Charles, Frédéric Lefebvre and Christine Théré (eds), *Le Cercle de Vincent de Gournay: Savoirs économiques et pratiques administratives en France au milieu du XVIIIe siècle* (Paris: INED, 2011).

42 Darrin M. McMahon and Samuel Moyn, 'Introduction: Interim Intellectual History', in McMahon and Moyn, eds, *Rethinking Modern European Intellectual History*, p.3.

6장. 지성사 연구의 현재와 미래

1 Anthony Grafton and Joanna Weinberg, *'I Have Always Loved the Holy Tongue': Isaac Casaubon, the Jews, and a Forgotten Chapter in Renaissance Scholarship* (Cambridge, MA: Harvard University Press, 2011).

2 Peter Gay, *The Enlightenment: An Interpretation: The Rise of Modern Paganism* (New York: Alfred A. Knopf, 1966)〔피터 게이,《계몽주의의 기원》, 주명철 옮김, 민음사, 1998〕이 대표적이며, Jonathan Israel, *The Radical Enlightenment* (Oxford: Oxford University Press, 2001) 및 같은 저자의 *Enlightenment Contested Philosophy, Modernity, and the Emancipation of Man 1670-1752* (Oxford: Oxford University Press,

2006) 또한 이를 반복한다.

3 Adam Smith to Andreas Holt, 26 October 1780, in E. C. Mossner and I. S. Ross, eds, *Correspondence of Adam Smith*, vol. 6 of *The Glasgow Edition of the Works and Correspondence of Adam Smith* (Oxford: Oxford University Press; Indianapolis: Liberty Fund, 1987), p.251.

4 Boyd Hilton, *The Age of Atonement: The Influence of Evangelicalism on Social and Economic Thought, ca. 1795-1865* (Oxford: Oxford University Press, 1988); Brian Young, *Religion and Enlightenment in Eighteenth-Century England* (Oxford: Oxford University Press, 1998); Anthony Waterman, *Political Economy and Christian Theology Since the Enlightenment. Essays in Intellectual History* (London: Palgrave Macmillan, 2004); Colin Kidd, *The Forging of Races: Race and Scripture in the Protestant Atlantic World, 1600-2000* (Cambridge: Cambridge University Press, 2006); Norman Vance, *Bible and Novel: Narrative Authority and the Death of God* (Oxford: Oxford University Press, 2013)(249쪽 5장의 주 19번의 책들도 참조).

5 J. G. A. Pocock, 'Clergy and Commerce: The Conservative Enlightenment in England', in R. J. Ajello et al., eds, *L' Età dei lumi: studi storici sul Settecento europeo in onore di Franco Venturi* (Naples: Jovene, 1985), pp.525-562; David Sorkin, *The Religious Enlightenment: Protestants, Jews, and Catholics from London to Vienna* (Princeton, NJ: Princeton University Press, 2008).

6 John Robertson, *The Case for the Enlightenment. Scotland and Naples 1680-1760* (Cambridge: Cambridge University Press, 2005).

7 내게 이 에피소드를 이야기해준 사람은 마이클 벤틀리Michael Bentley다.

8 Donald Winch, 'Intellectual History and the History of Economics', in Richard Whatmore and Brian Young, eds, *Companion to Intellectual History* (Oxford: Wiley-Blackwell, 2015).

9 Roger Backhouse and Philippe Fontaine, *The Unsocial Social Science? Economics and Neighbouring Disciplines since 1945* (Durham, NC: Duke University Press, 2010); Keith Tribe, *The Economy of the Word. Language, History and Economics* (Oxford: Oxford University Press, 2015).

10 Peter Clarke, *The Keynesian Revolution in the Making, 1924-1936* (Oxford: Oxford University Press, 1988); Anthony M. C. Waterman, *Revolution, Economics and Religion* (Cambridge: Cambridge University

Press, 1991); Donald E. Moggridge, *Maynard Keynes: An Economist's Biography* (London: Routledge, 1992).

11 Samuel Hollander, *Ricardo-The New View: Collected Essays 1* (London and New York: Routledge, 1995). 이와 달리 민족주의적 계보를 설정하려는 이데올로기나 예기적으로 해석하는 오류에서 벗어난 연구로는 Manuela Albertone, *National Identity and the Agrarian Republic. The Transatlantic Commerce of Ideas between America and France (1750-1830)* (Farnham: Ashgate, 2014)를 보라.

12 Ruth Scurr, *Fatal Purity: Robespierre and the French Revolution* (London: Chatto and Windus, 2006).

13 Alyssa Goldstein Sepinwall, *The Abbé Grégoire and the French Revolution: The Making of Modern Universalism* (California: University of California Press, 2002); Steve Pincus, *1688: The First Modern Revolution* (Newhaven CT, Yale University Press, 2009); David A. Bell, *The First Total War: Napoleon's Europe and the Birth of Warfare as We Know It* (New York: Houghton Miffl in, 2007).

14 Jonathan Israel, *The Radical Enlightenment* (Oxford: Oxford University Press, 2001); *Enlightenment Contested: Philosophy, Modernity, and the Emancipation of Man 1670-1752* (Oxford: Oxford University Press, 2006); *A Revolution of the Mind: Radical Enlightenment and the Intellectual Origins of Modern Democracy* (Princeton NJ: Princeton University Press, 2009); *Democratic Enlightenment: Philosophy, Revolution, and Human Rights 1750-1790* (Oxford: Oxford University Press, 2011).

15 David Wootton, *Paolo Sarpi: Between Renaissance and Enlightenment* (Cambridge: Cambridge University Press, 1983); 'New Histories of Atheism', in David Wootton and Michael Hunter, eds, *Atheism from the Reformation to the Enlightenment* (Oxford: Clarendon Press, 1992); *Divine Right and Democracy: An Anthology of Political Writing in Stuart England* (Cambridge, MA: Hackett, 2003).

16 John Dunn, *The Cunning of Unreason: Making Sense of Politics* (New York: Basic Books, 2000).

17 Colin Kidd, *Union and Unionisms: Political Thought in Scotland 1500-2000* (Cambridge: Cambridge University Press, 2008).

18 Stefan Collini, *What Are Universities For?* (Harmondsworth: Penguin, 2012).

결론

1   David Armitage, 'What's the Big Idea? Intellectual History and the Longue Durée', History of European Ideas, 38/4 (2012), pp.493-507; 'Globalizing Jeremy Bentham', History of Political Thought, 32/1 (2011), pp.63-82.

2   Samuel Moyn and Andrew Sartori, eds, Global Intellectual History (New York: Columbia University Press, 2014)에 수록된 Andrew Sartori, 'Global Intellectual History and the History of Political Economy' (pp.110-132) 및 Samuel Moyn, 'On the Non-Globalization of Ideas' (pp.187-204)를 참조.

옮긴이 주 참고문헌

47쪽

Arnaldo Momigliano, *The Classical Foundations of Modern Historiography*, Berkeley: University of Berkeley Press, 1990; Peter N. Miller, "Introduction: Momigliano, Antiquarianism, and the Cultural Sciences", *Momigliano and Antiquarianism: Foundations of the Modern Cultural Sciences*, Toronto: University of Toronto Press, 2007, pp.97-126; Anthony Grafton, *What was History?: The Art of History in Early Modern Europe*, Cambridge: Cambridge University Press, 2007; Dmitri Levitin, "From Sacred History to the History of Religion: Paganism, Judaism, and Christianity in European Historiography from Reformation to 'Enlightenment'", *The Historical Journal* 55.4(2012), pp.1117-1160.

58쪽

J. G. A. 포칵,《마키아벨리언 모멘트》전2권, 곽차섭 옮김, 나남, 2011, 7장[한국어판 1권], 12, 13장[한국어판 2권]; John Robertson, *The Scottish Enlightenment and the Militia Issue*, Edinburgh: John Donald Publisheds LTD., 1985; J. G. A. Pocock, *Barbarism and Religion Vol. 1: The Enlightenments of Edward Gibbon, 1737-1764*, Cambridge: Cambridge University Press, 1999, 4장.

59쪽

Duncan Forbes, "Sceptical Whiggism, commerce and liberty", in *Essays on Adam Smith*, eds. Andrew S. Skinner & Thomas Wilson, Oxford: Clarendon Press, 1975, pp.179-201; Donald Winch, *Adam Smith's Politics: An Essay in Historiographic Revision*, Cambridge: Cambridge University Press, 1978; Knud Haakonssen, *The Science of a Legislator: The Natural Jurisprudence of David Hume and Adam Smith*, Cambridge: Cambridge University Press, 1981.

66쪽

Donald R. Kelley, *The Descent of Ideas: The History of Intellectual History*, London: Routledge, 2002.

77쪽

J. W. Burrow, *A Liberal Descent: Victorian Historians and the English Past*, Cambridge: Cambridge University Press, 1981, 2장; James A. Harris, *Hume: An Intellectual Biography*, Cambridge: Cambridge University Press, 2015, 6장.

95쪽

Peter Laslett, "Introduction" in John Locke, *Two Treatises of Government*, ed. Peter Laslett, Cambridge: Cambridge University Press, 1994.

146쪽

J. G. A. Pocock, *Barbarism and Religion Vol. 2: Narratives of Civil Government*, Cambridge: Cambridge University Press, 1999; Karen O'Brien, *Narratives of Enlightenment*, Cambridge: Cambridge University Press, 1997.

148쪽

스키너의 주장에 관해서는 《근대 정치사상의 토대》 외에도 특히 Quentin Skinner, *Visions of Politics Volume 2: Renaissance Virtues*, Cambridge: Cambridge University Press, 2002를 참고.

156쪽

'고트적'이란 말의 개괄적인 설명은 Nick Groom, *The Gothic: A Very Short Introduction*, Oxford: Oxford University Press, 2012를, 정치사상적 함의에 관해서는 J. G. A. Pocock, *The Ancient Constitution and the Feudal Law*, Cambridge: Cambridge University Press, 1987를 참고.

167쪽

Quentin Skinner, "A Genealogy of the Modern State", *Proceedings of the British Academy* 162(2009), pp.325-370.

175쪽

Donald Winch, *Adam Smith's Politics*, Cambridge: Cambridge University Press, 1978, 2장.

191쪽

Charles Taylor, *A Secular Age*, Cambridge(MA): The Belknap Press of Harvard University Press, 2007; J. C. D. Clark, "Secularization and Modernization: The Failure of a 'Grand Narrative'", *The Historical Journal* 55.1(2012), pp.161-194; Simon Grote, "Review-Essay: Religion and Enlightenment", *Journal of the History of Ideas* 75.1(2014), pp.137-160; Ian Hunter, "Secularization: The Birth of a Modern Combat Concept", *Modern Intellectual History* 12.1(2015), pp.1-32.

193쪽

J. G. A. Pocock, *Barbarism and Religion Vol. 1* 2장 및 Epilogue.

193쪽

추가적으로 J. G. A. Pocock, "Clergy and Commerce: the Conservative Enlightenment in England", *L'Età dei lumi: studi storici sul Settecento europeo in onore di Franco Venturi, vol. 1*, Naples: Jovene, 1985, pp.523-562; Mark Goldie, "Civil Religion and the English Enlightenment", *Politics, Politeness, and Patriotism*, ed. Gordon Schochet, Washington DC: The Folger Institute, 1993, pp.31-46; B. W. Young, *Religion and Enlightenment in Eighteenth-Century England: Theological Debate from Locke to Burke*, Oxford: Clarendon Pressm, 1998; William J. Bulman, *Anglican Enlightenment: Orientalism, Religion and Politics in England and its Empire, 1648-1715*, Cambridge: Cambridge University Press, 2015.

194쪽

John Robertson, *The Case for the Enlightenment: Scotland and Naples 1680-1760*, Cambridge: Cambridge University Press, 2005, 특히 pp.121-146.

감사의 말

세인트앤드루스대학 및 세인트앤드루스대학 지성사 연구소의 동료들과 친구들에게 감사의 뜻을 전한다. 나와 함께 북쪽 세인트앤드루스로 거처를 옮기는 데 동의해준 아내 루스 우드필드Ruth Woodfield와 우리 아이들, 제스Jess, 킴Kim, 데이비Davy 왓모어에게 깊이 감사한다. 마누엘라 알베르토네Manuela Albertone, 리카르도 바바Riccardo Bavaj, 로리 콕스Rory Cox, 에일린 파이프Aileen Fyfe, 크리스 그린트Kris Grint, 크누트 하콘센Knud Haakonssen, 제임스 해리스James Harris, 존 허드슨John Hudson, 벨라 카포시Béla Kapossy, 콜린 키드Colin Kidd, 로사리오 로페즈Rosario Lopez, 닉 렝거Nick Rengger, 재클린 로즈Jacqueline Rose, 필립 스코필드Philip Schofield, 마이클 소넨셔Michael Sonenscher, 쿤 스타펄브루크Koen Stapelbroek, 필립 슈타이너 Philippe Steiner, 키스 트라이브Keith Tribe, 도널드 윈치Donald Winch, 브라이언 영Brian Young이 보내준 논평과, 조언, 격려에 특별한 감사를 표한다. 엘리엇 카르슈타트Elliott Karstadt는 이 책을 위한 이상적인 편집자였으며, 그와 그가 선별한 익명 심사자 두 분은 초고를 수정하는 과정에서 엄청난 양의 유익한 조언을 제공해주었다. 세라 댄시Sarah Dancy는 뛰어난 교열편집자였으며 수많은 오탈자를 찾아내주었다. 남아 있는 실수는 전적으로 나의 책임이다.

옮긴이 해제 │ 지금 여기의
독자들을 위한
지성사 연구 활용법

《지성사란 무엇인가?》 한국어판의 기본적인 목표는 스스로의 사유를 발전시키고 싶어 하는 독자들이 실제로 도움을 받을 수 있도록 안내를 제공하는 것이다. 특히 사상, 언어, 정치 같은 주제와 관련해 한국의 학술장과 독서계는 아직까지 비판적이고 엄밀한 역사적 분석을 가능하게 하는 체계적인 방법론을 보유하지 않고 있으며, 안타깝게도 그것이 부재하다는 자각조차 좀처럼 눈에 띄지 않는다. 왓모어가 친절하면서도 간결하게 소개하고 있는 지성사 연구 방법론, 즉 케임브리지 학파의 언어맥락주의는 이러한 상황을 벗어나 사고의 전진을 이루려는 독자들이 선택할 수 있는 가장 좋은 선택지 중 하나다. 지금까지 퀜틴 스키너의 방법론적 저작을 포함해 언어맥락주의 방법론을 한국어로 소개하는 시도는 몇 차례 있었지만, 대체로 너무 간략하거나 (적어도 맥락을 모르는 다수의 독자들에게는) 너무 추상적이어서 실질적인 변화를 이끌어낼 수 없었다. 그에 비해 이 책 《지성사란 무엇인가?》는 독자들이 쉽고 재미있게 읽을 수 있도록 쓰였다. 그러면서도 지성사 연구를 이해하는 데 필요한 핵심 문제들을 누락하지 않으며, 저자 본인이 탁월한 지성사가인만큼 지성사 분야 자체를 역사적으로 조망한다는 점에서 바로 지금 우리에게 필요한 책이라 할 수 있다.

한 가지 아쉬운 점은, 이 책이 본래 지성사와 역사 연구에 관심을 가진 영어권 학생과 연구자를 독자로 상정한 만큼 종종 한국 독자들에게는 익숙하지 않은 사항들을 전제한 채 설명한다는 것이다. 물론 그런 지점들을 이해하지 않아도 별 무리 없이 책을 재밌게 읽을 수 있다. 그러나 지성사의 방법론을 더 깊이 이해하고 그 통찰을 자신의 것으로 만들고자 하는 독자에게는 그 간극이 크게 느껴질 수 있다. 이 글은 그 간극을 최대한 좁혀 한국의 독자들, 학생들과 연구자들이 언어맥락주의 방법론의 핵심을 더 깊이 이해할 수 있도록 돕고자 한다. 먼저 언어맥락주의 방법론의 기본 개념을 설명하고, 이어서 실제 지성사 연구의 모델과 그 주요 전제를 살펴본 뒤, 케임브리지 학파가 출현하고 뻗어나간 지난 반세기의 과정을 요약해보려고 한다. 그다음으로는 언어맥락주의 방법론과 다른 사상사 방법론의 공통점과 차이점, 그리고 지성사 연구의 실천적인 가능성을 검토한다. 마지막으로는 문학 연구 같은 다른 학문 분과가 언어맥락주의 방법론을 활용해 무엇을 할 수 있는지 짚어볼 것이다.

　　책의 목차를 본 독자라면 이 글의 논의가 (순서는 약간 다르더라도) 각 장의 주제와 조응한다는 사실을 눈치챌 수 있을 것이다. 따라서 본문과 해제를 함께 읽어주길 바란다. 내용이 잘 이해가 되지 않는다면 천천히 곱씹으며 여러 번 읽어보기를 추천한다. 그 과정에서 꽤 긴 시간이 소요된다는 점에 불만을 가질 독자도 있을지 모르겠다. 하지만 사유의 방법을 이해하고 습득하는 과정을 빠르게 해치울 수 있는 사람은 천재 아니면 바보뿐이다. 이 책은 불필요한 난해함이나 혼란을 최소화한 매우 합리적인 안내서이니, 일단은 읽고 생각하는 일을 시작하자.

　　　　　　　　　　　　　　　　옮긴이 해제

1.
지성사의 개요:
언어맥락주의 방법론의 기본 개념

지성사 연구란 무엇인가? 가장 기본적인 차원에서 이는 텍스트의 의미를 역사적으로 이해하는 것을 뜻한다. 텍스트의 의미를 역사적으로 이해한다는 것은 다시 무엇을 의미하는가? 이 책에서 소개하는 언어맥락주의에 따라 사고하는 사람이라면 이를 다음과 같이 풀어 쓸 것이다(지금부터 '지성사가' 혹은 '지성사 연구자'를 '언어맥락주의에 입각해 지성사 연구를 하는 사람, 즉 언어맥락주의자'라는 뜻으로 사용하겠다). '① 언어(=누군가의 발화)를 ② 역사적 맥락(=누군가가 속해 있는 구체적인 시간과 장소의 맥락, 그리고 무엇보다 **그의 발화가 속해 있는 언어적 맥락**) 속에 위치하는 ③ 하나의 행위로 이해하는 일'. 물론 이런 설명이 여전히 지나치게 낯설고 추상적으로 느껴질 수 있다. 하나씩 차근차근 풀어가보자.

1) '발화=행위'의 개념

언어맥락주의는 언어를 어떻게 이해할 것인가를 근본 문제로 삼는다. 지성사가는 말이든 문자든 누군가가 표현한 발화를 절대 (실제 행동이 아닌) 그저 말에 지나지 않는 것으로 무시하지 않는다. 지성사가는 그렇게 **발화된 언어가 그 자체로 하나의 행위**라고 생각하며, 그 발화=행위가 정확히 무슨 의미를 갖는지 탐구한다. 어떤 행위가 무슨 의미를 지니고 있는지를 어떻

지성사란 무엇인가?

게 알 수 있을까? 책 3장에서 소개된 퀜틴 스키너를 필두로 하는 언어맥락주의자들은 발화=행위의 의미를 제대로 이해하기 위해서는 무엇보다도 해당 발화자가 어떤 **의도**를 품고 그런 진술을 했는지 파악해야 한다고 믿는다. 좀 더 구체적으로 말하면, 어떤 저자 혹은 발화자가 특정한 언어를 발화했다고 할 때 그가 어떤 맥락에 속해 있었는지, 또 그 발화를 통해 정확히 무엇을 말하거나 뜻하려 했는지 이해해야 한다. 달리 말해, 해당 발화가 행위로서 어떤 가치를 갖는지를 파악해야 발화=행위의 의미를 이해할 수 있다. 이처럼 발화가 구체적으로 어떤 의미를 지니는지, 즉 어떤 의도를 가지고 발화했는지를 가능한 명확하게 규명하는 것이 언어맥락주의적 역사 연구의 가장 기본적인 지향점이다.

2) 언어적 맥락

언어맥락주의자들은 우리가 사용하는 언어가 어떤 성격의 발화=행위이든 나름의 맥락에 속해 있으며, 그 맥락(들)을 제대로 복원해야만 발화=행위의 의도, 나아가 그 의미를 제대로 이해할 수 있다고 생각한다. 똑같이 앉아 있는 자세라고 해도 휴식 취하기, 영화 보기, 벌받기, 운동하기 등 상황에 따라 전혀 다른 행위를 뜻할 수 있음을 생각해보면 당연한 상식처럼 느껴지는 주장이다. 이 때문에 언어맥락주의를 피상적으로 접한 독자 또는 연구자는 종종 '맥락이 중요하다는 이야기는 너무나 당연하며 언어맥락주의를 잘 몰라도 이미 모두가 맥락을 고려하고 있다'고 생각해버리기도 한다(특히 언어맥락주의를 맥락주의로

줄여 부르는 경우 이런 오해가 빈번히 발생한다). 그런 오해에서 멈추지 않고 한 걸음 더 나아가려면, 지성사 연구자들이 맥락의 개념을 어떻게 이해하는지 조금 더 자세히 들여다볼 필요가 있다.

과거의 발화자·저자가 나름의 역사적 상황 속에서 살아가고 있으며, 따라서 그의 발화·저술 활동을 그런 역사적 맥락 속에서 이해해야 한다는 점을 우리는 이미 알고 있다. 그렇다면 이때 '역사적인 맥락'이란 무엇이며 또 어떻게 이를 파악할 수 있는가? 과거의 텍스트를 마주한 지성사 연구자는 일단 다음과 같은 물음을 던지게 된다. 이 텍스트를 쓴 저자가 참여하고 있거나 의식하고 있는 논쟁·대화는 구체적으로 어떤 것인가? 그 논쟁·대화는 어떤 언어들로 이루어져 있는가? 저자와 텍스트가 사용하는 언어는 어떤 입장을 취하며 정확히 무엇을 의도하는가? 이런 물음들을 천천히 곱씹다보면 여기에 매우 중요한 전제들이 깔려 있다는 것을 알게 된다.

먼저 지성사가들은 '보편적인universal 맥락'의 존재를 인정하지 않으며, 대신 과거의 저자·텍스트와 명확하게 연결된 **특수한particular 맥락**'이 구체적으로 무엇인지 철저하게 질문하고자 한다. 뒤에서 자세히 설명하겠지만, 유명한 저작의 널리 알려진 논변이라고 해서 그게 모든 시공간에 통용되는 보편적인 문제의식을 대변한다거나 보편적인 논쟁의 맥락에 속한다고 간주할 수는 없다. 물론 과거의 저자 스스로 본인이 뛰어든 주제가 보편적인 중요성을 지닌다고 믿었을 수는 있으나, 지성사가들은 이런 사실조차 저자의 믿음을 구성하는 하나의 역사적인 자료로만 취급할 것이다. 저자와 텍스트를 어떤 초월적이고 초

지성사란 무엇인가?

역사적인 영역에 놓는 대신, 그것들을 특정한 시간과 장소에서 행해진 특수한 논쟁·대화에 속해 있는 존재로 인식하고 그 논쟁·대화의 맥락이 무엇이었는지를 파악해야 한다. 바로 이것이 지성사 연구가 견지하는 맥락 개념의 핵심이다.

마찬가지로 중요한 전제가 하나 더 있다. 특히 사상과 언어에 역사적으로 접근하기 위해서는 다른 무엇보다도 그것이 어떤 **언어적** 맥락에 속해 있는지를 봐야 한다는 것이다. 거의 모든 인간은 자신이 사고하는 바를 풀어놓기 위해서든 이를 타인에게 전달하기 위해서든 (사회적으로) 습득한 언어를 활용해야만 한다. 제아무리 독창적이고 천재적인 사상가일지라도 타인과 공유하는 언어의 도움 없이 자신의 사유를 표현하거나 다른 이들을 설득한다는 건 거의 불가능하다.* 인간이 사회 속의 존재라면, 사상가 혹은 발화자로서의 인간은 더욱더 그렇다. 동시에 특정한 문제를 포착하고, 인식하고, 이해하고, 분석하고, 그에 대응하기 위해서는 해당 문제를 다룰 수 있는 **언어적 자원**이 반드시 필요하다. 언어적 자원에는 단어와 개념의 용법, 논리적 형식, 수사적 기법, 도덕적 판단 근거, 역사관, 신학적·종교적 전제 등이 포함되며, 저자와 텍스트는 이를 활용해 논변을 구성한

★ 따라서 저자가 누구인지 특정할 수 없거나 여러 저자들이 함께 작성한 텍스트에서처럼 저자의 의도를 명확히 알 수 없는 경우 언어맥락주의 연구는 불가능한 게 아니냐는 반론은 타당하지 않다. 언어맥락주의자들은 정보의 제약으로 인한 한계를 인정하긴 하겠지만, 대신 텍스트의 언어가 당대의 언어적 맥락과 어떤 관계를 맺고 있는지 살펴보고 그로부터 텍스트가 어떻게 받아들여졌을지, 저자가 그러한 수용을 염두에 두고 어떤 선택들을 했을지를 재구성하려 할 것이다. 다시 한 번 강조하자면, 언어맥락주의자들에게 텍스트는 사회적인 것이며 언어맥락주의 연구는 **단순히 저자 개인의 주관적 의도를 복원하는 작업 이상**이다.

옮긴이 해제

다. 각각의 언어적 자원은 특정한 입장·논리·효과를 산출하거나, 반대로 다른 입장과 논리를 사용할 수 없도록 제약하기도 한다. 이때 포스트모던이론과 그 비판론이 종종 그러하듯 언어적 자원이 가하는 제약을 단순히 한계나 억압으로 간주해서는 곤란하다. 물론 그 어떤 언어적 자원도 우리에게 무제한적인 행위 가능성을 열어주지는 않는다(그러나 무제한적인 행위 가능성을 열어주는 무언가가 과연 정말로 존재하기는 하는가?). 하지만 언어적 자원이 없다면 언어와 사유, 행위는 애초에 불가능하다.

놓치지 말아야 할 점은 서로 다른 시공간과 서로 다른 상황에서 서로 다른 언어가 사용된다는 사실이다. 거칠지만 직관적인 예를 들어보면, 오늘날 문학·영화 비평에 사용되는 언어와 경제 현상 분석에 사용되는 언어는 서로 다르며, 그중 한 쪽을 이해하는 방식으로 다른 쪽의 언어를 이해하려는 시도는 대체로 실패한다. 따라서 언어와 사유를 역사적으로 정밀하게 이해하기 위해서는 과거의 저자와 텍스트가 정확히 어떤 분야의 어떤 언어(들)로 이루어져 있는지, 저자와 텍스트가 놓여 있는 대화·논쟁이 어떤 언어를 통해 전개되며, 그중 특정한 표현이나 논리가 어떤 입장과 태도를 드러내는 것으로 여겨지는지를 파악해야 한다. 요컨대 누군가의 발화·사상 같은 지적인 행위를 역사적으로 이해한다는 것은 곧 그것이 속해 있거나 적어도 염두에 두고 있는 언어적 맥락, 무엇보다도 **특수한 언어적 맥락(들)을 함께 이해하고, 그 맥락 속에서 저자와 텍스트가 구체적으로 무엇을 하고자 했는지** 읽어내는 것이다.

지성사란 무엇인가?

2.
지성사 연구의 실제:
언어맥락주의 연구 모델 이해하기

1) 두 가지 고전적인 모델

지성사 연구는 저자·텍스트를 둘러싼 구체적인 맥락을 실제로 어떻게 탐구할까? 가장 기본적인 연구 모델로는 이 책 3장에서 설명한 스키너의 입장을 떠올릴 수 있다. 그에 따르면 우리는 먼저 과거의 저자와 관련된 다른 여러 텍스트를 검토함으로써 해당 저자가 참여하거나 의식하고 있는 특수한 대화의 구도를 밝혀내야 한다. 이렇게 매우 구체적인 언어적 맥락을 재구성하면, 저자가 사용하는 언어가 어떠한 입장을 따르며 무엇을 의미하는지 알 수 있다. 과거의 저자가 정확히 ① 무슨 텍스트를 읽었고 어떤 논쟁을 의식했으며 ② 누구, 즉 어떤 독자나 입장을 염두에 두고 ③ 어떤 논리를 주장했는지 구체적인 역사적 근거를 토대로 제시하는 것이 연구의 핵심이다. 스키너가 제시한 연구 모델은 과거의 발화자가 한 명의 **행위자**로서 무엇을 하고 있었는지를 수많은 텍스트와 논쟁으로 이뤄진 역사적 맥락 속에서 구체적으로 읽어낼 수 있게 해주며, 그 점에서 지금도 유용한 연구 모델로 받아들여진다.

조금 더 야심 찬 연구 모델은 개별 행위자들을 넘어 행위자들이 사용하는 언어 자체를 역사적으로 탐구하는 것이다. 앞서 말했듯, 사상의 표현·발화가 언어라는 자원 혹은 질료matter를 통해 이루어진다면, 언어적 자원 또한 그 자체로 역사적인 맥락을 가진 대상으로 이해되어야 한다. 현실의 저자와 텍스트가 자신이 의도하는 논변을 만들어내기 위해 가능한 언어적 자원을 선택하고 동원하며 변용한다고 할 때, 그런 선택과 논쟁의 과정을 거치면서 언어적 자원 또한 갱신되고, 새로운 용법을 획득하거나 버려지는 등 다양한 방식으로 변화한다. 이처럼 저자와 텍스트의 구체적인 의도를 해명하는 데 그치지 않고 그 의도를 수행하기 위해 어떤 언어적 자원을 어떤 방식으로 활용하는지, 그리고 그 과정에서 **다양한 언어적 자원 자체가 역사적으로 어떻게 변화하는지** 민감하게 포착하고 추적하는 것이 언어맥락주의의 또 다른 연구 모델이다.* 마키아벨리 같은 피렌체의 '시민적 인문주의' 정치사상이 어떻게 혁명기 이후 영국의 상업사회를 설명하는 '신마키아벨리적' 언어로 변화하는지 추적한 J. G. A. 포콕의 《마키아벨리언 모먼트》나, 다시 신마키아벨리적 언어가 18세기의 국제정치경제 논쟁을 거쳐 애덤 스미스 이후 근대 정치경제학의 언어로 대체되는 과정을 그려낸 이슈트반 혼트의 〈'부국-빈국' 논쟁〉 연구는 지성사의 가장 탁월한 작업으로, 이런 연구 모델의 힘을 보여주는 좋은 사례가 된다(스키너 역시 '국가state' 및 '대표제/대의제representation'의 사례 연구에서 이런 시도를 보여주었다).**

　　물론 언어맥락주의의 연구 모델은 이 두 가지로 한정되지 않으며, 뛰어난 연구는 언제나 앞의 두 가지 목표를 모두 달성한

---

* 이런 연구가 보여주듯, 언어맥락주의 연구는 결코 짧은 시간 동안 전개되는 사건의 분석에만 국한되지 않는다. 언어적 자원은 종종 개인의 삶보다 더 오래 지속된다는 걸 지성사가들은 잘 알고 있다.

　　　　　　　　　　　　　　지성사란 무엇인가?

다. 구체적인 '발화=행위' 분석은 과거의 발화자들이 능숙하게 활용하고, 뒤틀고, 변모시키는 언어적 자원을 훨씬 더 넓은 시야에서 바라볼 수 있도록 한다. 반대로 언어적 자원의 변화를 그려내기 위해서는 과거 논쟁의 참여자들이 만들어내는 언어의 파동과 그 결과를 미묘한 지점까지 읽어내는 섬세한 지각이 필요하다. 우리는 구체적인 논쟁 사례를 통해서만 언어적 자원과 그 변화 과정을 재구성할 수 있으며, 반대로 언어적 자원의 변화를 인식할 때만 과거 저자들이 어떠한 (변화된) 맥락에 놓여 있었는지, 또 그 맥락에서 무엇을 하고자 했는지를 더 상세히 포착할 수 있다. 이처럼 언어맥락주의는 구체적인 근거에 기초하여 행위와 맥락, 행위자와 세계의 상호작용을 역사적으로 설명할 수 있는 연구 모델을 세움으로써 구조와 주체의 딜레마라는 고전적인 덫에 빠지지 않는 길을 제시했다.

2) 맥락의 다양성:
지성사 연구에서 맥락과 텍스트의 상호작용

눈치 빠른 독자는 언어맥락주의에서 '맥락'이라는 말이 매우 다양한 대상을 지칭한다는 사실을 벌써 알아차렸을 것이다. 다시 한 번 강조하건대, 지성사 연구는 단 하나의 맥락에 텍스트를 고정·귀속시키는 폐쇄적인 독법을 거부한다. 대신 언어

★★ Istvan Hont, "The "Rich Country-Poor Country" Debate in the Scottish Enlightenment", *Jealousy of Trade: International Competition and the Nation-State in Historical Perspective*, Cambridge(MA): The Belknap Press of Harvard University Press, 2005 및 Quentin Skinner, *From Humanism to Hobbes: Studies in Rhetoric and Politics*, Cambridge: Cambridge University Press, 2018의 2, 9, 12장 참고.

맥락주의자들은 텍스트를 여러 다양한 맥락이 교차하는 장으로 간주한다. 그들은 자신들이 다루는 텍스트와 언어를 더 깊고 풍부하게 읽기 위해 이전까지 포착되지 않은 새로운 맥락을 계속해서 탐색하고 받아들이며, 그렇게 새로운 연구를 생성하고자 한다.

'이론적' 독해를 포함해 현재의 관심사에 초점을 두는 접근법을 주창하는 일부 연구자들은, 역사적 맥락을 추구하는 일이 텍스트를 과거에 가두며 지금 우리의 시각에 따라 텍스트를 읽는 연구가 더 큰 해석의 가능성을 허락한다는 이유로 언어맥락주의를 비판하곤 한다. 그러나 실제의 연구사를 비판적으로 검토해보면 그와 반대되는 결론에 이르게 된다. 이른바 '이론적' 독해는, 특히 비역사적인 성격이 강한 이론일수록 모든 텍스트를 특정한 이론적 도식의 반복으로 환원해버리는 해석적 동일성의 사막에 갇힐 위험이 있다. 이론적 경향이나 현재의 관심사가 바뀔 때마다 이전의 해석들이 재활용되지 않고 버려질 가능성이 높다는 점도 문제다. 이론적 접근 또는 현재의 관심사에 사로잡힌 연구들을 축적해 학계 전체의 탄탄한 발전을 도모하기가 쉽지 않은 이유다.

언어맥락주의적 접근법은 계속해서 텍스트 안팎의 다양한 비/언어적 맥락을 탐색하며 새로운 해석을 내놓을 수 있게 된다. 이뿐만 아니라, (종종 서로 경합하며 충돌하는) 해석들을 둘러싸고 논쟁이 촉발되면서 텍스트와 맥락에 관한 우리의 지식과 이해는 더욱더 풍부해진다. 그렇게 축적된 연구사는 (역시나 현재의 쟁점과 유행에 둔감하지 않은) 지성사가들의 관심사가 변화

지성사란 무엇인가?

해도 결코 쉽게 스러지지 않으며, 오히려 새로운 테제와 맥락을 발굴하는 토대가 된다. 일례로 토머스 홉스를 절대주의 정치철학자로 해석하는 통념에 대항해 그를 17세기 잉글랜드혁명기에 발생한 정치 논쟁의 맥락 속에서 읽어야 한다는 퀜틴 스키너의 독해가 처음 나온 것은 1960년대였으나, 반세기가 지난 지금도 지성사 연구자들은 과거의 연구를 엄격한 비판을 거쳐 수용하면서 전진해나가고 있다. 그 결과 홉스에 대한 '역사적으로 타당한' 신진 연구들이 지속적으로 등장하는 중이다.★

그 덕에 언어맥락주의는 연구를 축적할수록 텍스트와 언어를 이해하는 데 필요한 맥락에 대한 이해 자체를 갱신해나가게 된다. 바로 이것이 언어맥락주의의 중요한 강점 중 하나다. 즉 언어맥락주의적 접근법을 통해 특정한 텍스트의 의미를 재조명하게 되면, 해당 텍스트를 참고한 다른 텍스트들이나 해당 텍스트가 참여하고 있던 논쟁을 새롭게 해석할 수 있다. 실제로 지성사에서 특정 주제에 대한 연구가 어떻게 전개되는지를 긴 호흡으로 살펴보면, 다음과 같은 선순환이 나타나는 것을 볼 수 있다. ① 역사적인 맥락을 고려해 텍스트를 새롭게 해석하고(예

★ 스키너 이후 홉스를 역사적으로 읽는 주요한 연구의 몇 가지 대표적인 예로는, Mark Goldie, "The Reception of Hobbes", *The Cambridge History of Political Thought 1450-1700*, J. H. Burns and Mark Goldie eds., Cambridge: Cambridge University Press, 1991, pp.589-615; A. P. Martinich, *The Two Gods of Leviathan: Thomas Hobbes on Religion and Politics*, Cambridge: Cambridge University Press, 1992; Noel Malcolm, *Aspects of Hobbes*, Oxford: Clarendon Press, 2002; Kinch Hoekstra, "The *de facto* Turn in Hobbes's Political Theory", *Leviathan after 350 Years*, Tom Sorell and Luc Foisneau eds., Oxford: Clarendon Press, 2004, pp.33-73; 그리고 A. P. Martinich & Kinch Hoekstra eds., *The Oxford Handbook of Hobbes*, Oxford: Oxford University Press, 2016에 수록된 논의 등을 참고하라.

옮긴이 해제

를 들면, 애덤 스미스의《국부론》을 18세기 중후반 스코틀랜드의 경제발전 논쟁의 맥락에서 다시 읽고) ② 새로운 텍스트 해석에 기초해 역사적 맥락을 재해석하거나 또 다른 맥락을 추가로 고려하여(18세기 정치경제학과 계몽주의 언어의 상호연관성을 발굴하여) ③ 기존의 텍스트는 물론 더 많은 텍스트를 재해석하게 된다(18세기 영국·프랑스의 정치경제학뿐 아니라 당대 개혁가들이 뛰어든 전全유럽적 논쟁을 새롭게 살핀다). 이런 과정 속에서 텍스트 이해와 맥락 이해는 상호작용하며 서로를 갱신하게 된다. 지성사 연구가 지난 반세기에 걸쳐 지속적으로 영역을 확장할 수 있었던 건 이런 과정이 있었기 때문이다.

3) 발화자의 의도 외의 요소들:
텍스트의 물질성, 수용과 변용의 과정

언어맥락주의를 비판하는 논리 중에는 지성사 연구가 오직 언어적 맥락과 저자의 의도만을 유의미한 연구 대상으로 삼으며, 따라서 텍스트와 관련된 다른 여러 차원을 무시한다는 주장이 있다. 그러나 이는 지성사 연구를 전혀 들여다보지 않은 사람이 가질 수 있는 편견에 불과하다. 본래 케임브리지 학파 언어맥락주의의 주요 연구자들은 역사학과에 소속되어 문헌학적 시각을 훈련받은 이들로, 텍스트와 언어의 구체적인 역사적 의미를 엄밀하게 이해하기 위해서는 텍스트의 물질적이고 사회적인 측면 또한 염두에 두어야 함을 처음부터 인식하고 있었다. 텍스트의 물질적이고 사회적인 측면에는 텍스트의 (집필 시점과 구별되는) 출간 시점이 언제인지, 인쇄·출판을 맡은 이가 누구이며 어떤 역할을 했는지, 텍스트가 어느 곳의 어떤 집단에 유포되어 읽혔는지, 어떤 언어로 번역되었고 누가 읽을 수 있었는지, 판본들 사이에 어떤 차이가 있는지, 독자들이 어떤 반응을 보였으며 거기에 저자가 또다시 어떻게 반응했는지 등 다양한 요소가 포함된다. 지성사 연구자들은 문헌을 실제로 추적하면서 텍스트가 종종 저자의 원래 의도와 전혀 무관하게 읽히기도 하며, 때로는 아예 새로운 판본으로 편집 출간되어 처음에 염두에 두었던 독자들과 전혀 다른 이들에게 전달되는 일이 비일비재하다는 사실을 자연스레 받아들이게 된다. 텍스트가 저자의 의도를 넘어 수용·변용될 수 있다는 점은 여전히 사상과 언어를 역사적으로 연구할 때 고려해야 할 핵심 사항으로 남아 있다.

4) 삼중의 특수성:
언어맥락주의가 비판하는 오류들

어떤 방법론을 이해하는 과제에서 해당 방법론 자체의 논리를 파악하는 일 못지않게 그것이 비판하는 대상이 무엇인지, 그 비판이 어떤 논리에 기초하고 있는지를 살펴볼 때 더 분명해지는 것이 있다. 언어맥락주의자들은 역사 연구에서 '잘못된 보편성'을 전제하는 것을 거부하며 텍스트, 맥락, 시대를 역사적으로, 다시 말해 특수한 대상으로 간주해야 한다는 입장을 고수해왔다. 지성사 연구가 무엇을 비판하며 어떤 입장을 주장하는지 다음의 세 가지 논점을 중심으로 살펴보도록 하자.

ⓐ 지성사 연구는 특정한 문제의식을 모든 시공간에 통용되는 보편적인 문제인 것처럼 전제해서는 안 되며, (우리 자신의

시대를 포함해) 각각의 시공간을 서로 다른 것으로 구별해야 한다고 전제한다. 물론 그렇다고 해서 각각의 시공간을 모두 고립된 대상으로 보아야 한다고 주장하는 것은 아니다. 그보다는, 모든 사람이 그 시대에 고유한 맥락과 문제의식을 지니고 살아가는 만큼, 아무런 근거 없이 서로 다른 시공간이 동일한 문제의식을 공유한다는 듯 여기거나, 우리에게 중요한 관심사를 모든 시대를 관통하는 보편적인 주제로 여겨서는 안 된다는 것이다. 따라서 보편적인 논쟁이나 맥락을 상정하고서 텍스트를 거기 끼워 맞추듯 읽고 해석하는 방식('스트라우스주의적' 해석이 종종 그러하다)은 정당화될 수 없다.

ⓑ 오늘날 우리에게 중요한 저자의 텍스트라는 이유로 그것이 해당 시대의 의견 혹은 '정신'을 대표한다고 전제해서는 안 된다. 물론 어떤 저자와 텍스트가 당시에 가장 널리 통용되던 의견을 주장할 수는 있다. 그러나 이는 충분한 역사적 근거를 바탕으로 당시의 구체적인 맥락을 복원할 때만 도출할 수 있는 사실이지, 별다른 근거 없이 전제로 삼을 수 있는 사항은 아니다. 마찬가지로 이후 정전正傳, canon으로 자리 잡은 텍스트라고 해서 당시의 시대적 변화를 대표해 보여준다고 성급하게 추정해서는 안 된다. '시대정신의 대변인'만 연구해도 그 시대의 본질을 알 수 있다고 믿는 사람들에게는 유감스러운 사실이지만, 우리가 지금 살아가는 세계를 비롯해 **그 어떤 시공간도 단일한 저자와 텍스트의 입장이 충분히 대변할 수 있을 만큼 단순하지 않다.**

ⓒ 마르크스주의적 해석이나 여러 유사 경제결정론, 혹은 모든 것을 '사회구조 변동'의 산물로 보는 시각이 그러하듯이,

지성사란 무엇인가?

과거 어느 시기 중요한 사회적·물질적 경향이 존재했다고 해서 그 시기의 논쟁과 텍스트가 그런 경향을 필연적으로 '반영'하거나 의식하리라 전제해서는 안 된다. 좀 더 일반적으로 말하자면 특정한 영역이나 맥락에 나타나는 변화가 다른 영역이나 맥락에 자연스럽게 반영되어 있으리라는 전제는 비판받아야 한다. 가령 19세기 영국 사회가 거대한 경제적인 변화를 겪었다고 해서, 구체적인 근거 없이 당시의 모든 텍스트·논쟁이 그 변화를 따라 '시대적인 전환' 혹은 '구조적 변화'에 동참했으리라는 식으로 주장할 수는 없다. 18세기 계몽주의 역사 서술에 대한 포콕의 《야만과 종교》 연작이 잘 보여주었듯, 애초에 인간 사회의 모든 면이 문명·사회의 (주로 물질적인) '구조'에 따라 뒤바뀌게 되어 있다는 논리 자체가 특정한 시기에 확산된 믿음으로, 우리가 (오늘날에는 더 이상 정당화될 수 없는) 그 믿음을 무비판적으로 따라야 할 이유는 없을 것이다.

물론 이런 비판을 사회의 여러 변화가 언어와 사유에 어떤 영향도 끼치지 못한다는 주장으로 해석하면 곤란하다. 이는 사회적·경제적·물질적 변화가 사람들의 언어와 사유에 끼친 영향을 살필 때 **당대의 담론장이 그 변화를 어떤 언어를 통해 어떻게 이해하는가의 문제를 고려해야만 한다**는 말에 가깝다. 예를 들어 한 지방의 인구가 불과 수 년 사이 절반 이하로 감소하는 사태가 발생했다고 생각해보자. 이때 무엇보다 중요한 것은 당대의 해석자들이 (인구통계 같은 언어적 기록 없이는 애초에 명확히 인식될 수조차 없었을) 이 사태를 어떤 언어로 설명하고 분석하느냐의 문제다. 동일한 사실을 행성의 배치와 운행에 따른 자연스러운 변화로 해석할지, 우주적 조화의 붕괴와 종말의 전조로 읽어낼지, 급격한 기후 변화에 따른 재앙으로 볼지, 아니면 치안과 안보의 위기 또는 조세 정책과 시장 변동이 초래한 결과로 판단할지 등에 따라 사람들이 사태를 묘사하는 언어는 물론 거기에 대응하는 방식도 달라질 것이다. 우리는 ① 매우 중요한 변화라 할지라도 그것이 당시의 모든 언어·사유에 자연스럽게 반영되리라는 선험적인 인과관계를 설정해서는 안 되며(그 어떤 것도 세계 만물에 보편적인 영향력을 행사하는 '본질'일 수 없다) ② 그 변화 또한 '언어'의 차원을 뛰어넘을 수 없다는 것, 즉 사회의 중대한 변화가 당시 사람들의 사고와 견해에 영향을 미친다고 해도 다른 것과 마찬가지로 당대의 언어를 통해 해석·수용되는 과정을 거친다는 사실을 인식해야만 한다.

위와 같은 전제들에 기초해 언어맥락주의는 언어와 사상, 텍스트의 역사 연구가 일차적으로 특정 발화가 그것이 속한 특수한 맥락 속에서 어떤 구체적인 의미를 지녔는지 재구성해야 한다고 주장한다. 동시에 그 구체적인 의미와 용법을 탐구하는 데서 출발해 과거의 대화와 맥락, 나아가 언어 자체를 복원하는 연구가 필요하다고도 역설한다. 그런 연구를 통해서만 과거인들이 공유하는 언어와 사유를 더 깊게 이해할 수 있기 때문이다. 그런 노력 없이 당대의 사회적·정치적·경제적 맥락을 단순 대입하는 식으로 과거의 언어와 사상을 이해할 수 있다고 자찬한다면, 그건 지성사가들이 볼 때 여전히 '맥락을 고려하지 않은' 연구일 뿐이다.

　　　　　　　　　　지성사란 무엇인가?

3.
지성사의 역사: 케임브리지 학파의 발흥과 언어맥락주의의 확산

그렇다면 지성사의 연구 모델은 어떻게 등장했으며, 어떻게 확산된 것일까? 독자들이 이 책 2장을 함께 읽는다는 가정하에 몇 가지 사항을 간략히 짚어보겠다. 케임브리지 학파 1세대와 1.5세대의 초기 주요 저작인 포콕의 《고대 헌정과 봉건법》(1957), 존 던의 《존 로크의 정치사상》(1968), 리처드 턱의 《자연권 이론Natural Rights Theories》(1979), 제임스 털리의 《재산권 담론 A Discourse on Property》(1980), 그리고 스키너의 1960년대 논문 사이에는 중요한 공통점이 있다. 이 저작들은 모두 17세기 잉글랜드 혁명기의 정치사상에 대해 역사적으로 정확한 해석을 제시하려는 열망에 가득 차 있었다. 이 열망을 실현하기 위해 저자들은 (기존의 주요한 해석에 맞서) 그때까지 충분히 다뤄지지 않았던 언어적 맥락을 도입했다. 당대에 이들의 가장 강력한 적수는 마르크스주의와 자유주의였기에, 이들의 저작에서는 양자에 대한 강렬한 비판의식, 특히 양자가 공유하는 (종종 '휘그주의 사관'이라고도 불리는) 목적론적 역사관에 대한 투쟁 의식이 묻어난다.

마르크스주의, 그중에서도 정확히 마르크스주의 역사 서술이란 마르크스주의자들의 도식에 따라 역사를 계급투쟁을 통한 자본주의 생산양식의 단계적 발전 과정으로 규정하고, (사상을 포함한) 과거를 이 틀에 맞춰 이해하려는 흐름을 가리킨다. 이들은 잉글랜드혁명을 부르주아 계급이 대두하는 과정 혹은 근대 자본주의가 날개를 펴는 계기로 간주하고, 이 시기의 정치사상 역시 그 거대한 역사적 변화를 드러내고 또 정당화한다고 믿었다. 그런 믿음을 가진 대표적인 연구자로는 C. B. 맥퍼슨이 있다. 그는 '소유적 개인주의possessive individualism' 개념을 통해 홉스, 로크 같은 저자들의 주장이 자본주의가 발흥하는 과정에서 개인의 배타적인 소유권·재산권의 관념이 점차 강화되는 흐름을 대변한다고 읽고자 했다.

자유주의는 좀 더 복잡하다. 먼저 자유주의 역사란 루이스 하츠의《미국의 자유주의 전통The Liberal Tradition in America》(1955)에서처럼 근대의 역사를 로크와 잉글랜드혁명에서 시작해 오늘날까지 이어지는 자유주의의 발전 과정으로 간주하는 목적론적 역사 서술을 가리킨다. (다소간 전자의 역사관을 받아들이는) 정치철학으로서의 자유주의란 자연권이나 인권 등 개개인의 보편적인 권리에 기초해 국가·정치체body politic·사회의 이상적인 규범을 이론적으로 도출할 수 있다는 주장으로, 1970년대에 존 롤스가 등장한 이래로 북미의 가장 중요한 정치사상으로 자리를 잡아가고 있었다. 자유주의자들은 역사관과 정치철학 모두에서 개인의 자유와 재산권의 중요성을 강조했고 특히 로크를 이러한 입장의 기원으로 설정했다. 언어맥락주의자들은 마르크스주의와 자유주의적 해석이 모두 목적론적이고 비역사적인 오류를 범하고 있다고 생각했으며, 과거의 저자와 텍스트를 당대의 언어적 맥락 내에서 읽는다면 매우 다른 해석에 도달하게 된다고 주장했다. 이들은 마르크스주의와 자유주의 양자 모두가 뿌리를 두고 있는 19세기적 역사 인식을 비판적으로 검토하기 위해

지성사란 무엇인가?

그 이전의 과거로 거슬러 올라갔으며, 특히 포콕과 혼트를 위시한 18세기 연구자들은 마르크스주의와 자유주의의 속박이 초래하는 오류를 가열차게 비판했다.

공통된 목적의식과 방법론을 공유한다고 해서 반드시 똑같은 이야기를 할 필요는 없다. 지성사의 주요 연구자들은 동료의식을 굳건히 유지하면서도 그 관심사와 구체적인 접근법 모두에서 각자의 개성을 잃지 않았다. 그런 다양성에 힘입어 케임브리지 학파는 20세기 중후반 놀랄 만큼 큰 성공을 거둘 수 있었다. 스키너는 한편으로 잉글랜드혁명기의 맥락을, 다른 한편으로 르네상스 이탈리아 공화주의 전통을 복원하면서 (대표적으로 발터 울만, 한스 바론, 펠릭스 길버트 등 망명 유대인들을 통해 전해진) 독일 정치사상의 전통을 따라 군주권과 인민 주권 간의 투쟁에 초점을 맞췄다. 현대의 정치철학에도 깊은 관심을 둔 턱과 털리는 어떻게 중세 후기부터의 자연법 전통이 후고 그로티우스 이래 헌정주의와 재산권의 언어로 재탄생했는지, 그리고 홉스와 로크 같은 잉글랜드혁명기의 저자들이 이런 논리와 문제의식을 어떤 방식으로 활용했는지 추적하면서 자연법 연구 자체를 중요한 분야로 끌어올렸다. 로크 해석에 지각변동을 불러일으킨 던은 지성사와 현대 정치이론을 오가며 '근대' 정치사상의 핵심을 탐색하고자 했다. 언제나 가장 깊이 있는 연구를 내놓는 포콕은 혁명기와 18세기의 영국인들에게 스스로의 역사를 쓰는 일이 어떤 정치적 의미를 지녔는지, 그리고 그 과정에서 어떻게 근대적인 자기인식이 나타나는지 보여주었다. 자연법 및 공화주의의 언어와 18세기 스코틀랜드 계몽주의의 관계를 조명한 던컨 포브스와 혼트를 비롯해 케임브리지 학파의 선도적인 연구자들은 언어맥락주의가 해석의 지평을 협소하게 만들기는커녕, 역사적인 엄밀함을 유지하면서도 폭넓은 분야를 매우 다양한 방식으로 다룰 수 있도록 상당한 범용성을 가진 방법론임을 실제 연구로 입증했다.

케임브리지 학파와 언어맥락주의가 등장하게 된 배경을 이해할 때, 이 과정을 단순히 지적인 영역에서만 벌어진 일로 협소하게 바라보지 않도록 주의할 필요가 있다. 스키너를 필두로 하는 케임브리지 학파 지성사가들은 한 명의 행위자로서 자신들에게 주어진 **제도와 네트워크**를 활용하여 언어맥락주의가 성장할 수 있는 토대를 확보했다. 영어권 최고의 학술 출판사 중 하나인 케임브리지대학 출판부를 통한 주요 총서 발행이 그 대표적 사례다. 1984년 《역사 속의 철학: 철학사 서술에 관한 시론들Philosophy in History: Essays in the Historiography of Philosophy》로 시작해 2011년에 100번째 연구서를 출간했으며, 지금도 매해 새로운 연구서를 발간하는 '맥락 속의 사상Ideas in Context' 총서는 케임브리지 학파를 중심으로 하는 지성사 분야의 전문 학술서를 꾸준히 소개해왔다. '케임브리지 정치사상 고전 총서Cambridge Texts in the History of Political Thought'는 고대 그리스부터 현대에 이르는 정치사상 분야 고전의 영어 비평판을 1980년대 이래로 100종 이상 내놓으면서 학생과 비전공자가 정치사상에 입문할 수 있는 저변을 확대했다(스키너는 1984년부터 2012년까지 전자의 편집위원으로, 1986년부터 현재까지 후자의 총서 전체 편집인으로 활동했다). 케임브리지 학파의 주요 구성원은 철학사 분야의 주요 연구 동향을 집약해 보여주는 권위 있는 '케임브리지 철학사Cambridge History of Philosophy' 총서에 참여하는 것은 물론, 정치사상사 연구를 본격적으로 다루는 '케임브리지 정치사상사Cambridge History of Political Thought' 총서를 편집 출간해왔다. 즉 1980년대부터 케임브리지 학파는 **학생과 연구자가 읽고 참조할 수 있는 비평판, 개별 연구자의 지적 성과를 담은 전문 학술서, 주요 연구 동향을 모아 소개하는 논문 편저를 가장 강력한 지적 영향력을 보유한 출판사를 통해 지속적으로 출간하면서 지성사 연구자들을 위한 지적 생태계를 구축**해온 셈이다(여러 종의 지성사 전문 학술지도 새로 발간되었다).

지나치게 영국에 쏠려 있다는 지적을 여전히 듣곤 하지만, 케임브리지 학파의 주요 연구자들은 국제적인 네트워크를 조직하는 일도 결코 소홀히 하지 않았다. 그들은 지성사 연구의 영향력을 함께 확대해나갈 수 있는 동료를 찾고자 노력했다. 1974년부터 1979년까지 프린스턴 고등연구원에 체류했던 스키너는 이후에도 꾸준히 유럽과 북미의 연구자들과 교류했으며, 턱과 털리를 포함한 스키너의 학생들은 북미 정치철학·정치이론 학술장에서도 자신들의 영역을 구축해왔다. 혼트는 18세기 스코틀랜드의 계몽주의와 정치경제학 연구를 전 유럽에 걸친 프로젝트로 확장하면서 영국 바깥에서 온 다양한 국적의 학생들을 지도했다. 지성사가들은 영어권에서, 어쩌면 전 세계 학술장에서 가장 거대한 역사학과라 할 수 있는 케임브리지대학 역사학과 외에도 지성사 연구자들이 재생산될 수 있는 공간을 찾아 자신들의 영향권을 넓혀갔다. 1996년부터 2008년까지 케임

브리지대학 '근대사 흠정교수Regius Professor of History'라는 영예로운
자리를 차지했던 스키너는 이후 런던 퀸메리대학교 역사학과로
이직해 그곳을 지성사 연구의 새로운 전진 기지로 만들었다. 혼
트의 지도 학생이자 이 책의 저자인 리처드 왓모어는 2014년 세
인트앤드루스대학 지성사 연구센터 주임이 되어 세인트앤드루
스대학 역사학과를 지성사 연구의 또 다른 중심지로 발돋움시
켰다. 1960~1970년대 영어권 역사학계에서 지성사 연구자들의
영향력은 케임브리지대학을 거의 넘어서지 못했으나, 2010년대
이래 미국의 주요 대학 역사학과에서 지성사 연구자 혹은 (설령
언어맥락주의자들의 기준에는 미흡해 보인다 할지라도) 스스로를
지성사 연구자로 부르는 교원을 그리 어렵지 않게 찾아볼 수 있
게 되었다.

　　이 모든 변화는 지성사 연구가 포괄하는 학문적 대상이
놀라울 정도로 확장되어왔다는 사실과 함께 이해되어야 한다.
케임브리지 학파의 핵심적인 연구자들이 17세기 잉글랜드혁
명기 정치사상 연구에서 출발했다는 사실은 앞서 이야기한 바
있다. 이후 이들의 연구는 놀랄 만큼 서로 다른 방향으로 뻗어
나갔다. 스키너는 이탈리아 르네상스 이전 인문주의의 전통으
로까지 거슬러 올라갔으며, 홉스와 르네상스 수사학 전통에 관
한 기념비적인 연구인《홉스 철학에서의 이성과 수사학Reason and
Rhetoric in the Philosophy of Hobbes》이 보여주듯 정치사상 이외의 분야로
까지 나아갔다. 턱은 회의주의와 스토아주의 같은 초기 근대 인
문주의의 다양한 철학적 전통을 탐색하면서, 동시에 그로부터
그로티우스와 홉스를 거쳐 루소와 칸트에 이르는 국제정치사상

의 형성을 다루었다. 스키너의 또 다른 중요한 제자 애너벨 브렛은 스페인의 후기 스콜라주의 연구를 수행하여, 상대적으로 프로테스탄트 세계에 집중되었던 정치사상사 연구의 시공간적 범위를 확장했다. 오늘날 가장 중요한 로크 연구자 중 한 명인 마크 골디는 17세기 말~18세기 초 잉글랜드 사상사를 밀도 높게 연구하여, 이 시기 정치 논쟁을 제대로 해석하는 데 잉글랜드 국교회와 신학적 논쟁에 대한 이해가 필수적임을 보여주었다. 포콕의《마키아벨리언 모멘트》3부가 18세기 잉글랜드와 스코틀랜드에서 전개된 상업사회 담론의 중요성을 보여준 기념비적인 저작이었다면, 그로부터 자극을 받은 혼트는 도널드 윈치와 함께 흄과 스미스를 경유해 19세기 초반으로 이어지는 정치경제학의 흐름을 연구함으로써 지성사의 지평을 넓혔으며, 다시 당대 국제정치경제이론의 근본 문제를 새롭게 조명하는 방향으로 나아갔다. 포콕 본인은 역작《야만과 종교》를 통해 계몽주의 시기 여러 저자의 역사관을 교차하는 다양한 전통을 발굴해냈으며, 그가 열어젖힌 문은 미래의 연구자들에게 손짓하고 있다.

오늘날 지성사 연구의 대상은 연구자들이 다루는 문헌과 분야(철학, 수사학, 역사 기술, 정치경제학, 국제정치사상, 신학, 문학, 과학, 문헌학, 젠더)로 보나, 시대와 장소(르네상스 이탈리아, 초기 근대 이래의 아랍, 18세기 잉글랜드, 스코틀랜드, 프랑스, 18세기 말~19세기 초 프랑스혁명기 유럽, 19세기 후반 영국과 인도, 20세기 전후 유럽과 미국)로 보나 과거와 비교할 수 없을 만큼 다양해졌다. 물론 아직 서구-백인-엘리트-남성-정치사상에 집중하는 경향이 적잖이 남아 있지만, 왓모어도 강조하듯 현재 지성사는 역사학 안팎의 다양한 흐름과 교류하면서 계속해서 새로운 시도를 생성하고 있다. 언어맥락주의의 범용성과 지성사 연구자들의 뛰어난 상호협동성을 고려하면 그 범위는 앞으로도 계속 확장될 것이다. 그 확장이 한국의 지성사 연구에까지 미칠 수 있도록 하는 것이 이 한국어판의 목표이기도 하다.

4.
지성사의 방법:
언어맥락주의와 그 경쟁자들

지금까지의 설명을 쭉 따라온 독자라면 자연스레 이런 질문을 떠올릴 수 있을 것이다. 언어맥락주의만이 사상을 역사적으로 탐구하는 방법인가? 사상사의 다른 방법들과 언어맥락주의 지성사는 정확히 어떻게 다른가? 이제 이런 질문들에 답해보려 한다. 왓모어가 이 책 2장에서 설명했듯, 언어맥락주의가 이런저런 도전을 감행하고 또 성공을 거두기 전 이미 여러 형태의 지성사 연구가 존재했다. 그중에서 가장 상투적인, 그리고 유감스럽게도 오늘날까지 (지성사 방법론을 충분히 훈련받지 않은 대담한 연구자들에게서) 흔히 발견되는 '전통적인' 유형들이 있다.

ⓐ '근대화' 등 거대한 역사 도식을 전제하고 이 도식에 맞춰 사상가와 저술에 자의적인 의미를 부여하는 연구.
ⓑ 민족주의, 민주주의, 자유주의 등 거대한 중심 주제를 설

정하고, 특정 시대의 사상과 담론의 역사를 그런 거대한
흐름이 만들어지고 발전한 과정으로 설명하는 연구.

ⓒ 사상과 개념을 '당대의 현실'(이라고 연구자 본인이 자의적
으로 설정한 것)의 반영물로 간주하고 전자에서 후자를 읽
어내려는 연구.

ⓓ 한 명의 주요 인물 혹은 특정 집단의 사상만을 따로 떼어
내 그것이 '완성되어가는' 과정을 제시하려는 연구.

ⓔ 역사적 맥락을 고려하지 않고 과거의 사상·저술에서 오
늘날 유행하는 관심사와 관련된 내용만을 읽어내는 연구.

이 연구들은 사상(가)과 저술이 실제로 어떤 문제와 씨름
했는지, 누구의 어떤 저작과 어떤 관계를 맺었는지 엄격하게 검
토하지 않는다. 사상(가)과 역사적 시공간의 상호관계를 지워버
린 작업을 기다리는 건 시대착오적인 환원론과 단순화의 위험
이다. 20세기 중후반은 이런 식의 조악한 사상·문화 연구에 대
한 비판이 다양한 형태로 나타난 시기이기도 했다. 여기서는 (언
어맥락주의를 제외하고) 그 두 가지 대표적인 흐름인 개념사와 지
식사회사·문화연구를 간략하게 소개하고, 언어맥락주의의 입
장에서 그 연구들이 지닌 문제점을 짚어본다.

1) 개념사와 그 비판

2000년대 중반 이후 라인하르트 코젤렉과 개념사 사전이
본격적으로 소개되면서 한국 인문학계에서 개념사 연구는 어느
정도 익숙한 방법론이 되었다. 그러나 과거의 사전과 문헌을 통

해 개념의 용법을 추적하는 작업이 익숙하게 받아들여지고 있음에도, 개념사 연구 자체가 어떠한 역사적 맥락에서 등장했는지 의식하는 이들은 여전히 드문 듯하다.* 개념사 연구, 특히 '코젤렉의 개념사 사전'이란 명칭으로 더욱 잘 알려진 《역사의 근본개념》 기획은 무엇보다 (역사학을 포함한) 20세기 서구 인문학의 '사회과학화' 경향과 깊이 연관된다. 20세기 사회과학이 자연과학에 한층 더 가깝게 다가가고자 다양한 방법론을 발전시켰다면, 자신들의 학문을 갱신하려 했던 인문학 연구자들은 사회과학의 관점과 방법론을 적극적으로 차용했다. 바로 이것이 20세기 중반 이래 서구 인문학의 거대한 경향이 되었다. 역사가들, 특히 많은 사회사가들은 다양한 사회과학적 방법론으로 하나의 총체적인 사회를 역사적으로 탐구한다는 근대 역사학의 이념을 '과학적으로' 실현하고 싶어 했다. 그렇다면 과학적이면서도 총체적인 사회사의 기획에 언어와 사상의 차원을 어떻게 포함시킬 수 있는가? 이에 대해 코젤렉을 위시한 일단의 연구자들은 이렇게 주장했다. 전통적인 사상사·정신사적 연구 모델을 대신해 과거의 대표적인 문헌·사전·언론지 등에 나타난 개념의 의미와 용법의 변화를 추적한다면 각 시대의 총체적인 사회구조 변화에 대응하는 사상의 변화를 기술할 수 있다는 것이다. 개념사 사전은 바로 그 연구 모델의 결과물이라고 할 수 있다.**

---

* 이 문제를 포함해 개념사 연구자의 입장에서 여러 중요한 방법론적 쟁점을 조명하는 저술로는 멜빈 릭터의 《정치·사회적 개념의 역사: 비판적 소개》(송승철·김용수 옮김, 소화, 2010)와 나인호의 《개념사란 무엇인가: 역사와 언어의 새로운 만남》(역사비평사, 2011) 1부를 참고하라.

전통적인 사상사의 한계와 오류를 넘어서려 했다는 점에서 개념사와 언어맥락주의 연구는 공통점을 지닌다. 이 둘은 개념이 단순히 현실을 반영하는 것이 아니며 발화행위의 중요한 도구임을 전제하면서, 개념의 의미와 용법이 역사적으로 변화한다는 사실을 인식해야 한다고 주장했다. 개념(어)은 시대와 상황에 따라 상이한 의미를 지닐 수 있기에, 설령 동일한 언어로 표현되었다고 해도 각각의 예가 같은 의미를 내포한다고 섣불리 판단할 수 없다는 것이다. 결국 과거의 여러 문헌을 검토함으로써 개념의 의미와 용법이 보여주는 다양한 변화를 추적하고 기록해야만 했다. 이런 공통점 덕에 독일의 개념사와 영국 지성사를 접목시키려는 가치 있는 시도들이 등장하기도 했다. 하지만 언어맥락주의자들은 적어도 다음의 두 가지 측면에서 개념사 연구의 방법론에 동의할 수 없었다.

먼저 언어맥락주의자들은 앞서 설명했듯 한 시대 전반에 미치는 총체적인 사회구조 변화가 있고 개념과 언어의 변화가 여기에 조응한다는 전제를 받아들이지 않았다. 마르크스주의 연구자들과 격돌해야 했던 케임브리지 학파 1세대의 주요 연구자들은 '총체사'의 기획에 개념사 연구자들보다 훨씬 더 비판적

★★ 개념사 사전이 가능했던 것은 20세기 전반 독일 학계의 역사학과 고전문헌학 연구가 당대 최고의 역량을 축적하고 있었기 때문이었다. 그리스·로마 고전학, 중세 문헌학 등 두텁게 축적된 문헌학적 토대가 없었다면 개념사 사전의 기획을 제대로 달성할 수 없었을 것이다. 한국의 개념사 연구가 아직 의도한 만큼의 결과물을 내놓지 못하고 있다면, 이는 구체적인 언어적 맥락이 좀처럼 고려되지 않는 경향과 함께 ('기초학문'을 관습적으로 강조하고 있음에도) 한국 학계의 문헌학적 역량이 여전히 낮은 수준에 머물러 있다는 사실과 무관하지 않은 듯하다.

옮긴이 해제

이었으며, 언어 및 사상 연구가 사회적·경제적·문화적 변동을 탐색하는 거대한 연구의 일부로 환원될 수 있다는 입장을 거부했다. 이들에게 서로 다른 차원에서 전개되는 역사적 변화들 사이의 관계는 오로지 개별적인 사례 연구를 통해서만 다뤄질 수 있는 대상이었다. 언어맥락주의자들은 그 관계가 선험적이거나 보편적인 구조로 설명될 수 없다고 믿으며 회의주의적인 태도를 견지했다. 세계의 거시적인 변화를 깔끔한 틀로 정리해내려는 욕망은 언제나 유혹적이지만, 그러한 유혹에 굴복하여 실재하지 않는 '총체적 구조'를 현실에 투사하는 것은 오류를 낳을 뿐이었다.

다음으로 지성사 연구자들은 사전 등을 참고하여 '시대에 따른 개념의 변화'를 추적하는 연구가 제한적인 효용만을 가진다고 보았다. 과거의 텍스트에서 사용하는 개념의 의미를 엄밀하게 파악하기 위해서는 해당 텍스트·언어가 속한 특수한 대화의 맥락을 구체적으로 살펴야 했는데, 이는 당대의 사전에 나타난 '일반적' 용법을 참고하는 것만으로는 충분하지 않았다. 특히 격렬한 논쟁에 뛰어드는 일급의 저자들은 학술적인 필요에 의해서든 수사적인 목표 때문이든 주어진 언어의 용법 자체를 뒤틀고 변용하곤 하는데, 그러려면 결국 개념사가 은밀히 전제하는 '해당 시대의 일반적인 언어적 맥락'이 아닌(그런 것이 존재하는지 자체가 애초에 확실치 않았다) '해당 텍스트와 언어가 참여하고 있는 특수한 언어적 맥락'을 참조해야 했다. 요컨대 언어맥락주의는 구체적인 역사적 행위로서의 언어를 거시적 구조나 시대 전체의 일반성으로 환원하기를 거부했으며, 나아가 후자의 개념에 비판적이었다.

2) 지식사회사와 문화연구의 기여와 한계

독일의 개념사가 사상 연구와 사회과학적 요구를 결합하려는 20세기 중후반의 열망을 대변한다면, 같은 시기 영어권에서는 지식사회사와 비판적인 문화연구가 그 과제를 떠맡았다. 영어권의 이런 작업들은 (어느 정도는 영어권 학술장의 전 세계적 헤게모니에 힘입어) 좀 더 광범위한 영향을 끼쳤다. 부분적으로는 E. P. 톰슨과 레이먼드 윌리엄스 같은 영국 마르크스주의 역사가들의 작업, 그리고 미셸 푸코 같은 '프랑스 이론'에 자극받은 북미의 인류학·문학연구가 이 흐름을 성공적으로 이끌었다. 이들은 연구 대상을 정전에 국한하는 경향에서 벗어나 매우 다양한 텍스트를 읽고 검토하도록 했으며, 무엇보다도 텍스트·지식의 생산과 유통, 수용 과정에 작용하는 여러 물질적이고 사회적인 기제를 중요한 연구 대상으로 끌어올렸다는 점에서 적잖은 공헌을 했다. 지성사 연구 또한 이에 힘입어 훨씬 더 다양하고 정교한 연구를 수행할 수 있었다.

그러나 텍스트와 언어에 대한 해석 작업을 저자, 출판인, 독자 등 텍스트를 둘러싼 여러 요소를 분석하는 작업으로 대체할 수는 없다는 사실을 간과해서는 안 된다. 결국 텍스트와 그 언어적 맥락을 이해하고 해석하는 작업을 경유할 때만 텍스트의 의미(저자가 언어를 통해 어떠한 행위를 의도했는지)를 복원할 수 있다. 일부 조악한 지식사회사·문화연구는 이 점을 고려하지 않은 채 텍스트를 둘러싼 사회적 조건에서 곧바로 텍스트 자체

옮긴이 해제

의 의미를 끌어내는 식의 오류를 범하기도 한다. 과거의 사상사나 마르크스주의적 해석에서처럼 특정한 사회구조를 상정한 뒤이 구조에 텍스트의 의미를 끼워 맞추는 전통적인 사상사의 습관이 반복되는 경우도 있다. 저자와 텍스트는 결코 사회적·물질적 층위와 독립된 개체로 존재하지 않는다. 물론 그렇다고 해서사회적·물질적 요인의 효과가 곧 저자와 텍스트의 의미를 결정한다는 잘못된 믿음을 정당화하지는 못한다. 사상과 언어를 해석하는 작업은 여전히 사상사의 핵심을 이룬다. 지식사회사와문화연구가 지성사 연구에 중요한 도구를 제공했음에도 그 자체로 사상사의 온전한 연구 모델이 될 수 없는 이유다.

5.
지성사의 실천적 의의:
정치적이고 비판적인 사유를 위한
도구로서의 언어맥락주의

1) 지성사와 정치이론

언어맥락주의의 방법론과 실천을 접한 이들 중 일부는 이런 질문을 던지기도 한다. "그런데 그게 현실 정치에 어떤 의미가 있나요?" 물론 언어맥락주의자들은 이 문제를 오랫동안 고민해왔으며, 나름의 답변도 제시한 바 있다. 앞서 이야기했듯, 케임브리지 학파 초창기의 주요 연구는 17세기 영국혁명기 정치사상을 재해석하는 데서 출발했다. 특히 홉스와 로크 등 기존 정치학·정치철학 분과에서 정전으로 간주해온 저자들을 독해하면서 이들은 필연적으로 기존의 관점과 정면으로 충돌할 수밖에 없었다. 포콕, 던, 스키너, 턱은 모두 기존의 해석이 파편적인 인상 또는 해석자들 자신의 이데올로기적 신념을 투사한 비역사적인 오독에 불과하다고 포격을 퍼부었다. 기존의 정치철학·정치이론 연구자들이 이들의 비판에 (역사적 사실의 차원에서) 대응하기란 사실상 불가능했다. 그들이 선택한 전략은 '역사적으로 엄밀한' 연구가 정치적 텍스트의 실천적인 역량을 박탈해버리는 고물 수집에 불과하다고 반론하는 것이었다.

하지만 포콕, 던, 스키너, 턱, 털리, 혼트의 연구를 주의 깊게 읽어보면 즉각 알 수 있듯, 케임브리지 학파의 주요 연구자들은 처음부터 동시대의 정치철학적 논의에 깊은 주의를 기울였을 뿐 아니라 자신들의 저작에 그에 대한 응답을 담았다(예컨대 이 책 5장에서 다루듯 이들이 '근대 정치'를 각자의 방식에 따라 재규정한다는 사실에 주목할 필요가 있다). 그중 일부는 실제로 명시적인 정치이론 논의에 뛰어들었다. 그 시도 중 가장 널리 알려진 것은 역시나 이 책 5장에 언급된 스키너의 저술들이다. 그는 이미 정치이론의 고전으로 자리매김한 '공화주의적 자유' 혹은 '비지배로서의 자유liberty as non-domination'에 관한 연구뿐 아니라, '국가', '대표' 개념 등에 대해서도 지성사적 탐구를 수행했다. 스키너는 지성사 연구가 정치이론·정치철학 연구자들이 사용하는 개념 자체를 재검토하고 그들이 붙잡혀 있는 잘못된 논쟁 구도를 돌파할 수 있도록 새로운 대안을 제시하고자 했다. 이는 정치철학 연구 자체를 갱신할 수 있는 지성사의 역량이 있음을 보여줄 것이었다. 이런 목표는 역시나 정치이론 분야에서 널리 읽히고 있는 던의 근대 민주주의 연구에서도 잘 드러나며, 오늘날 케임브리지 학파의 젊은 연구자들도 마찬가지로 이를 공유하고 있다.

여기서 잠시 지성사의 공화주의 연구와 공화주의 정치이론 사이에 흔히 있을 수 있는 혼동을 바로잡도록 하자. 강조했듯 언어맥락주의의 목표는 과거의 저자들이 논쟁에서 **실제로 사용했던** 언어 및 지적 전통을 복원하고 이해하는 것이다. 이들은 기독교 저항권·자연법·역사 서술과 문헌학 등 과거의 정치언어를 형성하는 여러 중요한 지적 전통을 포착하고 발굴했으며, 공화주의 또는 시민적 인문주의는 그 일부라고 할 수 있다. 현대 공화주의 정치이론이 (특히 스키너나 필립 페팃의 논의에서) 특정한 자유 개념에 기초한 규범적인 정치 모델을 찾아내려는 정치철학적 기획이라면, 지성사는 공화주의의 언어가 과거의 논쟁에서 실제로 활용되었던 다양한 용법과 그 맥락을 추적한다. 공화주의적 전통이 어떻게 정치체의 흥망을 판단하는 '역사적-이론적' 모델을 낳았는지 추적한 포콕의 연구가 대표적이다.

정치이론가가 가능한 한 모든 문제를 해결할 수 있는 하나의 규범적 이론을 구축하려 한다면, 지성사가는 (공화주의뿐 아니라 모든 언어적 전통에 있어) 과거의 저자들이 실제로 마주한 문제와 그에 대해 내놓은 해결책이 후대의 우리가 상상하는 범위를 종종 훌쩍 넘어서기도 한다는 사실을 잊지 않는다. 탁월한 정치사상가들은 스스로가 이론이 상정하는 맥락의 진공 상태가 아닌 다양한 맥락으로 이루어진 복잡한 지형에서 활동한다는

지성사란 무엇인가?

사실을 잘 알고 있다. 그런 복잡한 지형을 섬세하게 인식할 때 비로소 정교한 논변이 탄생한다. 지성사 연구자는 현실 세계의 정치가 현대의 정치이론가들이 상정하는 정치의 범주보다 더 크고 복잡하다는 것을 직시한다.

2) 비판, 맥락, 전략: 언어맥락주의와 정치행위

언어맥락주의의 실천적 효용은 비단 정치이론의 영역에 국한되지 않는다. 오늘날 학문과 일상의 영역에서 사용되는 언어와 사고 자체를 비판적인 검토의 대상으로 삼을 수 있다는 것이야말로 지성사 연구가 제공하는 가장 근본적인 통찰이다. 다양한 현상을 포착하고 설명하거나, 옳고 그름을 판단하기 위해 사용하는 언어는 완전무결한 형태로 주어진 것이 아니라 과거의 필요들이 맞물려 만들어진 역사적인 산물이다. 언어의 역사적 성격을 자각함으로써 우리는 지금 사용하는 언어가 우리를 어떤 방향으로 이끄는지, 무엇을 불/가능하게 하는지 질문할 수 있으며, 그 토대 위에서 새로운 언어적 실천을 도모할 수 있다. 이는 특히 스스로가 지금껏 훈련받은 학문적 전통의 언어, 방법론, 개념, 논리를 마치 '과학적으로' 타당한 표준처럼 받아들이기 쉬운 연구자에게 필요한 인식이다.

스스로가 사용하는 언어와 사고의 역사적 특수성을 인식한 행위자는 자신이 속한 시공간의 논쟁들을 교차하는 다양한 언어적 맥락을 파악하는 작업을 수행할 수 있다. 이런 점에서 언어맥락주의는 여론을 파악하고 형성하는 일이 과거 어느 때보다도 중요한 오늘날의 정치에서 핵심 도구가 된다. 지성사 연구는 행위자들의 정치적 발화가 그때그때 맥락에 따라 매우 다른 결과를 초래할 수 있다는 사실을 가르쳐준다. 발화란 진공 상태에서 아무런 장애물 없이 존재하는 것이 아니기 때문이다. 언어맥락주의적 감각을 갖춘 정치 행위자들은 정치적 결정을 내리기 전에 우선 자신을 둘러싼 다양한 맥락을 전장의 지도를 그리듯이 주의 깊게 살피고, 맥락들이 특정한 선택에 어떻게 반응하는지, 또 어떤 논리가 논쟁의 지형을 어떤 식으로 변화시킬지 숙고할 수 있다.

따라서 언어맥락주의는 현실의 정치적·사회적·문화적 논쟁을 이해하고 여기에 참여하려는 사람이 효과적인 발화 전략을 수립하기 위해 갖출 만한 무기다. 지성사 연구의 기본적인 과제는 과거의 논자들이 논쟁에서 원하는 목표를 달성하기 위해 어떤 언어 전략을 사용했고 그 전략이 어떤 효과를 낳았는지 탐구하는 것이다. 이런 사례를 추적한 수많은 연구를 검토하면서 우리는 오늘날의 논쟁을 위한 효과적인 발화 전략을 수립할 수 있다. 언어맥락주의적 감각을 보유한 정치 행위자들은 자신의 논의가 어떠한 언어적 맥락들로 이루어져 있는지를 파악하고, 이에 기초해 자신이 사용하려는 언어가 어떤 상황에서 어떤 집단에 어떤 의미로 받아들여질 것인지 예측하며, 자신의 정치적 목표에 부합하는 수사와 논리를 선택하고, 자신이 비판하려는 언어에 어떤 한계와 약점이 있는지 찾아낼 수 있다.

지성사란 무엇인가?

6.
지성사의 가능성:
문화·문학 연구와 언어맥락주의 방법론

케임브리지 학파가 주로 정치사상사를 다뤄온 만큼, 언어맥락주의 지성사 연구가 정치사상·정치철학 연구자들에게나 통용되는 방법론이며 다른 '덜 정치적인', 혹은 적어도 전통적인 의미의 정치를 연구하지 않는 분야와는 무관하다는 편견이 있다. 여기서는 이런 오해를 불식시키기 위해 언어맥락주의가 문화·문학 연구 분야에 기여할 수 있는 바를 이야기해보려 한다. 물론 언어맥락주의를 통해 스스로의 관심 분야를 더욱 깊게 이해할 수 있는 이들이 문화·문학 연구자뿐인 것은 아니지만, 그럼에도 문화·문학 연구를 지목하는 이유는 이 분야들이 인문학에서 가장 거대한 분과이자 동시에 (적어도 한국에서는) 지성사 연구의 성과에 가장 무관심한 영역 중 하나이기 때문이다. 그러나 문화·문학 연구자 역시 언어맥락주의를 매우 유용하게 활용할 수 있다는 것이 나의 생각이다.

문학 연구의 가장 기본적인 정체성은 언어로 구성된 텍스트를 직접 읽고 비평, 해석하는 데 있다. 여기서부터 곧바로 저자, 텍스트, 언어를 역사화하는 언어맥락주의가 문학 연구의 강력한 도구가 된다는 것을 알 수 있다. 문학 연구자들은 언어맥락주의 방법론을 활용하여 과거의 텍스트를 다양한 역사적 맥락에 접속시킬 수 있고, 더 나아가 텍스트를 구성하는 언어를 역사적 대상으로 읽어낼 수 있다. 문학 연구에서 여전히 큰 지분을

옮긴이 해제

차지하는 전통적인 관점이나 좀 더 후대에 유행한 '이론적 독해'를 추종하는 이들은 텍스트와 그 언어를 하나의 고립된 대상으로 설정하고 그로부터 추상적인 (대체로는 그다지 독창적이지 않은) 교훈을 끌어내곤 한다. 반면 언어맥락주의는 텍스트와 그 언어를 다양한 행위자들이 상호작용하고 다양한 언어 자원이 유통되는 역동적인 세계의 일부이자, 동시에 그 세계의 고유한 문제의식을 가지고서 다른 텍스트에 응답하는 '행위'로 읽어야 한다고 강조한다. 따라서 지성사적 '맥락' 개념을 받아들일 때 문학 연구자는 텍스트를 다른 텍스트(들) 사이의 관계를 염두에 두고 더욱 풍부하면서도 엄밀하게 해석할 수 있게 된다. 저자의 의도를 도달/실현 불가능한 차원에 놓는 후기구조주의적 입장이 때로 유혹적으로 느껴질 수는 있지만, 우리가 문학 텍스트에서 맥락과 행위성을 박탈할 이유는 없다.

과거의 저자와 텍스트를 과거인들 자신의 시각에서 좀 더 섬세하게 이해할 수 있다는 이점도 있다. 언어맥락주의 연구 모델은 '근대문학·소설의 발생과 발전' 등 (19~20세기에 유포된) 시대착오적 서사에 따라 텍스트를 읽는 것을 거부하고, 대신 과거의 행위자들이 고민했던 문제가 무엇이며 그들이 어떤 자원과 선택지를 활용할 수 있었는지 살펴야 한다고 강조한다. 과거의 자원·언어적 맥락에는 정치적·사회적 논쟁뿐 아니라 미적 기준이나 장르 문법에 대한 논쟁처럼 문학연구가 전통적으로 다뤄온 주제들도 포함된다. 즉 언어맥락주의에 입각한 문학사 연구라 함은, 단순히 문학 텍스트를 해석할 때 지성사 연구의 성과를 참고하는 차원이 아니다. 문학연구자들은 그보다 더 나

지성사란 무엇인가?

아가 지금껏 자명하게 수용해온 문학 예술의 '내적 범주'들을 과거 저자들이 놓인 언어적 맥락 속에서 역사적으로 파악해야 한다(그러면 가장 비정치적이고 '문학적인' 텍스트도 그 고유한 언어적 맥락을 고려하며 역사적으로 읽을 수 있다). 물론 그런 주장의 기저에는 오늘날의 연구자와 과거의 텍스트가 서로 다른 시공간과 맥락에 위치한 서로 다른 존재라는 전제가 있다. 그 차이에서 비롯되는 타자성을 번역하기 위해서는 우리 스스로 당연하게 받아들이는 오늘날의 가치관과 고정관념을 유보할 필요가 있다. 과거를 당대의 관점에서 살피고, (당대인이 읽었을 방식으로) 과거의 텍스트에 엄밀히, 역사적으로 접근하는 것이다. 이런 노력 없는 비역사적인 접근은 제아무리 '타자의 윤리'를 외칠지라도 실제로는 타자성을 배제하는 실천에 불과하다는 윤리적 비판을 피할 수 없다.

마지막으로 언어맥락주의 연구 모델은 문학 연구가 고유의 전문성을 갖춘 학문적 실천으로 확립되도록 도울 수 있다. 냉정히 말해, 한 편의 텍스트를 현대인의 기준에 따라 분석하는 방식이나, 특정한 이론을 기계적으로 투사하는 방식의 연구 모델은 그저 약간 더 정교화된 아마추어적 독해가 될 뿐이다. 언어맥락주의는 텍스트의 언어를 섬세하게 분석하고 텍스트 안팎에서 교차하는 다양한 언어적 맥락을 포착하여 텍스트와 맥락, 시대를 (충분한 근거를 바탕으로) 더 깊이 이해할 수 있게 한다. 문학 연구자는 이런 연구를 통해 비로소 스스로의 연구 대상을 더 깊이 이해하는 전문가로 발돋움할 수 있다. 오늘날 한국 인문학의 위기는 전문적인 분과 학문으로서 인문학의 역량 부진과 맞닿

옮긴이 해제

아 있다고 해도 과언이 아니다. 문학을 포함한 인문학 연구가 언어맥락주의를 주요한 도구로 삼는다면 스스로의 역량을 입증하고 의미 있는 지식을 축적해나갈 수 있을 것이다.

　이 글을 읽으며 지성사가들이 자신들의 방법론이 가장 우월하다고 주장한다는 인상을 받은 독자가 있을지도 모르겠다. 그러나 지성사가들은 스스로의 연구와 방법론에도 마찬가지로 회의주의적 태도를 견지한다. 언어맥락주의는 어디까지나 사람들이 언어를 통해 사고하고 발화한 것만을 다루며, 거기 포함되지 않는 대상을 다루지는 않는다. 예컨대 우리는 지성사를 통해 흄이 18세기 영국의 경제상황에 어떤 논평을 남겼고 그 논평이 당대에 어떤 논쟁을 야기했는지, 때로는 그것이 당시의 정치적 결정에 어떤 영향을 미쳤는지 분석할 수 있다. 그러나 당시 영국의 소득 수준과 교역량이 실제로 어느 정도였는지를 추산하기 위해서는 다른 역사적 접근법이 필요하며, 지성사가들은 이 사실을 전혀 거리낌 없이 받아들인다(지성사가들은 대신 이 간극 자체를 파고들어 과거의 논쟁과 발화가 최초에 의도한 바와는 다른 결과를 낳는 과정을 추적한다. 이야말로 그들이 가장 흥미로워하는 연구 주제 중 하나다).

　좀 더 정확히 말해, 언어맥락주의 지성사의 등장과 발흥은 20세기 중후반 서구 역사학계에 나타난 전문화·분업화 경향과 닿아 있다. 특히 다양한 사회과학적 방법론이 유입되면서 전통적인 역사학이 경제사·문화사·미시사를 포함해 각자의 분야를 전문적으로 다루는 역사학'들'의 분업 체제로 점차 재편되었다면, 지성사는 그중에서도 사상과 언어의 연구를 하나의 고유한 연구 대상으로 다루는 전문 분야라 할 수 있다(중요한 차이점이 있다면, 지성사는 다른 역사학 분과와 달리 사회과학적 방법론보다는 문헌학과 언어철학을 핵심적인 지적 자원으로 삼았다는 것이다). 소수의 야심가들을 제외하면, 현대 역사학자들은 세계가 어느 한 가지 방법론으로만 탐구될 수 없다는 사실을 받아들인다. 계속해서 자신들의 영역을 확장하고 기존의 경계선을 넘나들기 위해 노력하는 지성사가들도 예외는 아니다. 따라서 지성사가 새로운 만병통치약이 되어줄 거라는 믿음이나, 반대로 지성사가 그런 식의 '총체적인' 해결책이 되지 못한다는 비난은 모두 그릇된 전제를 두고 있다.

7.
맺음말

어떤 연구방법론을 처음 접하는 사람이 이를 제대로 습득하여 활용하기까지는 적어도 세 가지 과정이 필요하다. 먼저 방법론 자체에 대한 정확하고 충실한 소개를 접하고, 해당 방법론의 문제의식을 공유하고 있는 학계 안팎의 맥락과 지형을 대략적으로나마 파악하며, 마지막으로 여러 탁월한 연구를 직접 읽고 해당 방법론이 실제로 어떻게 활용될 수 있는지를 이해해야 한다.《지성사란 무엇인가?》한국어판은 기본적으로는 첫 번째 과정을 위한 책이라 할 수 있다. 현재 한국의 지성사 연구자들

옮긴이 해제

은 두 번째 과제를 도울 수 있는 공동저작을 1년여 내로 출간하는 기획을 세우고 있다. (중요한 연구서가 일부 소개되어 있긴 하지만 여전히 앞으로도 큰 노력이 필요한) 세 번째 과제 해결을 포함하여, 영어권 학술장의 논의를 읽고 이해하는 일에 어려움을 느끼는 독자들이 지성사를 손쉽게 접하고 이해하며 활용할 수 있는 날이 머잖아 오기를 희망한다.

《지성사란 무엇인가?》 한국어판은 가능한 범위 내에서 가장 좋은 결과물을 만들고자 노력했고, 따라서 여러 뛰어난 학문적 성취를 모범 삼아 다양한 학적 배경을 가진 동료들의 협력과 의견을 구하는 데 일말의 거리낌도 두지 않았다. 김민철 선배는 2018년 여름 세인트앤드루스대학에서 리처드 왓모어와 만나는 자리와 함께 이후 번역 과정에도 (한국어판 부제 제안을 포함해) 유용한 조언과 도움을 아낌없이 제공해주셨다. 흔쾌히 감수를 수락해주신 안두환 선생님께서는 수많은 사항을 꼼꼼하고 엄격하게 짚어주셨다. 저자 리처드 왓모어는 바쁜 일정 속에서도 한국어판 저자 서문을 흔쾌히 써주셨으며 도널드 윈치와 이슈트반 혼트의 사진을 찾아 보내주셨다. 최영찬 님과 이모젠 최 Imogen Choi 님께서는 번역 도중에 생긴 여러 물음에 언제나 성실히 답해주셨다. 조성경 님은 놀랄 만큼 깊이 있는 원문 대조를 통해 여러 중요한 사항들을 지적해주셨다. 그런 지적들이 없었다면 이 번역은 훨씬 부족한 결과물이 되었을 것이다. 김건우 선배님, 김효민 선생님, 진현주 선생님은 번역과 해제 모두에서 상세한 논평을 통해 숙고할 지점을 제안해주셨다. 오석주 님은 혼트와 윈치에 대한 소개글과 함께 지성사에 대한 본인의 해박한 지식을 언제든 성실히 공유해주셨다. 이송희 님은 번역에 대한 논평 외에도 전제회에서의 특강을 통해 역자해제 초고를 작성할 기회를 주셨고, 정준영 선생님의 토론에서 해제 작성에서 생각해볼 여러 지점을 떠올릴 수 있었다. 바쁜 일정에도 번역원고를 읽고 수정할 사항을 짚어주신 김지훈 님, 박정규 선생님, 반주리 님, 우동현 님, 이상민 님, 이상훈 님, 정종원 님께 깊이 감사드린다. 먼저 번역출간을 제안해주신 도서출판 오월의봄과 번역의 처음부터 끝까지 언제나 신뢰할 수 있는 동료가 되어주신 편집자 임세현 선생님이 없었다면 이 모든 과정은 그저 구상으로만 남았을 것이다. 18세기 유럽인문원전독회 세미나팀, 지성사 교류방, 서울대학교 영어영문학과를 포함해 유무형의 격려를 제공해준 모든 분께도 감사의 마음을 전한다. 이후 발견되는 오류와 실책(그런 실수는 반드시 존재할 거라고 예견한다)은 물론 나의 책임이다.

조성경 님, 김민철 선배, 최민석 선생님을 비롯하여 1쇄의 오류를 바로잡는 데 도움을 주신 분들께 다시 한 번 감사드린다.

마지막으로 이 책을 통해 더 철저하고, 즐겁고, 매력적인 연구의 세계로 한 발짝 더 내딛게 될 미래의 동료들에게《지성사란 무엇인가?》한국어판을 바친다.

2021년 4월 역자

옮긴이 해제

찾아보기

키워드

ㄱ

가톨릭 28, 77, 135, 137, 138, 141,
　191~193
경제학 14, 20, 46, 48, 57, 59, 73, 108,
　169~178, 196~198
계몽(주의) 8, 12, 16, 19, 47, 82, 83, 99,
　102, 127, 146, 173, 178, 182, 183,
　190~194, 201, 203~205, 207, 208,
　241, 251, 272, 275, 279, 281, 283
고물 수집·골동품적 취미antiquarianism
　8, 37, 124, 128, 139, 150, 155, 291
공화주의republicanism 16, 17, 102, 134,
　144, 158, 172, 219, 242, 246, 247,
　250, 279, 292
(자연)과학science 11, 20, 25, 41, 45, 49,
　63, 65, 71~73, 89~91, 111, 123,
　189, 208, 209, 283, 286
교황(권)papacy 139, 191
권력분립 112
(고대) 그리스 69, 144, 147, 190, 194,
　280, 287
근대성modernity 91, 136~138, 148, 172,
　173, 190, 201, 202, 204, 206, 208
기독교
　기독교 천년기 143, 192
　기번과 기독교 147, 192
　로크 134, 192

신로마주의자 166
전쟁 70
종교개혁 17, 136, 138, 146, 190,
　191
홉스 56, 57, 113

ㄴ

나폴레옹 전쟁 27, 29
네덜란드 28, 36, 85, 168, 193, 203, 205
네이미어 식의 역사관Namierism 118
뉴질랜드 16, 179

ㄷ

대헌장(1215) 78
독일
　나치즘 80, 81, 91, 93, 138
　지성사가 80~83

ㄹ

로마법Roman Law 97, 137, 149
로마제국 140, 142~144, 146, 147, 175,
　190, 216
루터주의Lutheranism 137
르네상스Renaissance 16, 17, 21, 47, 65,
　115, 119, 136~139, 144, 146, 148,
　149, 171, 172, 175, 190, 206, 246,

279, 282, 283

리카도주의Ricardianism 197

（ㅁ）

마르크스주의 71, 82, 98, 118, 173, 177,
    241, 277, 287, 289
매카시즘 77
목적론teleology 49, 76~79, 81, 83, 98,
    150, 177, 191, 196, 197, 202, 203,
    277, 278
미국
    미국혁명 134
    신보수주의자(네오콘) 92
    지성사가 90~94, 164~176,
        189~192, 203~205
    표현의 자유free speech 77, 203
민병대 57, 58, 141, 168
민주정/민주주의democracy
    18세기의 민주정 52~54
    계몽주의와 민주주의 82, 173
    독일어권의 민주주의 80
    장-자크 루소 52~54
    존 던의 견해 211
    퀜틴 스키너의 견해 113, 114, 144,
        145

（ㅂ）

발화행위 101, 102, 287
벤담 프로젝트 181

（ㅅ）

사법 심사권 112
사회계약 52~55, 113
사회적 맥락 117~120
산업혁명 28
살라망카 학파 137

상대주의relativism 6, 68. 91. 93, 210
수평파 116
스코틀랜드 19, 32, 58, 59, 141, 193,
    206, 211, 272, 279, 281, 283
스토아주의Stoicism 21, 143, 194, 282
시대착오anachronisms 20, 34, 49, 104,
    164, 197, 285, 296
시민적 인문주의 20, 139, 144, 145,
    148, 178, 268, 292
신로마주의자neo-Romans 155~160,
    166~169
신성로마제국 139
신자유주의 57
신칸트주의neo-Kantianism 165
신토마스(아퀴나스)주의neo-Thomism
    137
신화
    가르침의 신화 112, 113
    예기의 신화 115, 116
    정합성의 신화 114, 115
    편협함의 신화 116, 117
실증주의positivism 49, 67, 72
십자군 176

（ㅇ）

아날 학파 184, 195
아르미니우스주의 102, 192, 193
아리스토텔레스주의Aristotelianism 143
아우구스티누스주의 194
아일랜드 173
언어맥락주의linguistic contextualism 17,
    94, 99, 100, 124, 126~128, 133,
    163, 260~263, 265, 267~273,
    276~278, 280, 282, 284, 285, 287,
    288, 290, 292~298
에스파냐 142, 203, 205

에스파냐/스페인어권 지성사가 84
에클레릭 크라그 채석장 23, 27, 29
에피쿠로스주의Epicureanism 143, 194
연합왕국United Kingdom(영국)
  18세기 193, 206, 207
  유럽 공동시장 가입 179
  자유liberty 70, 174~177
  지성사 연구 72~74, 94~104
  •'케임브리지 학파' 항목도 참고
영국Britain
  17세기 잉글랜드 내전 154, 175
올림픽 대회 36
원시주의primitivism 76
유럽연합EU 179
의학 209
이탈리아
  나폴리 142, 193
  르네상스 16, 17, 115, 138, 148, 282
  지성사가 99
인구학demography 190
인문주의humanism 16, 65, 71, 139,
  144~149, 146, 171, 178
잉글랜드
  명예혁명(England Glorious
    Revolution, 1688) 28, 77, 95, 96,
    168, 203
  •영국 및 연합왕국 항목도 참조
잉글랜드 국교회Church of England 102,
  192, 193, 283
잉글랜드 은행 28

자유liberty
  17세기 잉글랜드 167, 168, 174, 175
  근대성과 자유 136, 137
  러브조이 77

롤스 126
마키아벨리 115
벤담 35
신로마주의자 166~169
애덤 스미스의 견해 57, 175~177
영국 70, 155~157
영어권Anglophone world 77, 78
이탈리아 르네상스 115, 116
퀜틴 스키너의 견해 148~150,
  154~161, 164, 165
평등과 자유 126
휘그(주의) 사관 77
장로교파Presbyterianism 193
제1차 세계대전 31
제네바 53
종교개혁Reformation 17, 136, 138, 146,
  190, 191
중층기술 35
지성사
  강점 215~217
  실천적 의의·현실연관성 151~185
  지성사 방법론 39, 40, 105~129
  지성사에 대한 비판 36~38,
    194~196
  지성사의 문제 37, 38
  지성사의 실천 131~150
  지성사의 역사 61~104
  지성사의 전망 187~212
  지성사의 정의 43~60
지성사 학술지 73, 74

청교도Puritans 137

카이사르주의Caesarism 82

칼뱅주의Calvinism 32, 134, 135, 137, 138, 193
케인스주의Keynesianism 197
케임브리지 학파 7, 14, 17, 18, 41, 47, 96, 107, 139, 153, 174, 177, 182, 260, 261, 272, 277, 279~282, 287, 290~292, 295
케임브리지대학 출판부Cambridge University Press 108, 182, 280

ㅍ

파놉티콘Panopticon 88, 89
파시즘 32, 82
평등equality 30, 126, 203, 204
포스트구조주의 85
포스트모더니즘 177
프랑스
 계몽(주의) 193, 204

법학 96
아날 학파 184, 195
지성사가 85, 87~90, 184
프랑스학계의 역사서술 85
프랑스혁명 9, 27, 35, 70, 98, 201, 202 207, 251, 283
프로테스탄트주의 78
플라톤주의Platonism 141

ㅎ

해체 85
현재를 중심으로 과거를 바라보는 관점presentism 49
홉스주의Hobbesianism 159, 160, 168
휘그(주의) 사관 77, 78, 98, 174, 196, 198, 203, 208

《BBC 역사》 199

인명

ㄱ

가다머, 한스-게오르크Gadamer, Hans-Georg 72
가르베, 크리스티안Garve, Christian 67, 68
거워스, 앨런Gewirth, Alan 112
고든, 피터Gordon, Peter 74
고셰, 마르셀Gauchet, Marcel 184
고시, 피터Ghosh, Peter 182
골디, 마크Goldie, Mark 12, 283
곰브리치, 에른스트Gombrich, Ernst 111
그람시, 안토니오Gramsci, Antonio 37
그래프턴, 앤서니Grafton, Anthony 40, 47, 65, 190

그로티우스, 후고Grotius, Hugo 21, 279, 282
기르케, 오토 폰Gierke, Otto von 138
기번, 에드워드Gibbon, Edward 8, 146, 147, 192, 193
기어츠, 클리퍼드Geertz, Clifford 35, 233
길버트, 앨런H. Gilbert, Allan H. 119
길버트, 펠릭스Gilbert, Felix 73, 96, 119, 138, 279

ㄴ

나폴레옹 1세Napoleon I 27, 29, 199

네덤, 마차먼트Nedham, Marchamont
155~157
네빌, 헨리Neville, Henry 156
네이미어, 루이스Namier, Lewis 37, 118
넬슨, 호레이쇼Nelson, Horatio 23, 24, 26
노르드스트룀, 요한Nordström, Johan 73
노먼, 제시Norman, Jesse 200~202
뉴턴, 아이작Newton, Isaac 23, 111

ⓒ

다비드존 데 헤엠, 얀Davidszoon de Heem,
Jan 36
단턴, 로버트Darnton, Robert 46, 47
달, 로버트Dahl, Robert 110
던, 존Dunn, John 12, 18, 21, 100, 101,
107, 108, 112, 116, 133, 134, 167,
169, 211, 277, 279, 292
데리다, 자크Derrida, Jacques 85, 227
데이비, 험프리Davy, Humphry 23
도리아, 파올로 마티아Doria, Paolo Mattia
194
돌바크, 폴-앙리 티리Holbach, Paul-Henri
Thiry, Baron d' 204
들뢰즈, 질Deleuze, Gilles 85
디드로, 드니Diderot, Denis 204
디아츠, 푸리오Diaz, Furio 99
디포, 대니얼Defoe, Daniel 140
딕, 필립K.Dick, Philip K. 33

ⓒ

라브루스, 에르네스트Labrousse, Ernest
184
라브루스, 엘리자베트Labrousse, Elisabeth
33
라블레, 프랑수아Rabelais, François 27
라이언, 앨런Ryan, Alan 110

라일, 길버트Ryle, Gilbert 35
라카프라, 도미니크LaCapra, Dominick 85,
86, 222, 239
래스키, 해럴드Laski, Harold 116
래슬릿, 피터Laslett, Peter 95, 96, 108,
112, 133, 195, 209
러브조이, 아서 O.Lovejoy, Arthur O.
75~79, 91, 98, 110, 203, 219, 237
러셀, 버트란드Russell, Bertrand 110
레키, W. E. H.Lecky, W. E. H. 78
로렌체티, 암브로조Lorenzetti, Ambrogio
163
로리, 존Laurie, John 32
로버츠, 앤드루Roberts, Andrew 199
로버트슨, 윌리엄Robertson, William 146
로버트슨, 존Robertson, John 192~194
로베스피에르, 막시밀리앵 드Robespierre,
Maximilien de 202, 204
로빈스, 캐롤라인Robbins, Caroline 96, 98
로이스, 조사이어Royce, Josiah 79
로장발롱, 피에르Rosanvallon, Pierre 184
로크, 존Locke, John 18, 66, 95, 96, 113,
115~117, 133, 134, 164, 192, 236,
277~279, 283, 290
로티, 리처드Rorty, Richard 164
롤므, 장-루이 드Lolme, Jean-Louis de 29
롤스, 존Rawls, John 50, 126~128, 278
롱기누스, 가이우스 카시우스Longinus,
Gaius Cassius 94
루소, 장-자크Rousseau, Jean-Jacques 19,
52~56, 115, 127, 207, 282
루이 14세Louis XIV 69
리드, 토머스Reid, Thomas 66, 181
리비스, F. R.Leavis, F. R. 110, 184
리스터, 조지프Lister, Joseph 209
리카도, 데이비드Ricardo, David 197

릭터, 멜빈Richter, Melvin 230, 238, 286

ㅁ

마라, 장 폴Marat, Jean Paul 204
마르크스, 카를Marx, Karl 98, 99, 163,
  170, 171
마리아나, 후안 데Mariana, Juan de 137
마셜, 앨프리드Marshall, Alfred 197,198
마이네케, 프리드리히Meinecke, Friedrich
  49, 138, 235
마이모니데스, 모세스Maimonides, Moses
  90
마키아벨리, 니콜로Machiavelli, Niccolò 26,
  58, 59, 93, 96, 114~116, 118, 119,
  134, 135, 138~140, 145, 147, 153,
  174, 240, 268
마틴, 킹슬리Martin, Kingsley 116
매커덤, 존 러든McAdam, John Laudon 24
매컬리, 토머스 배빙턴Macaulay, Thomas
  Babbington 78
맥마흔, 대린McMahon, Darrin 39, 74, 185
맥퍼슨, C. B.MacPherson, C. B. 118, 278
맨더빌, 버나드Mandeville, Bernard 169
맨덜봄, 모리스Mandelbaum, Maurice 108
맨스필드, 하비Mansfield, Harvey 116
맬컴, 노엘Malcolm, Noel 57
머독, 아이리스Murdoch, Iris 6
메스트르, 조제프 드Maistre, Joseph de 162
메이어, 존Mair, John 137
모겐소, 한스Morgenthau, Hans 110
모밀리아노, 아르날도Momigliano, Arnaldo
  47
모인, 새뮤얼Moyn, Samuel 39, 185, 216,
  219
몽테스키외, 샤를 드Montesquieu, Charles de
  12, 13, 59, 68~70, 135

밀러, 페리Miller, Perry 73
밀턴, 존Milton, John 155~157

ㅂ

바론, 한스Baron, Hans 133, 136, 138,
  246, 279
발라스, 레옹Walras, Léon 197
배젓, 월터Bagehot, Walter 51
버로우, 존Burrow, John 20, 39, 47, 51, 96,
  98, 107, 215
버컨, 존Buchan, John 32
버크, 에드먼드Burke, Edmund 59, 60, 116,
  200, 201
버터필드, 허버트Butterfield, Herbert 16,
  77, 78, 174, 208, 220
번, W. L.Burn, W. L. 30
번스, J. H.Burns, J. H. 181
벌린, 이사야Berlin, Isaiah 72, 124, 159,
  162, 163, 166, 247, 248
베리, J. B.Bury, J. B. 78, 110
베버, 막스Weber, Max 135, 182
베이컨, 프랜시스Bacon, Francis 27
베이트슨, F. W.Bateson, F. W. 109
베일린, 버나드Bailyn, Bernard 97, 98, 224
벤담, 제러미Bentham, Jeremy 35, 36, 88,
  160, 168, 181
벤투리, 프랑코Venturi, Franco 99, 241
벨, 피에르Bayle, Pierre 33, 117
벨러, 한스-울리히Wehler, Hans-Ulrich 82,
  83
보스하르트, 암브로시우스Bosschaert,
  Ambrosius 36
보일, 로버트Boyle, Robert 111, 209
볼링브로크, 헨리 세인트 존 Bolingbroke,
  Henry St John, Viscount 77, 116, 160
볼테르Voltaire 102, 146

브레일스퍼드, H. N.Brailsford, H. N. 116
브렛, 애너벨Brett, Annabel 283
브로델, 페르낭Braudel, Fernand 184, 195
브루너, 오토Brunner, Otto 79~81
브루니, 레오나르도Bruni, Leonardo 58, 138
브루커, 요한 야콥Brucker, Johann Jakob 66
브루투스, 마르쿠스 유니우스Brutus, Marcus Junius 94
블랙, 마이클Black, Michael 108
블룸, 앨런Bloom, Allan 110
비버, 마크Bevir, Mark 39
비코, 잠바티스타Vico, Giambattista 66, 194
비토리아, 프란시스코 데Vitoria, Francisco de 137
비트겐슈타인, 루트비히Wittgenstein, Ludwig 72

사르토리, 앤드루Sartori, Andrew 216
사르피, 파올로Sarpi, Paolo 26
사우디, 로버트Southey, Robert 24
사이드, 에드워드Said, Edward 90
살루스티우스Sallust 157
샤핀, 스티븐Shapin, Steven 209, 232
세네카, 루키우스 안나이우스Seneca, Lucius Annaeus 157
세바스티안, 하비에르 페르난데즈Sebastián, Javier Fernández 84
셰익스피어, 윌리엄Shakespeare, William 17, 167
셰퍼, 사이먼Schaffer, Simon 209
소넨셔, 마이클Sonenscher, Michael 170, 259

137
슈니윈드, J. B.Schneewind, J. B. 164
슈미트, 카를Schmitt, Carl 83, 91, 93
슈얼, 윌리엄 H.Sewell, William H. 86
슈클라, 주디스Shklar, Judith 12, 13
슈타이너, 필립Steiner, Philippe 184, 259
스미스, 애덤Smith, Adam 8, 19, 20, 29, 51, 57~60, 68, 146, 170, 171, 175~177, 182, 183, 192, 268, 272, 283
스커, 루스Scurr, Ruth 202
스코필드, 필립Schofield, Philip 181, 259
스콧, 리들리Scott, Ridley 33
스콧, 월터Scott, Walter 23
스키너, 퀜틴Skinner, Quentin 7, 12, 17, 20, 21, 41, 57, 95, 99~101, 103, 104, 107~125, 127, 128, 133~139, 144, 146~150, 153~169, 171, 190, 204, 219, 223~225, 241~245, 247, 256, 260, 263, 267, 268, 271, 277, 279~283, 291, 292
스텁스, 윌리엄Stubbs, William 78
스트라우스, 레오Strauss, Leo 40, 90~93, 110, 114, 116, 128, 240
스트로슨, P. F.Strawson, P. F. 118
스티븐, 레슬리Stephen, Leslie 50
스펠만, 헨리Spelman, Henry 97
스피노자, 바뤼흐Spinoza, Baruch 90, 204~206
시드니, 앨저넌Sidney, Algernon 156
시스몽디, 시몽드 드Sismondi, Simonde de 168
실리, J. R.Seeley, J. R. 78

아리스토텔레스Aristotle 58, 134, 137,

지성사란 무엇인가?

139, 143, 144, 153
아미티지, 데이비드Armitage, David 215
아우구스투스 황제Augustus, Emperor 148
알맹, 자크Almain, Jacques 137
알베르토네, 마누엘라Albertone, Manuela
    99, 259
애터버리, 프랜시스Atterbury, Francis 26
야스퍼스, 카를Jaspers, Karl 110
엘리엇, J. H.Elliott, J. H. 98, 142
예이츠, 프랜시스Yates, Frances 112
오스틴, J. L.Austin, J. L. 118
오크숏, 마이클Oakeshott, Michael 72, 189
오트망, 프랑수아Hotman, François 97
왈저, 마이클Walzer, Michael 136, 138
왓모어, 리처드Whatmore, Richard 138,
    191, 193, 235, 260, 282~284, 300
왓슨, 리처드Watson, Richard 23
우튼, 데이비드Wootton, David 208, 209
울만, 발터Ullman, Walter 138, 279
워든, 블레어Worden, Blair 100
워렌더, 하워드Warrender, Howard 110
워즈워스, 윌리엄Wordsworth, William 23,
    24
워터먼, 앤서니Waterman, Anthony 166
월드론, 제러미Waldron, Jeremy 164
웰링턴 공작Duke of Wellington 24, 26
윈치, 도널드Winch, Donald 20, 38, 59,
    184, 196, 197, 259, 283, 300
윌리, 배질Willey, Basil 28
윌리엄스, 레이먼드Williams, Raymond
    184, 289
윌리엄슨, 헨리Williamson, Henry 31, 32
윌슨, 존Wilson, John 23, 24
유스티니아누스 1세Justinian I 148
이그나티에프, 마이클Ignatieff, Michael
    183

이즈리얼, 조너선Israel, Jonathan
    203~205, 208
임브룰리아, 지롤라모Imbruglia, Girolamo
    99

자리초, 주세페Giarrizzo, Giuseppe 99
잔노네, 피에트로Giannone, Pietro 146
제너, 에드워드Jenner, Edward 23
제노베시, 안토니오Genovesi, Antonio 194
제임스, 윌리엄James, William 75, 78
제퍼슨, 토머스Jefferson, Thomas 160
존스, 개러스 스테드먼Jones, Gareth
    Stedman 12
존슨, 새뮤얼Johnson, Samuel 67

ㅊ

찰스 1세(잉글랜드)Charles I, King of
    England 156, 159
찰스 2세(잉글랜드)Charles II, King of
    England 199

카시러, 에른스트Cassirer, Ernst 72, 110
카이사르, 율리우스Caesar, Julius 82, 94
카이사리아의 에우세비우스Eusebius of
    Caesaria 148
카포시, 벨라Kapossy, Béla 170, 259
칸트, 이마누엘Kant, Immanuel 21, 126,
    127, 282
커맨카, 유진Kamenka, Eugene 51
켈리, 도널드Kelley, Donald 66~68
코언, 제리[G. A.]Cohen, Jerry[G. A.] 163
코언, 조슈아Cohen, Joshua 56
코젤렉, 라인하르트Koselleck, Reinhart 40,
    81, 83, 84, 222, 229, 238, 285, 286

코페르니쿠스, 니콜라스Copernicus, Nicolas
111
콘체, 베르너Conze, Werner 79
콜리니, 스테판Collini, Stefan 20, 211, 212
콜리지, 새뮤얼 테일러Coleridge, Samuel
Taylor 24
콜링우드, R. G.Collingwood, R. G. 63~65,
94~96, 112, 190, 195, 236
콩스탕, 뱅자맹Benjamin, Constant 168
쿠쟁, 빅토르Cousin, Victor 66
쿡, 에드워드Coke, Edward 112
쿤, 토머스Kuhn, Thomas 73, 89, 111, 209,
232
크노, 레몽Queneau, Raymond 6
크로체, 베네데토Croce, Benedetto 37
크롬웰, 올리버Cromwell, Oliver 157
클라크, J. C. D.Clark, J. C. D. 166, 192
클래츠, 피터르Claesz, Pieter 36
키드, 콜린Kidd, Colin 166, 179, 211, 239
키케로, 마르쿠스 툴리우스Cicero, Marcus
Tullius 27, 138, 145, 148

ㅌ

타키투스, 푸블리우스
코르넬리우스Tacitus, Publius Cornelius
59, 156, 157
탤먼, 제이컵Talmon, Jacob 115
터너, J. M. W.Turner, J. M. W. 149
턱, 리처드Tuck, Richard 12, 21, 57, 277,
279, 281, 282, 291
털리, 제임스Tully, James 121, 122, 223,
241~246, 277, 279, 281, 291
테니슨, 알프레드Tennyson, Alfred 27
토니, R. H.Tawney, R. H. 118
토르타롤로, 에도아르도Tortarolo, Edoardo
99

톨스토이, 레프 니콜라예비치Tolstoy, Lev
Nikolayevich 162
톰슨, E. P.Thompson, E. P. 135, 182~184,
289
톰슨, 존 A.Thompson, John A. 108
트라야누스 황제Trajan, Emperor 148
트레버-로퍼, 휴Trevor-Roper, Hugh 19, 98,
99
트뢸치, 에른스트Troeltsch, Ernst 138
티어니, 브라이언Tierney, Brian 138

ㅍ

파노프스키, 에르빈Panofsky, Erwin 72
파도바의 마르실리우스Marsilius of Padua
112, 114
파커, 헨리Parker, Henry 156
팔로넨, 카리Palonen, Kari 85
퍼거슨, 애덤Ferguson, Adam 57, 146, 194
페늘롱, 프랑수아Fénelon, François 9, 54
페로, 장-클로드Perrot, Jean-Claude 184
페인, 토머스Paine, Thomas 59, 60, 204
페트라르카, 프란체스코Petrarch, Francesco
115
페티, 윌리엄, 제2대 셸번 백작Petty,
William, 2nd Earl of Shelburne 168
페팃, 필립Pettit, Philip 158, 159, 247, 292
포브스, 던컨Forbes, Duncan 12, 174, 175,
280
포콕, J. G. A.Pocock, J. G. A. 7, 16, 17, 41,
46, 47, 96~98, 100~103, 107, 108,
133, 134, 137~149, 166, 168, 172,
174, 177~181, 189, 190, 193, 204,
216, 217, 268, 275, 277, 279, 283,
291, 292
포퍼, 카를Popper, Karl 115
포프, 알렉산더Pope, Alexander 26

푸코, 미셸Foucault, Michel 40, 41, 85,
  87~90, 227, 239, 289
퓌레, 프랑수아Furet, François 184, 251
프라이스, 리처드Price, Richard 160, 168
프라이징의 오토Otto of Freising 148
프루드, J. A.Froude, J. A. 78
프리스틀리, 조지프Priestley, Joseph 204
플라톤Plato 50, 68, 76, 113, 115
플래메너츠, 존Plamenatz, John 110
플레처, 앤드루Fletcher of Saltoun, Andrew
  141, 194
피트, 윌리엄Pitt, William 24, 26, 28
필란제리, 가에타노Filangieri, Gaetano 194
필립슨, 니컬러스Philippson, Nick 59
필머, 로버트Filmer, Robert 95, 195
핑커스, 스티브Pinkus, Steve 203

하이데거, 마르틴Heidegger, Martin 91
하츠, 루이스Hartz, Louis 278
하콘센, 크누트Haakonssen, Knud 59, 181,
  259
한, 프랭크Hahn, Frank 108

해링턴, 제임스Harrington, James 16, 59,
  97, 140, 141, 156~158
해킹, 이언Hacking, Ian 90
핼럼, 헨리Hallam, Henry 78
헌터, 이언Hunter, Ian 165
헤겔, 게오르크Hegel, Georg 50
혼트, 언나Hont, Anna 171
혼트, 이슈트반Hont, István 18, 19, 40, 59,
  169~177, 183, 190, 268, 279~283,
  291, 300
홀랜더, 새뮤얼Hollander, Samuel 197
홉스, 토머스Hobbes, Thomas 17, 21, 56,
  57, 91, 113, 114, 116, 117, 153~155,
  157, 159, 160, 167, 168, 170, 171,
  209, 271, 278, 279, 282, 290
홉스봄, 에릭Hobsbawm, Eric 98, 99, 221
화이트, 헤이든White, Hayden 85, 228
후커, 리처드Hooker, Richard 113
흄, 데이비드Hume, David 19, 27, 28, 59,
  68, 69, 126, 127, 146, 169~172,
  174~176, 192, 283, 298
히치콕, 앨프리드Hitchcock, Alfred 32

지성사란 무엇인가?

초판 1쇄 펴낸날 2020년 4월 7일
초판 3쇄 펴낸날 2023년 2월 10일
지은이 리처드 왓모어
옮긴이 이우창
펴낸이 박재영
편집 이정신·임세현·한의영
마케팅 신연경
디자인 조하늘
제작 제이오
펴낸곳 도서출판 오월의봄
주소 경기도 파주시 회동길 363-15 201호
등록 제406-2010-000111호
전화 070-7704-2131
팩스 0505-300-0518
이메일 maybook05@naver.com
트위터 @oohbom
블로그 blog.naver.com/maybook05
페이스북 facebook.com/maybook05
인스타그램 instagram.com/maybooks_05

ISBN 979-11-90422-27-7 03900

만든 사람들
책임편집 임세현
디자인 조하늘